遥控模型飞机系列

# 遥控像真模型飞机入门

吕 涛 编著

航空工业出版社
北京

## 内 容 提 要

作为模型飞机家族中的一个普及性运动项目，遥控像真模型飞机在世界范围内拥有很大的受众群体。为了使广大爱好者能够更好地了解遥控像真模型飞机，并提升操作技能，本书从技术性和系统性方面较详细地阐述了遥控像真模型飞机的分类、结构及运动要求，从而让爱好者们能够以科学的方法开展遥控像真模型飞机运动。

本书沿用了《遥控模型飞机系列》丛书的结构框架，用浅显易懂的语言、丰富清晰的图片以及有代表性的机型，使广大航模爱好者能够在较短的时间内系统掌握遥控像真模型运动项目的精髓。

本书适合对遥控像真模型飞机有兴趣的入门级爱好者，以及对遥控像真模型飞机已经有一定了解并想进一步提升自身技能的爱好者阅读。

**图书在版编目（CIP）数据**

遥控像真模型飞机入门／吕涛编著 .-- 北京：航空工业出版社，2018.6（2020.9重印）
（遥控模型飞机系列）
ISBN 978-7-5165-1585-3

Ⅰ. ①遥… Ⅱ. ①吕… Ⅲ. ①遥控飞行—模型飞机（航空模型运动）Ⅳ. ①G875.3

中国版本图书馆CIP数据核字（2018）第120613号

遥控像真模型飞机入门
Yaokong Xiangzhen Moxing Feiji Rumen

航空工业出版社出版发行
（北京市朝阳区京顺路5号曙光大厦C座四层　100028）
发行部电话：010-85672683　010-85672663

三河市人民印务有限公司印刷　　全国各地新华书店经售
2018年6月第1版　　2020年9月第2次印刷
开本：787×1092　1/16　　印张：13.5　　字数：256千字
印数：5001—25000　　定价：48.00元

# PREFACE
# 前 言

《遥控模型飞机系列》丛书从诞生至今，已经在不知不觉中走过了6个春秋。这套丛书，从构思的那一天起，就本着实用的路线吸引了很多航空模型爱好者。

《遥控像真模型飞机入门》是这套丛书的一个重要组成部分。遥控像真模型飞机集技术、艺术、情趣于一体，是世界范围内拥有爱好者数量最多的航空模型项目。在编写这本书的过程中，我们既注意了与丛书的联系，也着重突出本书的技术特点。

作为作者和策划者之一，本人很关注这套丛书在市场上获得的评价，所有评论都要仔细品味。对于大量的好评，本人深感欣慰，在这里再次感谢所有读者的肯定！对于个别建议，甚至是言辞激烈的批评，我们会更加珍惜。俗话说，“忠言逆耳”，没有大家的意见怎么能促使我们在工作上改进？对于读者提出的建设性意见，我们会虚心接受，不断改进书中存在的问题，同时也希望本套丛书的出版，能够使更多的爱好者受益，让越来越多的爱好者参与到这项有意义的活动中来，从而推动模型运动在中国的发展。

在本书的编写过程中，所使用的示范器材不仅要有实用性和代表性，还要有好的质量、口碑以及良好的文化形象，这些也是本人几经筛选之后才确定下来的。在此，特别对支持本书工作的以下单位表示感谢：航空工业出版社、双叶电子科技开发（北京）有限公司、东莞飞翼电子有限公司和深圳永航新能源技术有限公司。

此外，也欢迎广大读者与本人联系，为本书提出宝贵建议。本人的邮箱是：ltmodel75@163.com。希望在大家的共同支持与努力下，《遥控像真模型飞机入门》以及《遥控模型飞机系列》丛书能够日趋完美！

作者　吕涛

# 目录 CONTENTS

# 第一章
# 遥控像真模型飞机基础知识

遥控像真模型飞机是按照真飞机的外观缩比进行制作的遥控模型飞机，它是模型飞机大家族中的一个重要组成部分，深受航模爱好者的青睐。在参与航空模型活动的爱好者中，有近一半是遥控像真模型飞机项目的忠实“粉丝”。

遥控像真模型飞机之所以如此受欢迎，主要有以下几个原因。

### 1. 遥控像真模型飞机的观赏性

模型飞机的种类不同，外观也大相径庭。很多竞技模型飞机尽管在某一方面的性能十分突出，例如，有些模型飞机飞行速度很快，有些模型飞机留空时间很长……但为了达到极限性能，这些模型飞机可能外观上并不是很漂亮，有些甚至到了古怪的地步，这样一架模型飞机摆在家里与环境十分不协调，很难谈得上美。但是，遥控像真模型飞机的外观漂亮，挂在居室里，不仅可以欣赏，还具有点缀作用，不失为一举两得的装饰。

### 2. 遥控像真模型飞机的趣味性

遥控像真模型飞机最大的特点是模仿真飞机进行制作及飞行，真飞机能完成的一些动作及功能，它也可以模仿。除了正常的飞行动作外，遥控像真模型飞机还能完成一些细节动作，比如收放起落架（见图1–1）、收放襟翼（见图1–2）、打开减速板（见图1–3）、使用航灯（见图1–4），以及具有像真的驾驶舱（见图1–5）。有些更精致的遥控像真模型飞机甚至还能够在降落时打开减速伞（见图1–6）、滑跑中使用刹车、开启座舱盖（见图1–7）、使用折叠机翼（见图1–8）、投放炸弹（见图1–9）、

图 1–1　收放起落架

图 1-2　模型飞机在降落中放下襟翼

图 1-3　像真的减速板

图 1-4　机头安装的滑行灯

图 1-5　逼真的座舱

图 1-6　打开减速伞

图 1-7　可滑动的座舱盖

图 1-8　模拟舰载机的折叠机翼

图 1-9　携带的“航空炸弹”

图 1-10　拉烟

拉烟（见图 1-10）等，玩起来更加有意思，也增加了这个项目的趣味性。

### 3. 遥控像真模型飞机的易控性

不少竞技模型飞机，要求有比较娴熟和高超的操纵技术以及很强的专业素养，才能发挥出模型飞机应有的性能，但是练就一手高超的操纵技术不是一朝一夕的事情，尽管很多爱好者终其一生在模型飞机的操纵技术上不断苦练，但能成为高手的也寥寥无几，这使得不少爱好者对专业竞技模型飞机项目望而却步。而遥控像真模型飞机对操纵技术的要求没有那么苛刻，只要有良好的操纵基础，加上后期的勤学苦练，大部分爱好者都可以成为“高手”，因此从这个项目中获得的“成就感”也吸引了很多爱好者。

### 4. 遥控像真模型飞机的情感性

虽然很多航空爱好者都向往逐梦蓝天，但飞行对人的身体素质要求十分苛刻，不是每个人都能成为飞行员，但遥控像真模型飞机可以圆大家的这个梦想！普通人只要接受一段时间的正规训练，都可以熟练地操纵一架遥控像真模型飞机。真飞行员只能服从安排，让飞什么机型就飞什么机型，但模型爱好者则可以喜欢什么机型就飞什么机型，想飞哪种机型“我做主”！航模爱好者不仅可以享受操纵与飞行的乐趣，还可以动手制作、改进、升级、装饰自己的“爱机”，同时体验“后勤补给”“机械师”“工程师”“设计师”等融多重角色于一身的乐趣，这是飞行员也享受不到的。

此外，有一些飞行员由于种种原因不得不离开自己钟爱的事业，但遥控像真模型飞机能够在一定程度上弥补他们的遗憾。在爱好者中，有这样一个群体，他们有的是空军退伍老兵，有的是空军地勤人员，还有因病被迫退出飞行的飞行员。虽然对自身热爱的飞行事业抱有些许遗憾，但遥控像真模型飞机运动给予了他们实现自身航空梦想的又一双翅膀！

### 5. 比赛的难度适宜

很多爱好者都有参与航模比赛的激情，但很多专业的航模比赛技术难度很高，如果想达到某一个层次，除了要有时间勤学苦练操纵技术外，还要对模型具备专业的知识和极高的悟性，因此参加专业竞技类的模型比赛，如F3A（遥控特技模型飞机）或F3C（遥控直升机），并能达到专业比赛水准的人少之又少。很多爱好者看到专业比赛的难度以及专业选手的技术水平后，很可能就“明智”地放弃了，这也是很多竞技性的专业比赛难以吸引更多爱好者的原因之一。而遥控像真模型飞机的比赛则不然，飞行技术固然是一方面，但决定比赛成绩的还有很多其他因素，例如，模型飞机的设计、制作，以及对飞机历史、知识的了解，操纵技术好的选手不一定在其他方面也占优，因此参与这个项目的比赛，普通爱好者只要下功夫，一样能有与世界冠军同场竞技的机会，这也使得该项目一直充满吸引力并拥有强大的群众基础。

另一方面，真飞机的飞行毕竟还存在飞行安全的问题，再精密的仪器也有失灵的时候，再高级的飞机也难免出现事故，这都关系到生命安危，因此飞行是有危险的。而模型飞机只要是在正规的飞行场地，掌握了正规的操纵技术，就可以充分享受飞行的乐趣而丝毫不必担心生命安全问题。

## 一、遥控像真模型飞机的分类

真飞机的分类方法有很多，但通常大家习惯根据飞机的用途将其分为军用飞机和民用飞机两大类，分类结构图见图1-11。

遥控像真模型飞机的分类也基本上参考真飞机按用途分类的方法，因为这样比较简单直观。

另外，根据动力的形式，我们还可以将真飞机分为螺旋桨式飞机和喷气式飞机两大类。其中，螺旋桨式动力系统也是以往遥控像真模型飞机最常见的动力形式。

图 1-11　飞机的分类

在遥控像真模型飞机中，确实有一部分使用的是喷气发动机，其工作原理以及飞行效果和真飞机使用的发动机相似（更接近米格-15一类飞机上使用的离心式喷气发动机），基本上就是真飞机上使用的喷气发动机的缩小版。

遥控像真模型飞机使用的喷气发动机结构简单，工作效率相对较高，但对加工技术及材料的性能要求很高，因此模型上使用的喷气发动机价格不菲，真正使用喷气发动机的遥控像真模型飞机数量仍然比较有限。

为了既能做到外观上与真飞机保持一致，动力系统方面又避免使用昂贵的模型喷气发动机，聪明的航模工作者另辟蹊径，找到了另一种方法，即使用电动涵道动力来替代模型喷气发动机。

电动涵道动力系统主要由电机、扇叶（桨叶）、涵道三部分组成（见图1-12）。电动涵道结构简单，成本相对较低，使用操作又极为容易，因此近年来受到爱好者的广泛欢迎。

电动涵道动力系统的出现，实现了外观上像喷气式飞机而又避免使用价格昂贵的动力。不过，涵道动力毕竟不是真正意义上的喷气发动机，只是在外观上对喷气式飞机进行模仿，在声效以及飞行效果上与喷气发动机相比还是有一定差距。在本书中，关于遥控像真喷气模型飞机的介绍，是以介绍电动涵道动力为主，如有对模型喷气发动机感兴趣的朋友，可以参阅

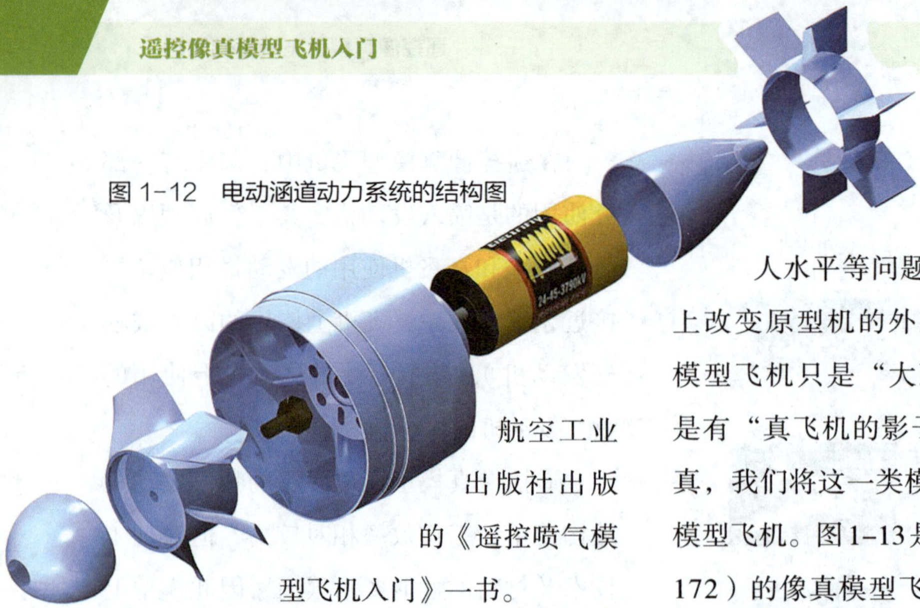

图 1-12 电动涵道动力系统的结构图

航空工业出版社出版的《遥控喷气模型飞机入门》一书。

在遥控像真模型飞机中，还有一种模型所独有的特殊分类方法，即分为遥控像真模型飞机和遥控半像真模型飞机两类。遥控像真模型飞机，顾名思义就是在外观上要求绝对像真，不能有错误和失真，但允许在制作工艺细节上存在差别，这属于制作的精细程度问题，与像真度无关。

有的模型厂家在设计与生产遥控像真模型飞机的过程中，由于考虑制作难度、生产成本、飞行性能以及设计师个人水平等问题，可能会在一定程度上改变原型机的外观，使制作完成后的模型飞机只是“大致”像真飞机，或只是有“真飞机的影子”，总之不是高度像真，我们将这一类模型统称为半遥控像真模型飞机。图1-13是同一款机型（赛斯纳172）的像真模型飞机和半像真模型飞机的对比。

## 二、遥控像真模型飞机的用途

遥控像真模型飞机不仅具有娱乐的功能，它还在工业生产中发挥着自身重要的作用，例如，遥控像真模型飞机在影视拍摄和真飞机性能测试中就发挥着重要的作用。

遥控半像真模型飞机　　遥控像真模型飞机

图 1-13 遥控半像真模型飞机与遥控像真模型飞机的比较

### （一）影视拍摄

在很多战争题材的影视作品中，有时会出现飞机以及空战的场面，如果用真飞机来拍摄，这不仅仅是成本大增的问题，还有发生危险的可能，尤其是重现几十年前的空战场面，则更是一件难上加难的事情。但是，如果使用遥控像真模型飞机，那么这些问题就会迎刃而解，比如有很多优秀影片中的飞机和空战镜头就是用遥控像真模型飞机来“客串”的。

### （二）真飞机性能测试

在真飞机的研制过程中，为了验证飞机的理论性能，减少失败的概率，也经常会使用缩比的遥控像真模型飞机进行试飞验证，这样可以减少研制和试飞中的风险，提前发现问题。例如，中国商飞在研制“灵雀”B飞机的过程中，就使用了缩比遥控像真模型飞机来验证真飞机的气动性能以及收集某些方面的数据（见图1-14）。

因此，遥控像真模型飞机不仅可以用来娱乐，同时在工业和科技方面也发挥着举足轻重的作用。

## 三、遥控像真模型飞机在国际上的发展情况

纵观世界上的航空模型运动，遥控模型飞机是主流项目，而遥控像真模型飞机则当之无愧是主流中的主流。国际上绝大部分航模爱好者都是遥控像真模型飞机的铁杆粉丝，年龄上至花甲下至学龄前，虽然很多爱好者也从事其他的遥控模型项目，但对遥控像真模型飞机的专注与热爱是其他项目所难以替代的。

西方的航模运动发展较早，有着雄厚

图 1-14 “灵雀”B 飞机的缩比验证模型飞机

的技术基础，引领着世界航模技术的发展，下面就让我们来看一看西方的航模爱好者开展遥控像真模型飞机活动的情况。

现代西方遥控像真模型飞机活动的发展有以下几个特点。

### 1. 遥控像真模型飞机趋于大型化

在我们国家，由于种种原因的限制，爱好者使用的模型飞机尺寸一般不是很大，通常国内的遥控像真模型飞机的翼展在1200～1800mm，但国外的模型飞机几何尺寸普遍呈现日益大型化的趋势。模型飞机的尺寸越大，气动性能越好，飞起来就越有气势，也更加逼真。这里面最有代表性的是美国，翼展2000mm左右的遥控像真模型飞机在这个国家通常属于“入门级”，翼展在3000～4000mm的模型飞机似乎才属于比较“正常”的尺寸，这个规格的模型飞机在美国不仅使用的人数最多，商品化的模型也比较好买到。

在国外，还有一些发烧级的爱好者，对于模型飞机追求超大型化（见图1–15～图1–21），很多翼展都超过了5000mm。为了运输这些大型器材，有的模型爱好者还制造了专用的拖车（见图1–22、图1–23）。

世界上最大的一架遥控像真模型飞

图 1–15　“协和”号大型遥控像真模型飞机

图 1-16 模型展上的两架大型遥控像真模型飞机

图 1-17 空客 A380 大型遥控像真模型飞机

图 1-18 B-52 轰炸机大型遥控像真模型飞机

图 1-19 C-17 大型模型运输机正准备起飞

图 1-20 降落过程中的模型运输机

图 1-21 过大的模型飞机需要人力的移动

图 1-22　模型专用运输车 1

图 1-23　模型专用运输车 2

机是由比利时的航模爱好者设计制造的B-29轰炸机模型（见图1-24），翼展达到了9100mm（也有说8900mm），是原型机的1/5左右，比超轻型飞机还要大，装有4台0.16L汽油发动机，起飞重量[①]达到了约210kg，需要两名爱好者一起操纵。它也是吉尼斯世界纪录中所记录的世界上最大的遥控模型飞机。

世界上最大的电动遥控像真模型飞机是由一位英国的航模爱好者设计、制作的。制作这架飞机的爱好者名叫托尼·尼基惠斯，现年46岁，住在英国东萨西克

图 1-24　世界上最大的遥控像真模型飞机正在起飞

① 本书中的重量为质量（mass）概念，单位为kg。

斯郡，是位工程师。他花了近两年的时间来制造这架模型飞机，原型机是20世纪美国波音公司生产的B-50轰炸机（见图1-25）。他制造这架模型飞机总共花费8000多英镑。

图1-25　世界上最大的电动遥控像真模型飞机及其制作者

这架遥控像真模型飞机名为“令人愉快的绿巨人”，是由轻木和层板制作而成。翼展超过6m，起飞重量约45kg，通过96块锂电池来驱动4台4000W无刷电机。这架模型飞机起飞时会沿着50m的跑道以64km/h的速度滑跑。在空中的飞行时间约为8min，当电量不足时会发出警报。为了追求逼真的效果，其炸弹舱门是能够打开的，如果有必要，还可以在空中“投弹”。

由于这架模型飞机太大了，尼基惠斯只能在自家车库完成制作，为了节省空间，这架模型飞机被分为8个模块单独制作，最后再进行组装。

鉴于其尺寸，英国民航部门把它划归为“轻型飞机”之列，必须通过民用航空管理局的测试，获得许可证才能飞行，而且最大飞行高度不能超过122m。

上述这些超大型遥控像真模型飞机通常很少进行商品化销售，多是爱好者自己进行研究、设计、制作而成，虽然需要花费很大的人力物力，但它们可以进一步展示出爱好者的技术能力！

## 2. 遥控像真模型飞机趋于精细化

为了追求更加逼真的效果，很多遥控像真模型飞机制作得十分精细。在外观细节上不放过一丝一毫，真飞机上有的，模型上也必须有，大到主要零部件，小到一颗铆钉。很多小零件的颜色、位置都是经过仔细考证的。有的模型飞机，将起落架的收放形式也模仿得惟妙惟肖（见图1-26）。有的模型把驾驶舱的仪表也制造得极为精细，仪表上的指示灯能发光，指针还能转动，这些足见爱好者的高超制作工艺和严谨认真的工作态度。更有意思的是，据说不少飞行员的模型，都是制作者按自己的形象打造的。

图1-26　P-40模型飞机特殊的起落架折叠方式

图 1-27　以假乱真的模型飞机 1

图 1-28　以假乱真的模型飞机 2

图 1-29　荷兰航模爱好者——杰拉尔德 · 鲁特恩

很多遥控像真模型飞机还经常在真飞机机场进行飞行表演，和真飞机在一起，甚至能以假乱真（见图1–27、图1–28）。

### 3. 遥控像真模型飞机的玩法更具趣味性

遥控像真模型飞机除了要求在外观效果上逼真外，更多的乐趣还是操纵模型飞机飞行，其不仅能够做出正常的飞行动作，还可以完成特技飞行以及任务飞行。例如，有的模型飞机可以空中拉烟，有的可以空中投弹、发射导弹，有的可以投放降落伞等，甚至有的爱好者还可以操纵自己的爱机在降落时打开减速伞进行减速。

### 4. 对遥控像真模型飞机的设计与制作要求精益求精

还有一些爱好者对模型的追求达到了极致。为了要求外形和真飞机绝对一致，他们在绘图阶段都是用真飞机生产厂家提供的图样或比对真飞机进行测绘。

例如，一位荷兰的航模爱好者为了制作一架一模一样的F–16战斗机模型，他居然找到了荷兰空军。这位名叫杰拉尔德 · 鲁特恩的荷兰人，不仅是位航模爱好者，同时也是一名飞行员（见图1–29），因此他能有机会近距离接触F–16战斗机。由于对F–16的酷爱，他已经不满足于购买成品，而是决定照着真飞机打造一款分毫不差的像真模型。凭借20年的航模制作经验，这架飞机从起落架到发动机，都是由杰拉尔德 · 鲁特恩一手打造。为了得到原型机具体的参数，他亲自到空军部队，亲手测量实际的数据（见图1–30、图1–31）。这架模型飞机的主要结构和材质使用了玻璃钢和碳纤维，通过模具制作而成（见图1–32、图1–33）。为了达到超仿真的效果，杰拉尔德·鲁特恩完整地重现了真机的图案。原型机的图案是带有彩妆的（见图1–34），因此给这架模型飞机进行喷漆不能一次完成，需要按多个步骤反复遮盖喷漆才能达到效果（见图1–35～图1–38），流程十分繁琐。F–16的起落架不仅结构十分复杂，而且收放形式也比较特殊，但是杰拉尔德·鲁特恩不仅手工制作了起落架的零部件，还准确地再现了起落架精致的结构（见图1–39～图1–45）。这架模型飞机使用一台20kgf（1kgf≈10N）推力的涡轮喷气发动机，尤其令人惊叹的是，杰拉尔德·鲁特恩并没有像大部分爱好者那样购买一台商品发动机，而是亲手制作了一台发动机（见图1–46～图1–55）！发动机的尾喷口也制作得细致入微（见图1–56）。在试车后，他发现发动机的喷口火焰效果不明显，于是自己在尾喷口内侧加装了一圈LED灯（见图1–57、图1–58），利用电脑模块配合油门产生大小不同的喷气效果。F–16战斗机的减速板在尾喷口的两侧，属于上下开裂式的减速板，由于只在降落时使用，加之位置“隐蔽”，因此不少爱好者甚至忽略了它的存在，但杰拉尔德·鲁特恩不可能错过这样的细节（见图1–59、图1–60）。图1–61是这架模型飞机的驾驶舱刚刚制作了一半时拍摄的，完工后的驾驶舱仪表和灯光都是可以活动的。当这架“纯手工”的模型飞机打造完成后，简直和真飞机如出一辙（见图1–62、图1–63）。很多航模爱好者都被震惊了，而同样被震惊的还有荷兰空军，于是派人来了解情况，并且还安排了一场特殊的见面会（见图1–64～图1–66）。2013年，杰拉尔德·鲁特恩带着他的F–16模型参加了2013年喷气式飞机飞行大师赛，并且获得了静态第二名的好成绩（见图1–67、图1–68）。

图1–30 亲自测量真飞机数据1

图1–31 亲自测量真飞机数据2

图 1-32　机身使用模具和玻璃钢、碳纤维材料制作 1

图 1-33　机身使用模具和玻璃钢、碳纤维材料制作 2

图 1-34　原型机复杂的彩妆

图 1-35　给机体喷漆 1

图 1-36　给机体喷漆 2

图 1-37　给机体喷漆 3

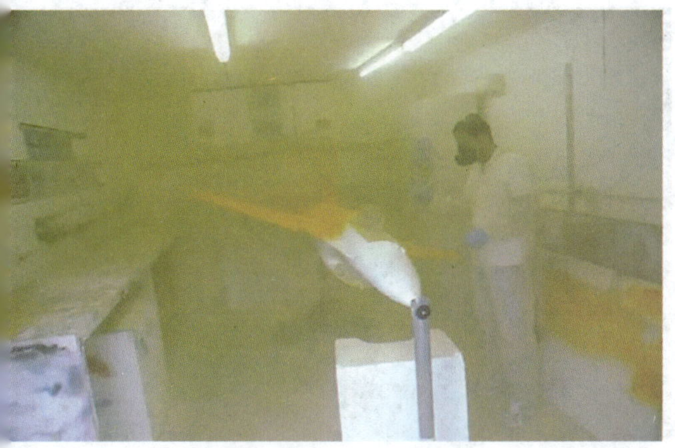

图 1-38　给机体喷漆 4

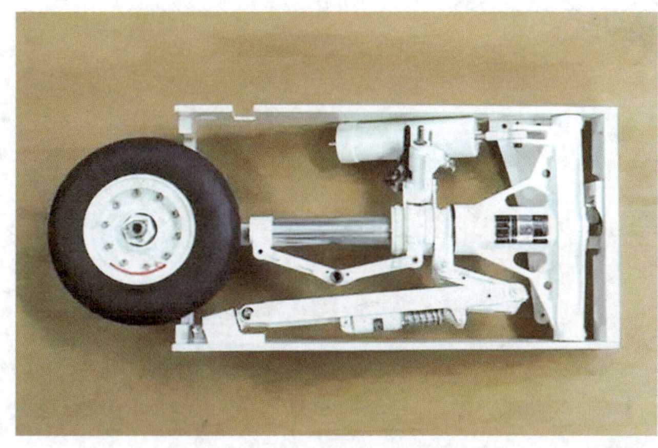

图 1-39　结构复杂的起落架

图 1-40　加工起落架

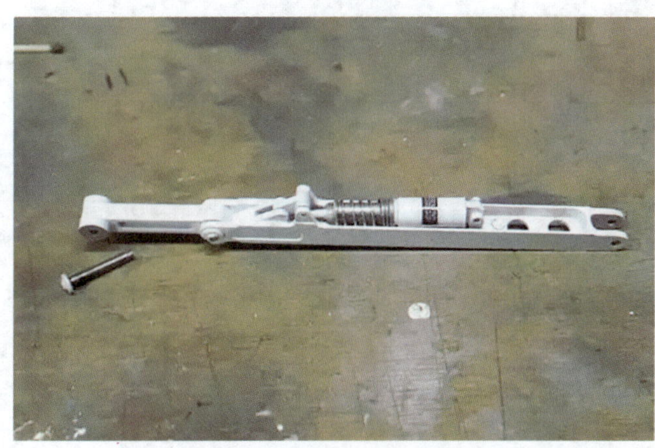

图 1-41　完成的起落架零部件 1

图 1-42　完成的起落架零部件 2

图 1-43　完成的起落架零部件 3

图 1-44　打开的主起落架

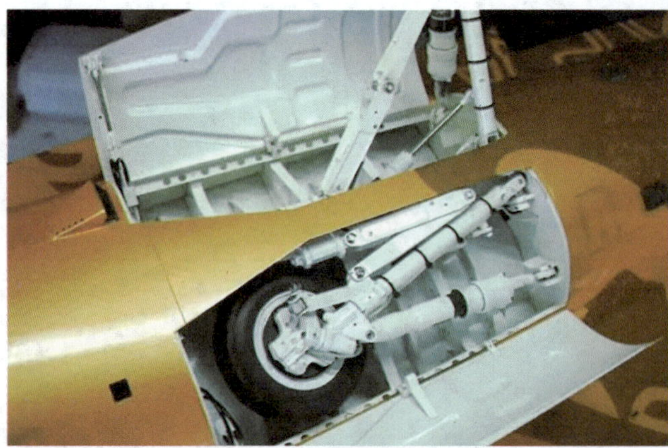
图 1-45　收起的主起落架

图 1-46　加工中的模型喷气发动机

图 1-47　完成的发动机零部件

图 1-48　加工涡轮叶片

图 1-49　完成的涡轮叶片

图 1-50　叶片总成

图 1-51　测量涡轮叶片角度

图 1-52　大体完工的模型喷气发动机

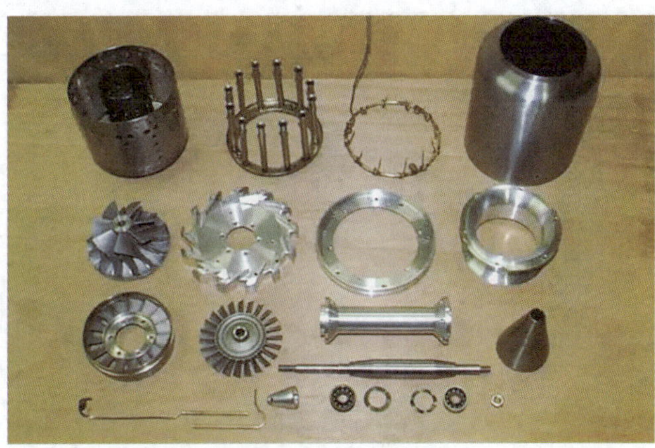

图 1-53　模型喷气发动机的大部分零件

图 1-54　全部完成的模型喷气发动机

图 1-55　正在测试中的模型喷气发动机

图 1-56　精细的发动机尾喷口

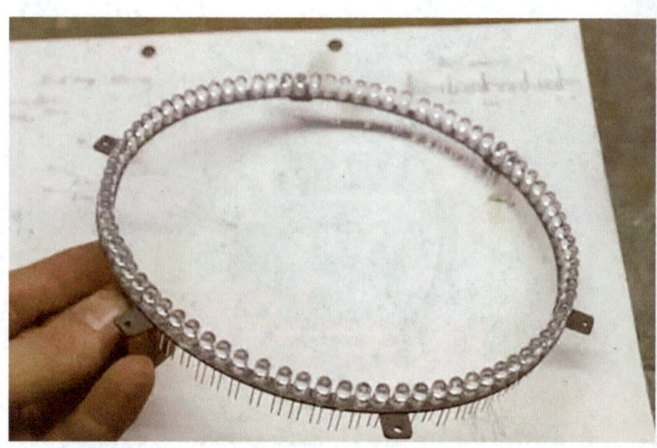

图 1-57　模拟尾喷口火焰的 LED 光环

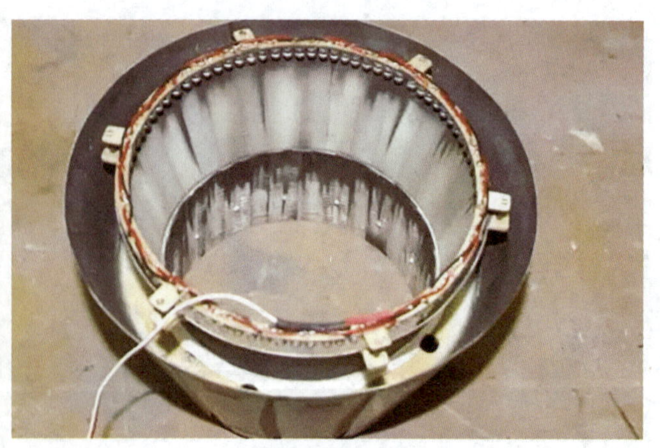

图 1-58　安装在尾喷口内的 LED 光环

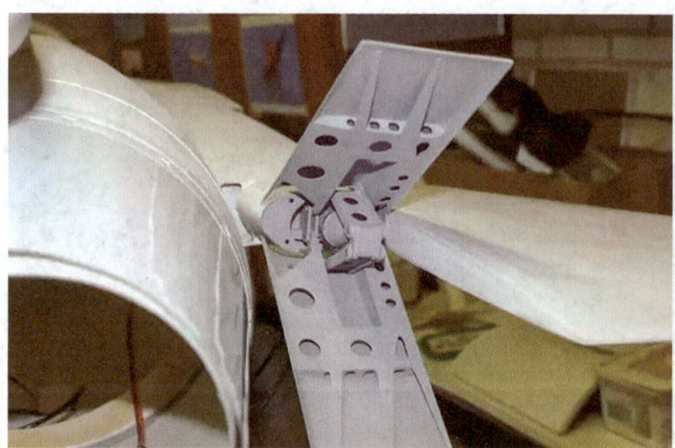

图 1-59　减速板打开的状态 1

图 1-60　减速板打开的状态 2

图 1-61　部分完成的座舱效果

图 1-62　和真飞机在一起

图 1-63　和真飞机在一起以假乱真

图 1-64　荷兰空军人员来参观这架模型飞机

图 1-65　制作者、模型及真飞机合影

图 1-66　制作者和荷兰空军飞行员交流

图 1-67　参加世界比赛 1

图 1-68　参加世界比赛 2

# 第二章 遥控像真模型飞机的选择与组装

对于遥控像真模型飞机的选择，模型飞机自身是主导因素，所有的辅助器材，如动力系统、遥控设备等都是根据模型飞机的要求为其服务的，因此模型飞机的选择是一项很重要的工作，是首先要确定下来的。遥控像真模型飞机的选择决定了模型飞机的机型特点、飞行性能。如果模型飞机在选择时就没有选好，那么就会影响后面的一系列工作，因此遥控像真模型飞机的选择是重中之重，一定要思量成熟。

## 一、遥控像真模型飞机的选择

目前，市场上的遥控像真模型飞机种类繁多，选择什么样的产品呢？我们可以参考以下几个方面来进行选择。

### （一）确定遥控像真模型飞机的原型机

“原型机”就是指像真模型飞机所参照的原真飞机型号。遥控像真模型飞机的分类可以参考前面讲的真飞机的分类方法。

一般情况下，真飞机的飞行特点也会被模型继承下来不少。例如，赛斯纳飞机飞行速度慢、稳定性好、易于掌控，其像真模型也差不多是这样；战斗机飞行速度快、机动性好，要求操纵技术娴熟，其像真模型也具有类似的特点。

遥控像真模型飞机在外观上虽然是原型机的迷你版，但毕竟在飞行速度、气动性能等方面与真飞机存在巨大的差异，而且为了追求像真度，遥控像真模型飞机还要牺牲一定的飞行性能，因此对于同一款机型而言，真飞机和模型的性能往往无法相提并论，可能一架真飞机很容易操纵，但模型飞机操纵起来就没有那么容易。虽然操控性能方面不能和真飞机以及竞技模型飞机相比（如遥控模型教练机、竞赛级遥控特技模型飞机、竞赛级遥控滑翔机等），但这只是相对而言，总的来说遥控像真模型飞机的飞行性能和操控性还是能够让一般爱好者所接受和掌握的。

在选择原型机时也要考虑爱好者自身的操纵技术水平，例如，有的爱好者只具有初级的操纵水平，能独立控制一架遥控模型教练机，操纵技术还谈不上娴熟，飞行经验也比较少，那么就可以选择一架赛斯纳遥控像真模型飞机（见图2–1）或J–3遥控像真模型飞机（见图2–2）等，这样能很快上手，而不会有过于陌生、很难掌握操纵要领的感觉。如果是已经具备了比较熟练的操纵技术，如操纵过遥控特技模型飞机的爱好者，能选择的机型就比较多了，其中第二次世界大战（简

图 2-1　赛斯纳遥控像真模型飞机

图 2-2　J-3 遥控像真模型飞机

图 2-3　P-51D“野马”遥控像真模型飞机

图 2-4　“喷火”遥控像真模型飞机

称“二战”）系列的螺旋桨式战斗机、轰炸机、运输机等多种机型，如P-51D“野马”战斗机（见图2-3）或“喷火”战斗机（见图2-4）等都是不错的选择。还有的爱好者已经达到了中高级水平，操纵过多种不同性能的遥控模型飞机，并积累了丰富的飞行经验，这样的爱好者则可以随意选择自己喜欢的机型，尤其推荐采用电动涵道动力的遥控像真模型飞机，如军机系列的F-16“隼”式战斗机（见图2-5）、F-14“雄猫”战斗机（见图2-6）、A-10“雷电”Ⅱ攻击机（见图2-7）等，都是外观漂亮、有特点、飞行性能也比较好的机型。

对于机型的选择，首先应全面客观地评估自身的技术能力，但也不必过于谨慎小心。正在读本书的朋友想必都是通过了遥控模型飞机基础入门技术训练的，已经具备了一定的知识经验、制作水平和操纵技术，而一般的操纵水平就已经够用了，至于选择哪种原型机的模型主要取决于个人喜好。遥控像真模型飞机的乐趣不就是情趣性和娱乐性吗？况且挑战难度不也是一种乐趣吗？

### （二）遥控像真模型飞机性能的选择

遥控像真模型飞机和真飞机之间的几何尺寸差距过大，导致雷诺数、临界失速迎角、抗风性能等都会有很大差异。另一方面，体积缩小的模型飞机所携带的机载设备相对真飞机而言要重得多，这导致遥

图 2-5　F-16“隼”式遥控像真模型飞机

图 2-6　F-14“熊猫”遥控像真模型飞机

图 2-7　A-10“雷电”Ⅱ遥控像真模型飞机

控像真模型飞机的翼载较高，在飞行速度较快时，一旦停车失去动力，往往没有滑翔能力，进行迫降的难度较大，因此越小的遥控像真模型飞机往往越不好飞。此外，为了保证像真度，有的模型飞机在外形上绝对参考真飞机的图样进行设计，因此尾力臂、重心位置等参数相比真飞机存在较大差距，导致模型的稳定性和操纵性比较差。以上诸多原因导致遥控像真模型飞机的飞行性能并不理想，因此要想像真飞机那样做稳定的飞行并不是一件轻松的事，这基本是航模爱好者给遥控像真模型飞机的一致评价。不过，这些不足只是相对于竞技模型飞机的性能而言的，总体来说遥控像真模型飞机的性能和操纵技术爱好者们都可以接受并掌握，毕竟为了追求像真度就要牺牲一些飞行性能，况且没有一点难度的技术还有乐趣和挑战性吗？

很多模型设计师会考虑到遥控像真模型飞机的飞行性能问题，并在不破坏外观的前提下适度修改遥控像真模型飞机的一些数据，如稍微延长尾力臂、调整模型飞机重心位置、选择更有利于飞行的翼型等，以此来改善模型飞机的飞行性能，但这些修改也不宜幅度过大，否则会影响模型飞机的像真度，失去这个项目的乐趣和意义，要在飞行性能和像真度之间寻求合理的平衡。

另外，遥控像真模型飞机的飞行性能还与选择的原型机的气动布局有直接关系。例如，一架赛斯纳遥控像真模型飞机，可能在飞行性能上就和遥控教练机不相上下，而一架老式遥控像真模型飞机，可能就比一架F3A（遥控特技飞行）飞机要求的可控性稍差一些，如果选择一架B-2遥控像真模型飞机，可能对操纵者的技术就是一种考验了。但还是不要忘记，这些只是相对而言，我们完全可以根据自身技术水平去选择一款合适的机型。

### （三）遥控像真模型飞机的动力形式

真飞机的动力主要分为螺旋桨式和喷气式两种，而遥控像真模型飞机的动力形式可分为三种，即螺旋桨动力、涵道动力和喷气动力。其中，涵道动力是模型飞机特有的一个动力种类。为了追求喷气式飞机的外形，同时降低成本，航模工作者设计了这种特殊的动力形式。而且考虑到工作效率和起动的便捷性，现在大多数涵道采用无刷电动驱动（见图2-8）。虽然电动涵道的工作效率和飞行效果不能和模型喷气发动机相比，但它的出现解决了很多喜爱喷气式飞机但又“囊中羞涩”的爱好者的实际问题，对航模活动来说是个不小的贡献。本书在介绍遥控像真喷气模型飞机时，以电动涵道为主，对喷气发动机感兴趣的朋友可以参阅本丛书的《遥控喷气模型飞机入门》一书。

图2-8　电动涵道动力

采用电动涵道的像真模型飞机飞行速度比较快，例如，飞翼90mm涵道F-16模型的最大飞行速度达200km/h，操纵也比较灵敏，因此建议在将螺旋桨式遥控像真模型飞机飞熟练之后再上手这类模型，从而循序渐进，不仅容易被初学者掌握，而且可以减少不必要的损失。

### （四）制造遥控像真模型飞机的材料

制造遥控像真模型飞机的常见材料主要有三种。

### 1. 木质材料（见图2-9）

图2-9　轻木

木质材料是制作遥控模型飞机常见的一种材料。木质材料制作的模型飞机强度、刚性较好，结构重量又相对比较轻，综合性能比较好。但是，木质结构的模型飞机在加工方面有一定技术难度，生产成本也比较高，面对外形比较复杂，曲线变化比较多的模型飞机，使用木质材料加工会存在一定困难。

### 2. 复合纤维材料

图2-10　碳纤维

复合纤维材料主要是指玻璃纤维和碳纤维（见图2-10）。用复合纤维材料制造模型飞机的最大优势是可以加工外形比较复杂、曲线变化大的结构外形，而且纤维材料的刚性和强度也比较好，适合加工外形比较复杂的遥控像真模型飞机，尤其是模型飞机的机身。但是，纤维材料对加工工艺有较高的要求，如果选择的原材料不理想，或加工技术不高，就会影响材料的性能。而且纤维材料不适合制作小尺寸的模型飞机，因为模型的重量往往会比较大。纤维材料最大的缺点是生产成本比较高，尤其是碳纤维材料，因此只有要求比较高的大型模型飞机才会使用复合纤维材料。

### 3. 塑料泡沫材料（见图2-11）

图2-11　泡沫材料

塑料泡沫材料简称泡沫材料，是复合材料中的一个类型，它指的是一大类材料的统称，书中主要是为了与复合纤维材料相区分。泡沫材料是近些年出现的用于制造模型飞机的一种常见材料，目前，它是大部分生产小型遥控像真模型飞机厂家所使用的主要材料。

泡沫材料的优点是重量轻，有较大的韧性，在受到轻微的碰撞时，有一定生存能力，而且泡沫材料制造成本较低，适合大批量生产。

泡沫材料在制作外形特别复杂的模型方面有很大优势，例如，加工一些细节，

图 2–12　小型的耐摔模型飞机

图 2–13　初级教练机模型

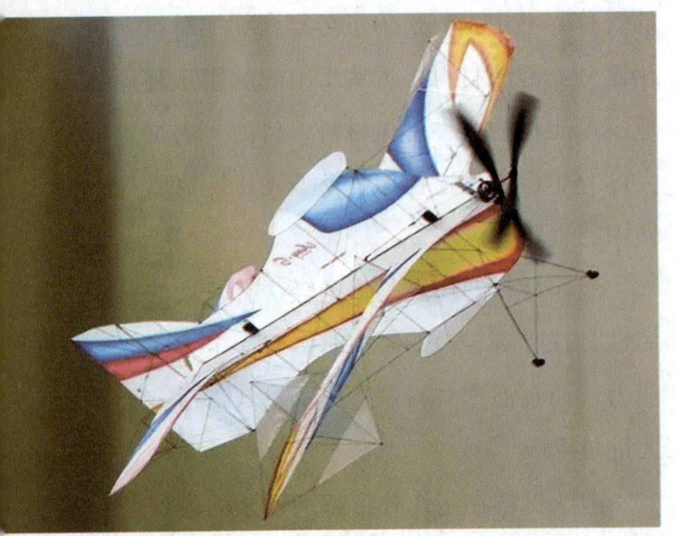

图 2–14　室内特技模型飞机

如飞机蒙皮接缝、铆钉等十分容易。因此，这些因素使泡沫材料成为遥控像真模型飞机市场的新宠儿。现在市场上销售的遥控像真模型飞机，使用泡沫材料的产品占绝大多数。但是，泡沫材料也有其自身缺点，如刚性较差，尤其是制作外形尺寸较大的模型飞机，需要特别加强，否则在空中飞行时，遇到负荷，机体就会变形甚至断裂。因此，泡沫材料不适合制作尺寸较大的模型飞机或要求飞行动作特别精准的竞技类模型飞机，如遥控特技模型飞机，但是进行一般的像真飞行还是能够满足要求的。

制造模型飞机常见的泡沫材料主要有三种，即EPS、EPP和EPO。

EPS是制造产品包装的常见材料，成本较低，注塑的密度可以掌握，有一定的硬度，因此铸造的模型外观比较光滑坚挺，但缺点是比较脆弱，遇到强一点的冲击就容易碎裂解体，而且容易被多种化学胶水腐蚀，因此它通常用来制造体积比较小的低档模型飞机。

EPP是一种柔性泡沫材料，优点是韧性特别好，可以大幅度弯折，但强度较差。为了让模型在空中飞行时不会发生明显形变，需要经过特别加强才能使用，而且通常是采用手工切割黏结的制作工艺，外观比较粗糙，通常用来制作小型的耐摔模型飞机（见图2–12）、初级教练机模型（见图2–13）或室内特技模型飞机（见图2–14）。

EPO兼顾了前两者的优点，重量轻，

粗糙度较好，韧性和强度适中，不仅能忍受一般的冲撞，而且只要适当加强即可正常飞行，因此现在大部分商品级的遥控像真模型飞机都采用EPO材料制成。EPO材料通过模具一次注塑成形，只要图样正确、模具准确、精度高，模型飞机是可以制造得十分生动逼真的。EPO材料如果不考虑前期模具成本的投入，仅材料的成本而言是比较低的，特别适合大批量生产。

### （五）遥控像真模型飞机的级别

遥控像真模型飞机同其他类型的遥控模型飞机一样，按外形尺寸及发动机大小分为若干个级别，不同级别的模型飞机具有不同的特性（见图2-15）。一般来说，小级别的遥控像真模型飞机抗风性能较差，气动性能也不好，而且越小就越要做得轻一些，因此很多结构和外观细节就必须省略，从而影响像真度。要想做得像真，重量势必大大增加，但这又会严重影响模型飞机的飞行性能，导致模型飞机既小飞得又快，难以驾驭，因此不是最佳选择。大级别的遥控像真模型飞机抗风能力和气动性能比较好，飞行性能更加理想，细节工艺也有更多提升的空间，但大级别的模型飞机需要的飞行场地更大，而且价格较高，因此也有一定的局限性。根据国内航模爱好者以及国内飞行场地的情况，对于遥控像真模型飞机的入门机型而言，中等级别比较合适，性价比较高，也比较实用。

对于螺旋桨式的遥控像真模型飞机，由于飞行特性和大部分竞技型模型飞机相似，所以可以参考竞技型模型飞机的级别分类。一般螺旋桨式模型飞机可以选择40～50级别（翼展在1400～1500mm），因为这个级别的模型飞机，价格既容易被航模爱好者接受，气动性能也能有所保证，因此是不错的选择。

而对于电动涵道的遥控像真模型飞机，情况就有所不同了。电动涵道动力系统最大的优点是可以在外观上模拟喷气式飞机的外形而价格成本又相对较低，但电动涵道的最大缺点是工作效率较低，飞行时间较短，而且工作电流较大。如果完全基于模型飞机的气动性能来选择模型飞机的大小，那么就需要直径很大的涵道，从而导致成本很高，并且飞机使用的泡沫材料也需要加强，因此用一般的螺旋桨式飞机的尺寸套用到涵道遥控模型飞机上往往

| 模型飞机级别 | 翼展/mm | 优　点 | 缺　点 |
| --- | --- | --- | --- |
| 小级别 | 1000~1200 | 价格便宜、便于携带 | 气动性能较差、外观比较简单 |
| 中级别 | 1400~1500 | 性价比较高 | 有些结构细节会有欠缺 |
| 大级别 | 1600~1800 | 气动性能好，外观便于制造得精细 | 价格较贵、携带不便 |

图2-15　模型飞机级别性能表

是不现实的。根据以往的使用经验，从性价比的角度考虑，最理想的涵道级别是90mm。这个级别的模型飞机在涵道动力模型飞机中算是不小的级别，而且其实际几何尺寸也不算太小（翼展通常在1000mm左右），气动性能比较理想，而且这个级别的飞机动力一般使用6S 5000mAh的锂电池，约130A的电子调速器，器材的价格也是一般爱好者所能接受的。这个级别的模型飞机可以在细节上做较多的处理，比如可以使用像真的收放式起落架（见图2-16），舵面、航灯（见图2-17）也可以做得比较齐全。如果在更小级别的涵道模型飞机上加上这么多的东西，不仅由于尺寸空间较小不利于安装，而且翼载也将显著增加，进而严重影响飞行性能。因此，对于采用电动涵道的遥控像真模型飞机，建议选择70～90mm涵道动力级别。

图2-16 像真的收放起落架

图2-17 像真的航灯

## （六）遥控像真模型飞机的工艺质量

入门级的航模爱好者可能对于模型飞机的性能没有太多的了解，但通过观察模型飞机的制作工艺质量，还是能大致判别出优劣的。首先，观察一款遥控像真模型飞机的外观像真度，可以用原型机的照片和三视图进行审视，但凡外观像真度高的，说明设计师的设计能力、对模型的认知程度都是比较高的，模型飞机就相对比较有质量和性能的保证。而那些外观失真度较高、看上去设计得比较拙劣的模型，首先设计师的设计水平就不会很高，更没有能力对模型飞机进行精心打造，因此模型飞机的质量和性能就难以保证。

模型飞机的一些具体细节，比如起落架、蒙皮、铆钉等是否刻画得细致入微，泡沫材料的质地是否精良，外表喷涂是否细腻等，这些都能反映出模型飞机的质量与性能。凡是质量与性能较好的模型飞机，厂家在生产中肯定是不惜付出人力和物力的代价，而那些劣质的模型飞机厂家肯定不会为此付出太多，这是一个亘古不变的道理。

### （七）遥控像真模型飞机的品牌效应

当我们对于遥控像真模型飞机不太了解的时候，模型飞机的品牌效应以及口碑是最有说服力的。当走进飞行场地时，那些使用数量最多的机型，一般都是值得选购、性能比较成熟的机型，因为只有成熟的机型，才具备比较均衡全面的优势，如优秀的飞行性能、合理的结构和合理的价格。目前，国内生产EPO材质的遥控像真模型飞机的厂家有很多，产品更是琳琅满目，但真正质量优秀的却屈指可数。

### （八）商品模型飞机的配置形式

由于每个爱好者手中已有的器材情况不同，有的可能购买过遥控器或电动机，有的可能什么器材都没有，因此现在不少商家在销售模型时往往会根据爱好者的需要，设计好几种不同的模型飞机套装供爱好者灵活选择，以免重复购买器材造成浪费。有几种常用的英文缩写代表不同种类的模型飞机套装。

“KIT”即空机版。这样的套装只包括模型飞机的外壳（包含舵角、连杆、起落架等所有机体外表所需的零件），但不包括动力系统、遥控器、充电器、电池等器材，其余的需要自己另行购买。这样的套装价格相对较低，适合手中已经有遥控器、电机和充电器的爱好者。

“PNP”是在空机版的基础上增加了电机、调速器、舵机等主要器材，飞机部分基本上不需要另外采购其他器材了，爱好者只需另行购买遥控设备、电池和充电器即可。

“RTF”是配置最齐全的套装，俗称“到手就飞”，不仅包括了空机，还包括动力系统、遥控器、舵机、电池和充电器。但是也要注意，由于RTF版本考虑到价格和成本因素，其所配置的器材往往档次不高，因此应该根据实际需求判断其搭配是否适合自己。

## 二、示范模型飞机介绍

在本书中，给大家进行示范的模型，在机型选择上是经过深思熟虑的。除了关注遥控像真模型飞机在机型种类上的代表性外，还本着在模型飞机结构上、组装上由简到繁、由易到难，在价格上由低到高，在操纵技术上由初级到高级的顺序进行合理的介绍，这样更符合爱好者的学习情况。本书以电动螺旋桨式模型飞机和电动涵道模型飞机等为代表向读者进行示范介绍。

#### 1. 赛斯纳182模型飞机（见图2–18）

赛斯纳182飞机不仅是飞机家族中，同时也是模型飞机家族中最负盛名的机型。赛斯纳是美国专门生产轻型飞机的公司。赛斯纳飞机有着合理的结构、气动布局和靓丽的外观，以至于大部分遥控教

图 2-18　赛斯纳 182 遥控像真模型飞机

练机都参考了赛斯纳系列飞机的外观和气动布局。在赛斯纳飞机系列中，赛斯纳172/182是知名度最高、性能最成熟、外形最漂亮的机型，并成为了赛斯纳飞机的代表。由于赛斯纳飞机采用高单翼布局，重心位置比较低，因此稳定性较好，操纵比较容易，这是该机的最大优势。虽然很多模仿赛斯纳的模型飞机之间存在较大差异，但都有着较好的稳定性，这无疑得益于高单翼布局所带来的优越性，不少航模爱好者在入门阶段都使用过赛斯纳遥控像真模型飞机。

在本书中进行示范的赛斯纳182模型飞机是国内生产量很大的一款模型，十分容易买到，这架模型飞机不仅具备航灯（见图2-19），而且可以分别控制襟翼、副翼，这不仅有助于起飞和降落，还给飞行带来了乐趣。为了增加外观的像真度，机翼舵面还铸造出了加强筋的细节（见图2-20）。同时，驾驶舱也使用透明的PVC来模拟座舱风挡（见图2-21），而透过透明的风挡还可以看到驾驶舱内模拟的座椅、仪表、驾驶员等模型，这更增加了模型飞机的像真度。

这架模型飞机的主要数据如下：

翼展：1410mm

全长：1100mm

起飞重量：约1kg

电机：3536-KV850外转子无刷电机

电子调速器（简称“电调”）：40A

螺旋桨：3叶螺旋桨（11×6in[①]）

舵机：9g6个（副翼2个、襟翼2个、升降舵1个，垂尾和前轮转向共用1个）

电池：3S 11.1V 2200mAh 30C

图 2-19　翼梢上的航灯

图 2-20　机翼上的加强筋

图 2-21　透明的风挡

① 1in=25.4mm。

### 2. P-51D“野马”模型飞机

P-51D“野马”战斗机可以说是遥控像真模型飞机家族中的“常青树”，是被仿制最多的一款机型。“野马”战斗机不仅外观矫健，而且在历史上的名气也很大。“野马”战斗机使用了当时的一些尖端技术，号称最优秀的螺旋桨式战斗机，这是它被国内外模型厂家反复仿制的重要原因，在数量上和赛斯纳模型飞机不相上下。

虽然很多厂家都在仿制P-51D模型飞机，但仿制的效果与质量却大相径庭。不少模型飞机设计师没有抓住P-51D的外形特点，也没有仔细观察飞机的外观细节，从而使生产的模型完全走了样。或者有的厂家为了降低成本而忽略了很多外观细节，这样的模型最多只能称为“半像真模型飞机”，对其飞行性能也就不能抱有太大期望了。

完全按照真飞机图样生产出来的模型固然在外观效果上不错，但气动性能却远远无法和真飞机相比。其中最大的两个问题，一是翼载太大，二是重心位置比较靠前。对于像赛斯纳这样的遥控像真模型飞机，毕竟气动性能比较接近遥控教练机模型，因此这两点问题都不是特别突出，但是对于螺旋桨式战斗机模型可就不一样了。由于机载设备较多，例如，光收放起落架的一套总成（金属减振起落架、起落架收放机构、舱门舵机等）就占了不小的重量，因此飞行重量的比例比真飞机还要大，从而使模型飞机的翼载变得很大。当飞行速度较大时，飞行强度（尤其是采用泡沫材质的机体）是一个很大考验。因此，模型飞机的尺寸不要太小，至少要在40级以上（翼展1400mm以上）才能有较好的飞行性能和效果。另外，大多数老式战斗机的尾力臂都较短，这和真飞机的气动性能、结构重量的分布有关。同时，真飞机和模型飞机的飞行速度和雷诺数不同，如果真飞机的尾力臂和模型一样长，就会造成真飞机的操纵性能严重下降，这在空战中是不可想象的。从像真度的角度出发，模型飞机不得不像原型机那样，尾力臂较短。短尾力臂会导致稳定性比较差，但由于重心靠前，可以适当弥补稳定性的缺陷，然而重心也不能过于靠前，否则虽然稳定性有所改善，但模型飞机的低头力矩太大，只能拉着杆或拉着升降舵微调飞行，无论模型飞机的飞行姿态还是气动性能都不会太好。为了调节模型飞机的重心位置（重心的最前位置不能少于25%），在保证飞行时间的前提下应尽可能使用容量较小的电池，以避免重心过于靠前。

书中示范用的这架P-51D模型飞机（见图2-22）是由飞翼模型生产制造的。这款P-51D首先在外观的像真度上特别注意了几点容易出错的地方，外观仿制得比较准确，在外观细节的处理上也比较细致。例如，注意了机身蒙皮的接缝

图 2-22　P-51“野马”模型飞机

（见图 2-23），甚至连方向舵蒙皮的塌陷状态都没有放过（见图 2-24），这无疑使像真度大大提高。收放式起落架的尾轮位置与真飞机一样，在机身后部而不是在方向舵的下方（见图 2-25）。主起落架不仅采用收放式，而且打开的速度较慢，并且在起落架打开后，内侧舱门自动关闭（见图 2-26）。机翼所安装的滑行灯（见图

图 2-23　蒙皮间的接缝效果

图 2-24　方向舵蒙皮的塌陷效果

图 2-25　尾轮的位置

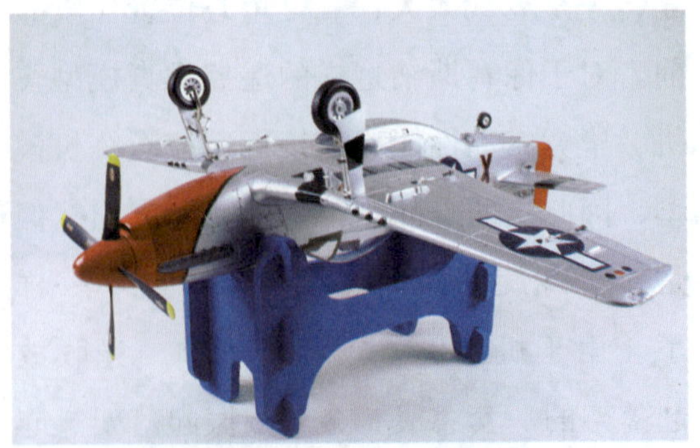

图 2-26　复杂的起落架舱门

图 2-27 机翼上的滑行灯

2-27），还可以随着起落架的收放而自动升降并关闭。这些都追求与真飞机一致，凸显了“野马”的风格与特点。

飞翼P-51D的翼展是1400mm，既兼顾了飞行性能，同时尺寸也不太大，方便运输（要知道这类遥控像真模型飞机使用大量的舵机连线，随意拆卸机翼不是一件容易的事，这关系着模型飞机拆卸的便捷性以及模型飞机的使用寿命）。1400mm的翼展是一个较为合适的尺寸，当然国内同类产品中还有尺寸更大的产品，如翼展1700/2000mm的P-51D模型飞机，飞行性能和效果更好，但携带便捷性会存在一定问题，价格也较高。为了照顾这架模型飞机的重心位置，厂家建议使用4S 14.8V 2200～3000mAh 35C的锂电池。容量太大的电池可能会导致模型飞机重心过于靠前，从而影响其飞行性能。

P-51D战斗机采用下单翼布局，作为一款像真飞机，不仅能完成一般的飞行，还能兼顾完成一些机动动作（特技动作），因此这类飞机也可以被看作是像真飞机中的特技飞机，使爱好者在操纵它们时能够体验到更多乐趣。

这架模型飞机的主要数据如下：

翼展：1410mm

全长：1200mm

飞行重量：2.6kg

翼载：86g/cm$^2$

电机：4250-580KV外转子无刷电机

电调：65A

螺旋桨：4叶螺旋桨（14×8in）

舵机：17g6个、9g3个

电池：4S 14.8V 2200mAh 35C

### 3. F-16“隼”式战斗机模型

F-16“隼”式战斗机是美国通用动力公司生产的一种轻型战斗机，虽然历史很长，但其优异的性能在战斗机家族中可谓声名显赫，尤其是漂亮的外形更是经久不衰。在涵道以及喷气模型飞机中，被仿制最多的机型就是F-16，这都要得益于其俊朗的外观。

作为模仿像真的喷气式战斗机，飞行重量相对增加的同时，机翼面积却相对减小了不少。相信第一次接触这类模型飞机的爱好者，当从包装盒中取出模型飞机的机翼时，一定会误认为是尾翼吧。因此，这类模型飞机的翼载可以说是众多模型飞机中最大的，飞行速度可想而知，最大速度能达到200km/h左右。飞这种模型飞机不仅要使用较为平坦的跑道、宽广的飞行场地，更需要娴熟的飞行技术，如果飞行

图2-28　飞翼90mm涵道F-16模型飞机

图2-29　飞翼70mm涵道F-16模型飞机

图2-30　飞翼70mm涵道F-16模型飞机的起落架采用了简化版

技术不过关，可能第一次降落时就会严重损坏模型飞机的起落架！

F-16是众多厂家模仿的对象，但是真正尺寸够大、做得像真且精致的，实在是不多。飞翼模型生产的这款90mm涵道的像真模型飞机（见图2-28）是极少数优秀的产品之一。当然，这样一套模型飞机的价格也不便宜，相对于螺旋桨式模型飞机要贵不少。如果想追求更高的性价比，飞翼70mm涵道模型飞机（见图2-29）也不失为一种合理的选择。但是，更小的一个级别既要照顾像真度还要尽量减轻飞行重量，这就决定了这架模型飞机不能加载更多的装备，比如收放起落架只能采用简化版（见图2-30），不可能“鱼和熊掌兼得”。

飞翼F-16 90mm涵道模型飞机在很多外观细节上制作得还是比较逼真的，值得一提的有以下几点：收放起落架采用金属材质，结构和收放的形式与真飞机几乎一模一样（见图2-31、图2-32）；飞机上的航灯数量与真飞机基本相同，除了左右翼梢的航灯（见图2-33）和进气道两侧的航灯（见图2-34）外，还有尾部的示高灯（见图2-35），并在尾喷口处用红色的LED灯显示喷气状态（见图2-36），尤其是前起落架打开时的滑行灯做得异常逼真（见图2-37）。飞机的外形严格恪守了真飞机的几何数据，外观装饰零件也几乎一样不差。外观涂装有两种可以选择，一种是空中优势战斗机的“灰色猎鹰”涂装（见图2-38），另一种是世界著名飞行表演队——“雷鸟”的涂装（见图2-39），从而让爱好者有更多的选择。模型飞机还根据真飞机的挂弹情况制作了副油箱以及各种导弹的模型（见图2-40）。但是，由于挂弹后会改变模型飞机的气动性能，继而影响模型飞机的操纵性，因此比较人性化的设计方式是将外挂部分制作成可以拆卸的形式（见图2-41）。平时飞行时可以不加外挂或少加外挂，摆放观赏时则加上全部外挂。机头

图2-31 逼真的主起落架

图2-32 逼真的前起落架

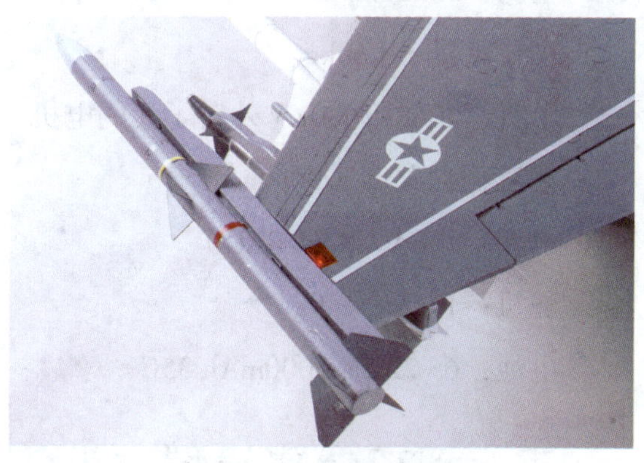

图2-33 翼梢的航灯

图2-34 进气道两侧的航灯

图2-35 尾部的示高灯

图2-36 用LED灯模拟喷气效果

图 2-37　前起落架内侧的滑行灯

图 2-38　“灰色猎鹰”涂装

图 2-39　“雷鸟”飞行表演队涂装

图 2-40　满载武器的状态

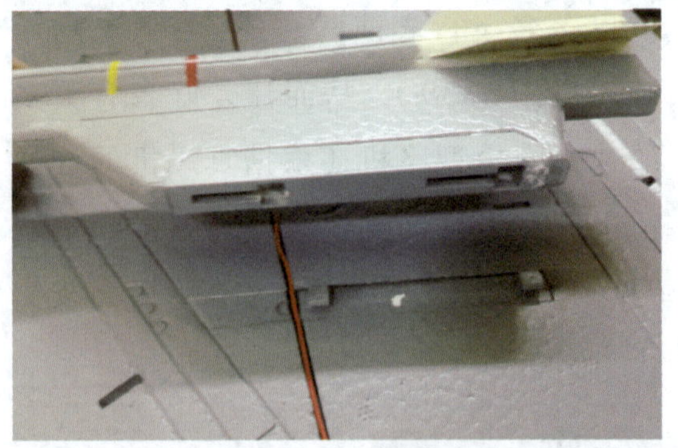

图 2-41　可拆卸的武器挂架

设计成可拆卸的形式，不仅便于运输，也可以尽量将损伤降到最低，毕竟单独购买一个头锥要便宜得多。

这架模型飞机的主要数据如下：

翼展：1023mm

全长：1522mm

飞行重量：3.68kg

电机：4068-1680KV 外转子无刷电机

涵道：12 桨叶（90mm）

电调：130A（8A UBEC）

舵机：17g5 个、9g4 个

电池：6S 22.2V 5000mAh 35C

## 三、遥控像真模型飞机的组装

模型飞机的组装顺序没有一定之规，主要是考虑模型飞机的结构需要，哪些零件应该先装，哪些零件应该后装，不能互相影响。由于组装好的模型飞机通常不能返工，因此如果模型飞机的组装顺序没有考虑周全，就会造成很大的麻烦。

以往的木质模型飞机由于结构比较简

单，内部连接电线较少，本着直观简单的原则，一般是先组装机翼，然后连接机身与尾翼，再安装动力系统和电子装备。但遥控像真模型飞机大多采用泡沫材质，其中有不少塑胶固定座的连接，而且机身内部的连线以及收放起落架系统结构比较复杂，如果按照以往组装木质模型飞机的思路进行安装可能会遇到麻烦，因此要根据实际需要安排组装顺序。

泡沫材质的模型飞机，虽然是通过模具生产，但精度较高，基本只要按要求组装，就能达到理想的安装角度，但由于各种因素的影响，不见得所有的模型在组装完成后都能达到较好的精度，因此我们还是要养成良好的组装习惯，在安装每一个零部件或每一次粘合固定之前，一定要测量距离、角度是否精确，不合适的地方一定要用手工修整的方法达到要求，否则一旦定型再想改正就很麻烦了。组装一架模型飞机最重要的几个测量点如图2-42所

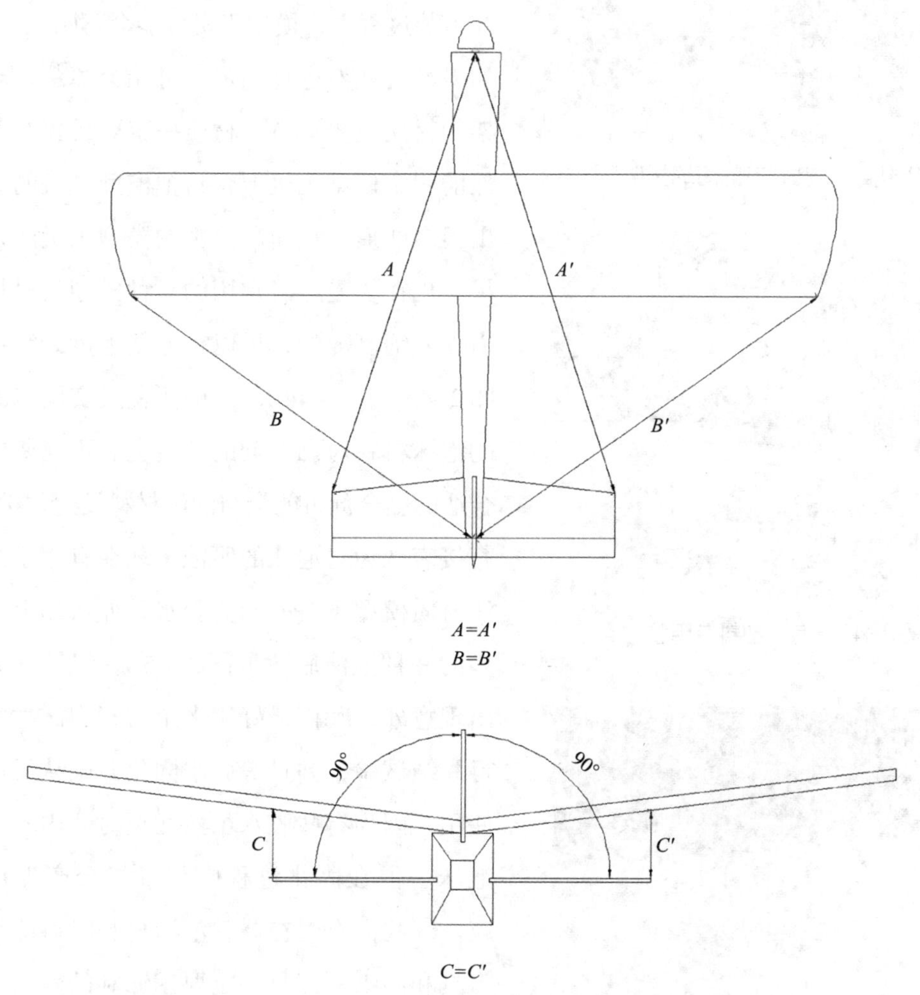


图2-42　模型飞机安装的测量要求

图 2-43　海绵托架

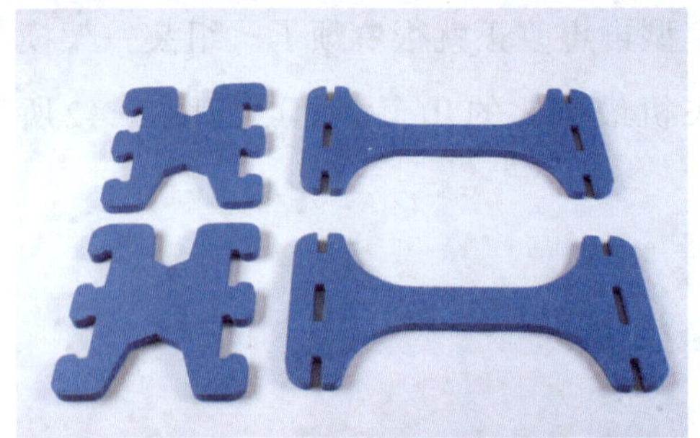
图 2-44　拆卸状态的海绵托架

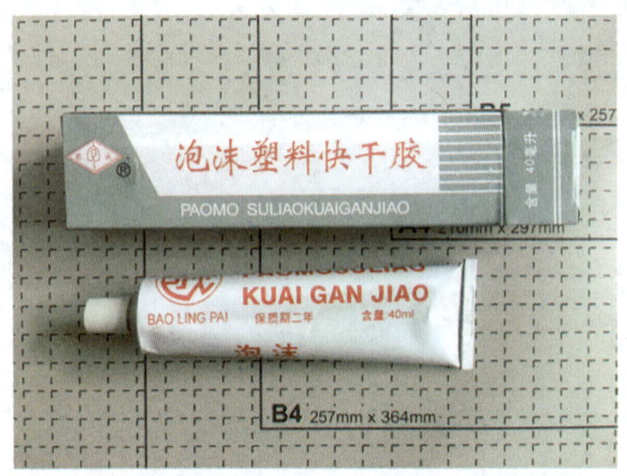

图 2-45　泡沫塑料专用胶

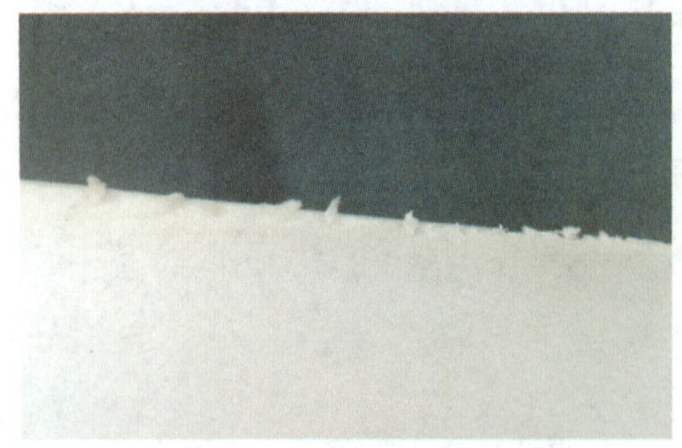
图 2-46　被打毛的泡沫材料边缘

示，相互之间的差距建议不要超过2mm，只要这几点注意到了，完成后的模型飞机在飞行性能上就不会存在严重问题。

在组装一架模型飞机之前还要把各种工具和辅助材料准备好，不要组装到一半时才发现某些工具材料还没到位，到那时很难保证不手忙脚乱，这对模型飞机的组装工作是很不利的。

组装模型飞机的常用工具很可能每位爱好者都具备了，但还是要提醒以下几点：①组装模型飞机时建议用个托架固定模型飞机，因为在组装过程中，模型飞机可能会不断上下翻动，如果没有托架进行固定，可能会掉落。对于托架的材质也要注意，材质一定要柔软，否则虽然能固定模型飞机但容易把模型飞机的表面硌出很多凹痕，从而严重影响模型飞机的外观效果。现在，爱好者常用的一种模型飞机托架是由硬海绵制成的，可以很方便地拆卸组装（见图2-43、图2-44），价格便宜又实用。②不同的泡沫材料对黏合剂的使用也有不同要求，不合适的黏合剂可能会与泡沫材料发生化学反应，直接表现为对泡沫的腐蚀。现在有用于黏结泡沫材质模型飞机的专业胶水，如市场上卖得最多的一种泡沫胶（见图2-45）。但是，为了不出现意外，我们最好用多余的废泡沫材料先进行黏结试验，并且等胶水固化并确认无误后再使用，因为有些胶水虽然在短时间内不会腐蚀泡沫，但在固化过程中很可能会产生化学反应。③我们有时在修整泡沫材料时可能会用到刀具和砂纸。刀具一定要用锋利的新刀片，砂纸也要从标号高的细砂纸试起，如果不注意这两点，很容易把泡沫材料切割成锯齿状或把材料打毛（见图2–46）。

下面我们分别用三种有代表性的模型飞机给大家进行组装示范。

### 1. 赛斯纳模型飞机的组装

（1）对泡沫模型飞机外表进行涂装，通常是采用“喷漆、水贴纸、不干胶贴纸”这三种形式。前两种的外表顺贴度、平滑度比较好，像真度高，但成本和工艺要求也较高。不干胶贴纸成本低，制作容易，但不容易贴得服贴、平滑，因此如果是采用不干胶贴纸的模型飞机，在组装之前最好把翘曲的贴纸表面处理平滑，这样不仅可以把外观效果处理得比较好，而且对飞行时的空气动力性能也有利（见图2–47）。

（2）先把升降舵、方向舵连杆钢丝从机身尾部的塑料套管内插入，注意塑料连杆夹头拧入钢丝的深度要合适，一般保持在8mm左右，以避免连杆夹头脱落（见图2–48）。

（3）先黏结垂直尾翼和水平尾翼，并在水平尾翼上的卡槽内均匀涂抹泡沫胶(见图2–49)，但由于这架飞机有垂直尾翼示高灯连线，因此要注意把示高灯连线从水平尾翼的预留孔中穿出来（见图2–50）。

图2–47　图案装饰贴纸一定要贴平

图2–48　安装连杆夹头

图2–49　在水平尾翼的卡槽内涂抹泡沫胶

图2–50　示高灯连线要从水平尾翼的预留孔中穿出

（4）垂直尾翼和水平尾翼的胶结固化需要一定时间（见图2–51），我们正好借此机会检查垂直尾翼和水平尾翼是否保持90°，或测量垂直尾翼翼梢到水平尾翼两端的翼梢距离是否一致。

（5）在水平尾翼和垂直尾翼的根部涂抹泡沫胶（见图2–52）。

（6）把尾翼示高灯的连线和机身内部的连线连接牢固。为了避免脱落最好用胶带或热塑管材料固定好插头的连接处，因为当尾翼和机身黏合完成后，如果示高灯连线脱落就很难再连接起来（见图2–53）。

（7）将尾翼和机身黏结到一起，并再次检查尾翼和机身的轴线是否保持水平与垂直（见图2–54）。

（8）以俯视角度检查水平尾翼翼梢到机身轴线的左右距离是否一致（见图2–55）。

（9）安装升降舵舵角摇臂。注意螺丝不要拧得过紧，以免造成舵面凹陷（见图2–56）。

（10）安装方向舵舵角摇臂（见图2–57）。

（11）将升降舵/方向舵连杆与舵角摇臂连接在一起，并手动测试机身内部连杆的前后动作情况，检查连杆和舵面系统是

图2–51　垂直尾翼与水平尾翼要保持90°安装

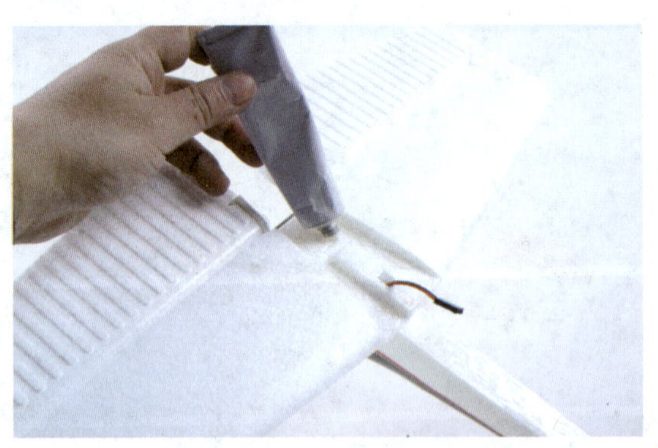

图2–52　在水平尾翼与机身的衔接处涂抹泡沫胶

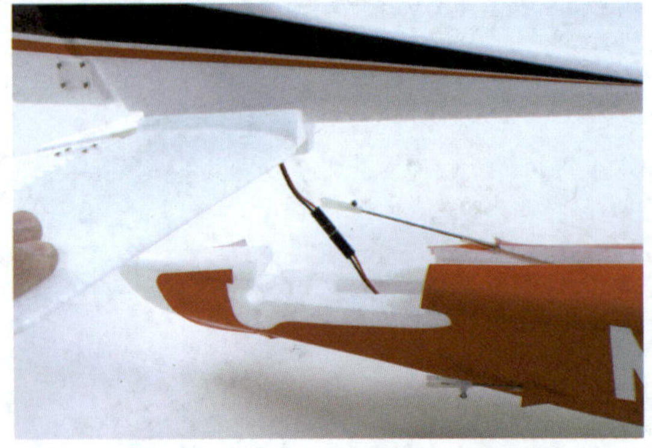

图2–53　示高灯接线应在尾翼黏结前连接好

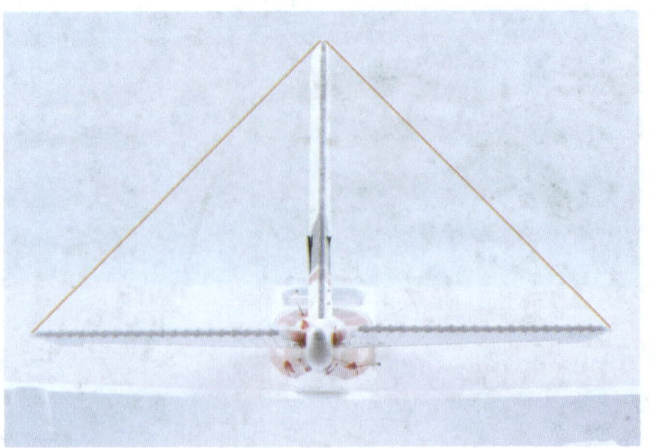

图2–54　检查垂直尾翼与水平尾翼和机身之间的固定是否为90°

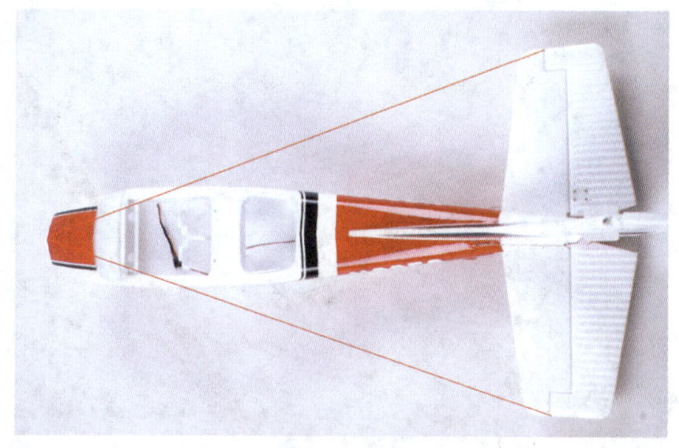

图 2-55 检查水平尾翼与机身的左右角度和距离是否一致

图 2-56 安装升降舵舵角摇臂

图 2-57 安装方向舵舵角摇臂

图 2-58 连接连杆和舵角摇臂

否工作正常（见图2-58）。

（12）舵机舱和电池舱在机身的腹部（见图2-59），舱盖分别用强力磁铁固定，如果想打开舱盖，只需要捏住舱盖的绸带，用力掀开即可（见图2-60）。

（13）安装升降舵和方向舵舵机，并且连接连杆钢丝（见图2-61）。通过舵机摇臂上的连杆长度调节器调节连杆的长度和位置。此时，要打开遥控设备，使舵机回到中立位置，然后再调节连杆的长度。方向舵舵机除了连接方向舵外还要同时连接前转向轮，并检查方向舵和前转向轮的动作方向是否一致。如果动作方向不一致，则需要把舵面或前转向轮的连杆，调到舵机摇臂的另一侧。

舵面和舵机摇臂需要同时处于中立位置，而且要注意连杆钢丝和舵机摇臂之间呈90°夹角，否则舵面在动作时会出现左右行程不一致的情况。

（14）打开机头罩，露出电机架（机头罩也是通过强力磁铁固定的）（见图2-62）。

（15）用螺丝刀拆下电机架（见图2-63）。

（16）注意电机架形状并非是对称的，从俯视角度看，电机架的安装面是微微向右倾斜的，这样安装完电机后才能呈现右拉角状态（见图2-64）。

图 2-59　电池舱盖

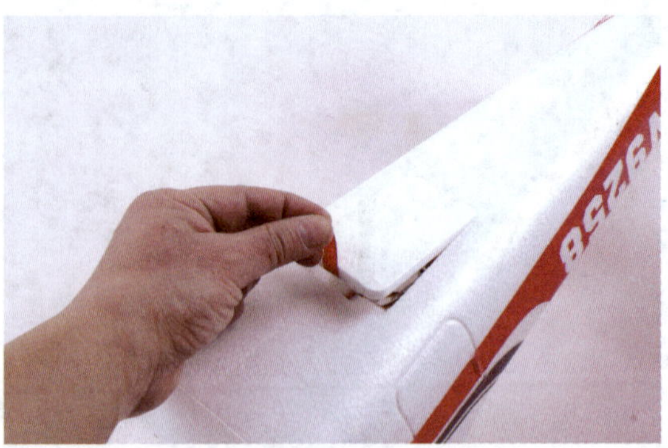


图 2-60　电池舱盖的打开方法

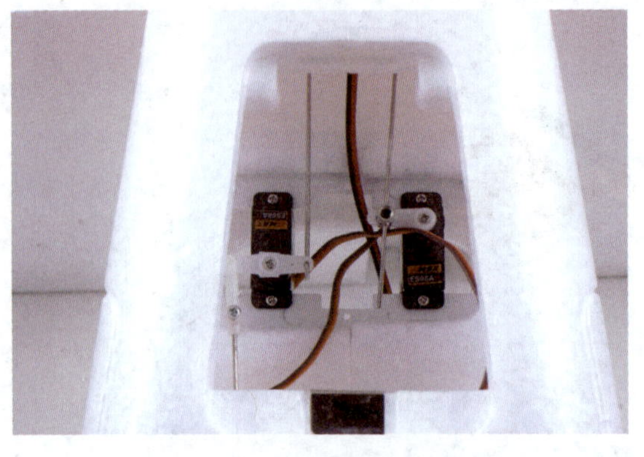

图 2-61　连接连杆和舵机

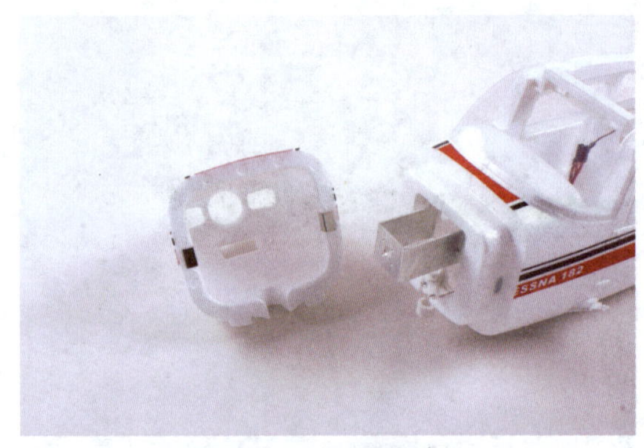


图 2-62　打开机头罩

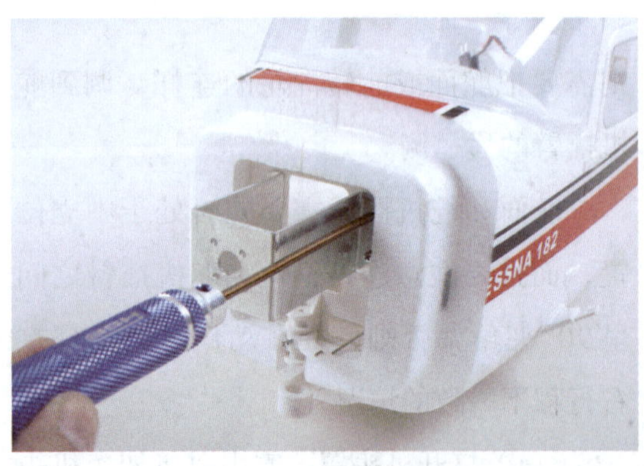


图 2-63　拆下电机架

图 2-64　电机架微呈右倾

（17）这架飞机使用外转子无刷电机，采用正装形式，因此应提前安装好配套使用的电机前轴（见图2–65）。

（18）用4颗螺丝从无刷电机的后部将其与电机架固定好。4颗螺丝应该按对角线逐一分几次拧紧（见图2–66）。

（19）重新安装好电机架，并检查电机是否产生右拉角，右拉角的大小约为2°。如右拉角不合适，可以采用在电机架底座处加垫片的方法来进行纠正。电机架本身具有右拉角，因此在安装时注意不要装反了（见图2–67）。

（20）调速器装在机头内并且固定好。要注意调速器与电机三根连线的排列顺序。打开遥控设备并接通电源，推油门试验（为了安全不应该安装螺旋桨），检查电机的旋转方向。从模型飞机的前方向后看，电机应该逆时针转动。一定要在此时检查好这一步，否则等模型飞机试飞时，才发现螺旋桨的旋转方向错了，再重新解决问题是比较麻烦的。

（21）装好前转向轮。把前转向轮钢丝插到机头防火墙的塑料底座上（见图2–68）。然后，在方向舵舵机、连杆处于中立位置时，调正前转向轮角度（使前转向轮和机身轴线成0°，这样模型飞机在滑跑时才不会跑偏），然后拧紧前转向轮并锁紧螺丝（见图2–69）。

（22）安装好主起落架。主起落架的安装比较简单，把主起落架钢丝直接插入机身卡住即可。为了防止主起落架松脱，应用自攻螺丝固定好（见图2–70）。

（23）扣好机头罩，并检查电机轴是否通过机头罩开口的轴心位置。如果电机轴偏离了轴心位置，可以用垫片反复调节电机支架的角度（见图2–71）。

图2–65　电机采用正装形式

图2–66　连接电机与电机架并依次逐步拧紧螺丝

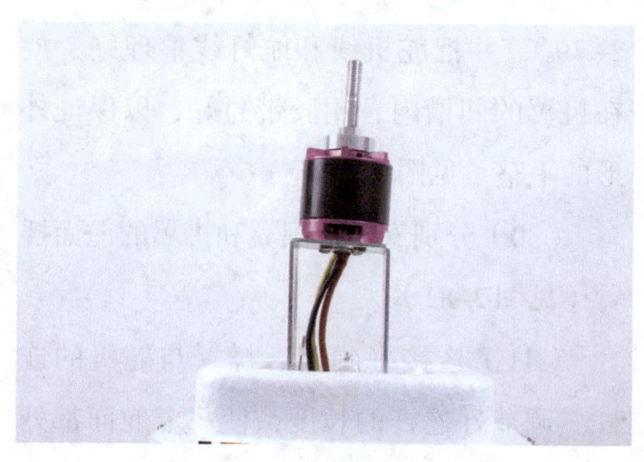

图2–67　检查电机的右拉角

图2–68　安装前起落架

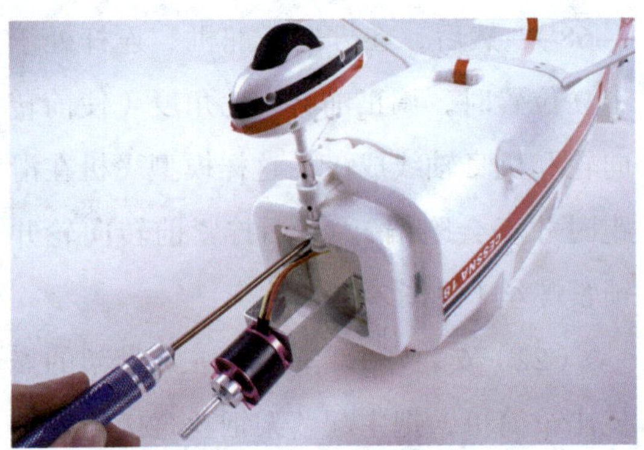

图 2-69　拧紧前起落架转向摇臂

图 2-70　安装主起落架

图 2-71　安装机头罩

（24）安装好螺旋桨桨罩的后桨垫。除了再次检查桨罩是否处于机头罩的轴心外，还要检查后桨垫和机头罩之间的缝隙。一般缝隙大概保持 1 ~ 2mm 的距离。缝隙太大影响外观像真度，不美观。缝隙太小则容易使桨罩和机头罩发生摩擦而损坏机头罩（见图 2–72）。

（25）拧紧螺旋桨。如果没有用力拧紧螺旋桨就很容易造成其在工作过程中甩出，十分危险（见图 2–73）。

（26）扣好螺旋桨桨罩（见图 2–74）。

（27）这架模型飞机机翼上的副翼和襟翼由 4 个舵机驱动。由于襟翼的动作方向一致，因此需要其中一个襟翼舵机做出相反的动作才行，办法有三种：①购买一个反向舵机。②连接一个舵机反向电路（见图 2–75），使正常工作的舵机反向转动。③将正常的舵机调转方向安装在机翼上，但要检查舵机摇臂的运动是否受到阻碍。

将 4 个舵机连接遥控设备，在接通电源的情况下使舵机回到中立位置（见图 2–76），并安装好舵机摇臂（见图 2–77）。因为舵机是侧放并粘在机翼凹槽处的，因此如果此时不做好这项工作，就会给后面的安装带来麻烦。

（28）在每个舵机的侧面涂抹泡沫胶（见图 2–78）。

（29）分别粘在机翼的舵机舱内（见图 2–79），并把舵机线和航灯线整理好，放在机翼的凹槽内，用胶带封好，以保证外形的平整（见图 2–80）。

（30）分别安装好副翼和襟翼的舵面摇臂（见图 2–81）。

（31）连接好副翼、襟翼与舵机的连杆。调节好连杆的长度，使每个舵面都处于回中位置。

图 2-72 安装桨罩后桨垫并检查其与机头罩的缝隙

图 2-73 拧紧螺旋桨

图 2-74 安装好桨罩

图 2-75 舵机反向器

图 2-76 使机翼舵机的摇臂全部回到中立位置

图 2-77 安装好舵机摇臂

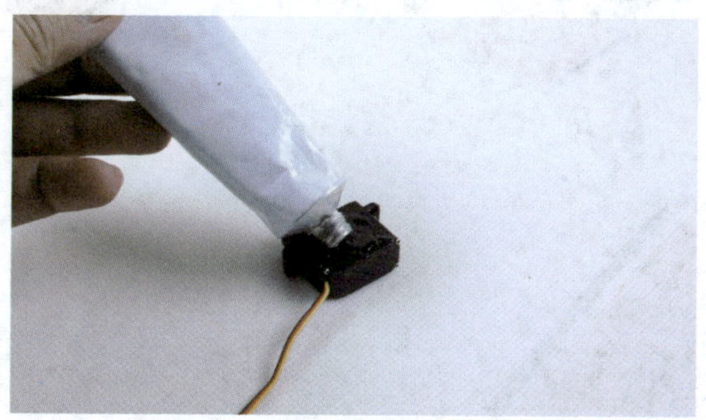
图 2-78 在舵机侧面涂抹泡沫胶

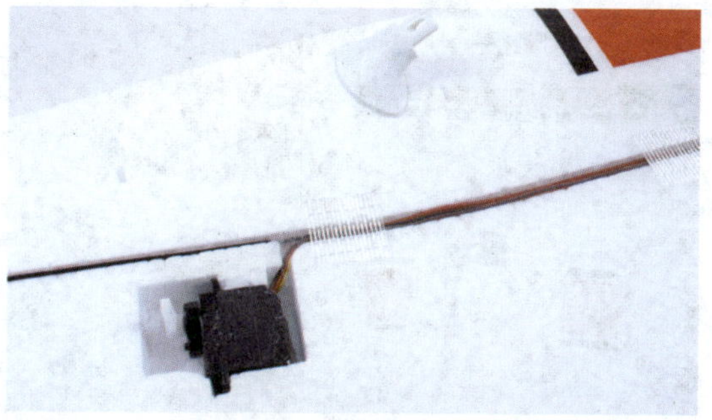
图 2-79 将舵机粘在舵机舱内并埋好舵机线

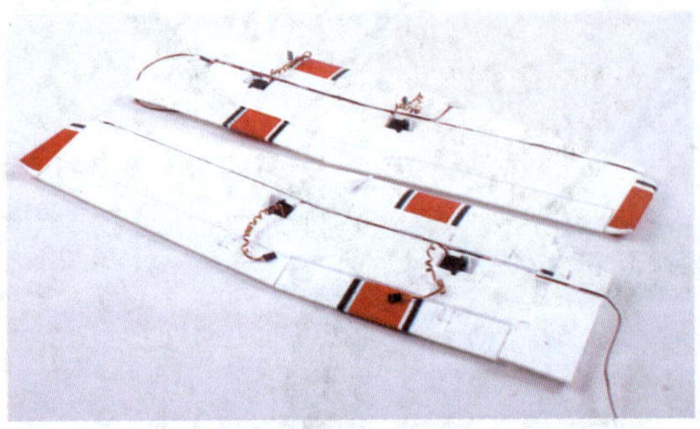
图 2-80　装好舵机的机翼

图 2-81　安装机翼舵面摇臂

（32）将机翼连接碳管插入一侧机翼（见图 2-82）。

（33）插入另一侧机翼，使两侧机翼合拢并检查结合部位是否有缝隙。调整得当后建议用泡沫胶黏结两部分机翼，这样机翼的强度会更高一些（见图 2-83）。

（34）把机翼卡在机身的安装位置，并固定好机翼的斜撑（见图 2-84）。

（35）用螺栓把机翼固定在机身上。其余的一些装饰零件，如通信天线等一一检查并安装好（见图 2-85）。

（36）此时，一架赛斯纳遥控模型飞

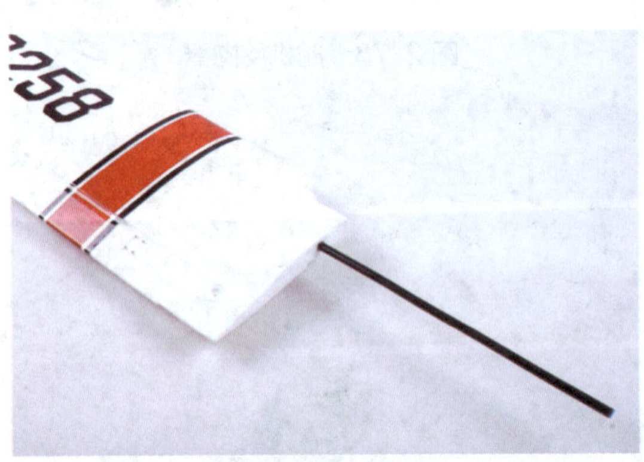

图 2-82　插入一侧机翼的碳管

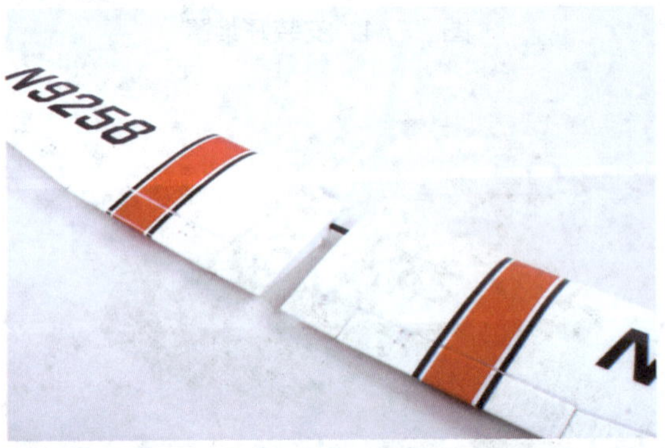

图 2-83　合拢两侧的机翼并黏结好

图 2-84　安装好机翼斜撑

图 2-85　用螺栓固定好机翼并粘好天线

图2-86　组装完成的赛斯纳模型飞机

机安装完毕，可以做飞行前的具体调试了（见图2-86）。

## 2. P-51D模型飞机的组装

由于都是电动螺旋桨动力的固定翼模型飞机，因此P-51D模型飞机和赛斯纳模型飞机在安装上有很多相同之处，但P-51D模型飞机有比较复杂的收放起落架，而且连接的电线和电路模块比较多，因此在安装过程中我们需要更加注意这些部分，安装要更加细心。

（1）在水平尾翼的黏结面涂抹泡沫胶，并黏结在机身上（见图2-87），在胶未干时检查水平尾翼是否和机身保持水平，以及水平尾翼翼梢到机身轴线的距离是否一致（见图2-88）。

（2）用螺丝固定水平尾翼（见图2-89）。

（3）把垂直尾翼的黏结面涂抹泡沫胶，安插在机身上（见图2-90），并在胶未干时检查垂直尾翼与水平尾翼的夹角是否呈90°（见图2-91）。

（4）在机身尾部镶嵌固定垂直尾翼用的塑料固定座（见图2-92）。

图2-87　水平尾翼与机身黏结

图 2-88　检查水平尾翼翼梢到机身轴线的左右距离

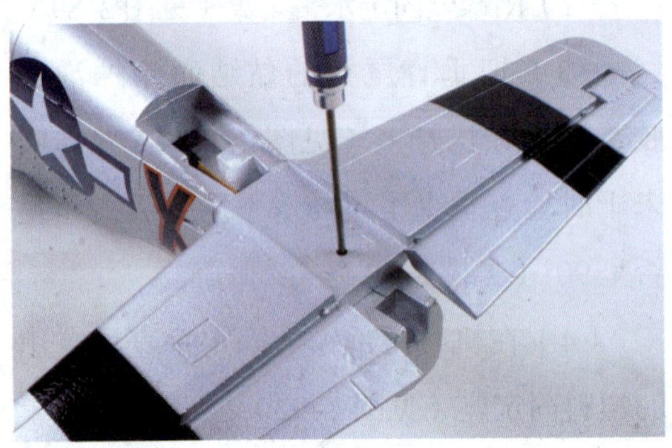
图 2-89　用螺丝固定水平尾翼

图 2-90　安装垂直尾翼

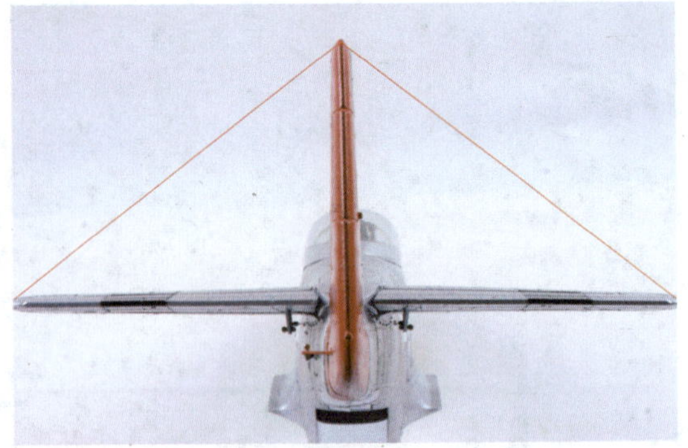
图 2-91　检查垂直尾翼到水平尾翼两侧翼梢的距离是否相等

图 2-92　镶嵌塑料固定座

（5）用螺丝固定垂直尾翼（见图2–93）。

（6）安装升降舵、方向舵摇臂以及连杆钢丝。这架模型飞机的连杆夹头采用球头的形式，因此在安装时要用球头钳咬合（见图2–94）。

（7）固定好升降舵和方向舵舵机。这架模型飞机的升降舵舵机放置在机身的机翼位置处（见图2–95），调整比较方便。升降舵由两个独立的舵面组成，为了使升降舵同时动作，用两根连杆钢丝对其进行控制，并共同穿入升降舵舵机摇臂的调节器中固定（见图2–96）。在调整舵机和舵面的中立位置时，一定要确保两个升降舵舵面处于同一水平位置时再紧固连杆钢丝，否则如果升降舵一高一低，哪怕是较小的误差，也会给飞行带来极大的影响。

（8）这架模型飞机的方向舵舵机舱位于机身腹部，被像真的滑油散热器排气口掩盖（见图2-97），安装方向舵舵机需要先拆掉滑油散热器排气口。只要从两侧稍稍用力按压滑油散热器排气口（见图2-98），使其稍微变形，就能很容易取出，安装时逆向操作就可以了。

（9）方向舵舵机舱内安装了两个舵

图2-93 用螺丝固定垂直尾翼

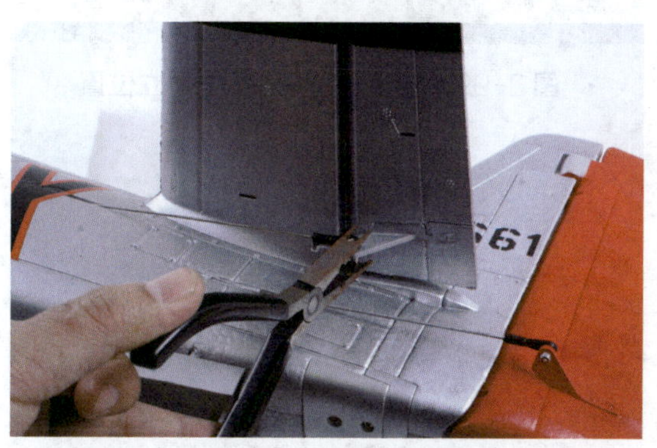

图2-94 安装连杆球头

图2-95 连接升降舵连杆与舵机

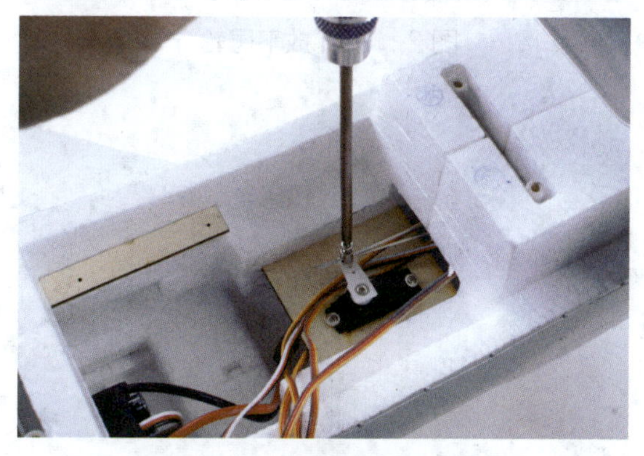

图2-96 拧紧调节器钢丝

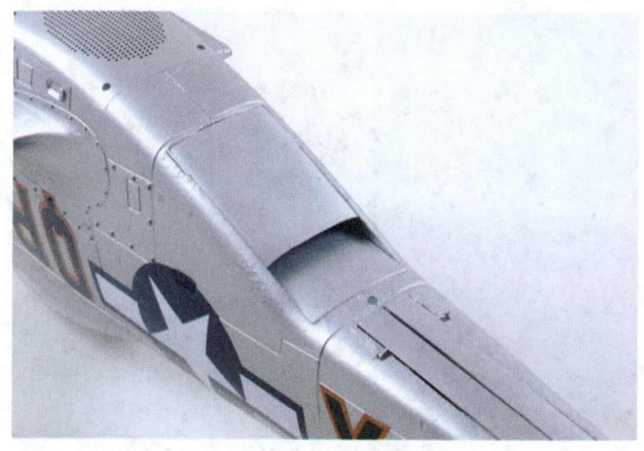

图2-97 像真的滑油散热器排气口

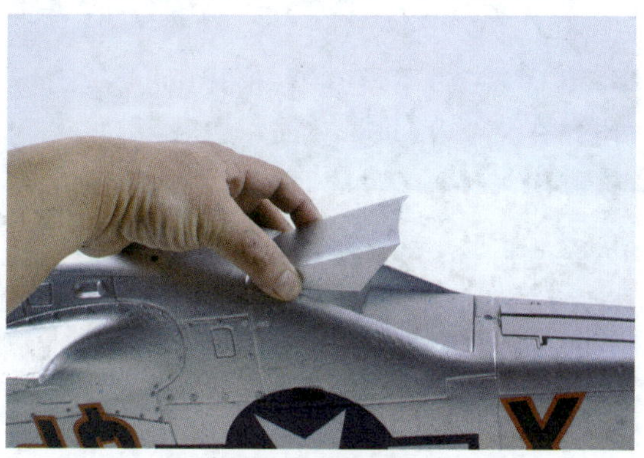

图2-98 取下滑油散热器盖

图 2-99　调节方向舵连杆的中立位置

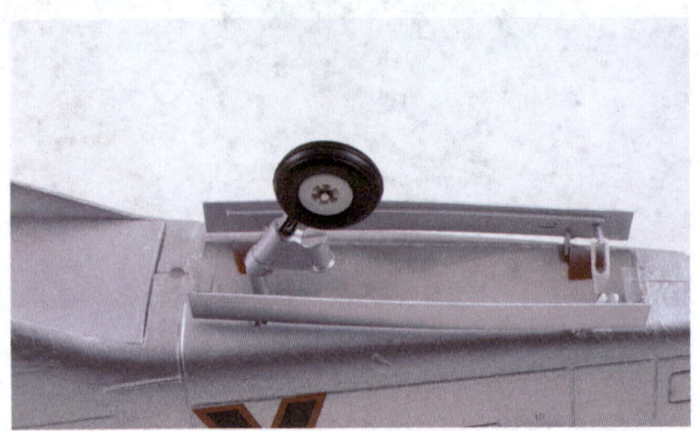
图 2-100　放下尾轮

机，一个负责控制方向舵，另一个负责控制可收放的转向尾轮。用前述方法调整方向舵及其舵机处于中立位置后，锁紧连杆调节器（见图 2-99）。

（10）接通收放尾轮的电源并放下转向尾轮（见图 2-100），调整转向尾轮的角度，使其夹角与机身轴线呈 0°（见图 2-101），然后拧紧转向尾轮舵机的连杆调节器（见图 2-102），固定尾轮至中立位置。

（11）控制收放尾轮，除了检查尾轮的收放动作和方向动作是否正常外，还要观察收放尾轮的舱门打开和关闭的位置是否正确，尤其在关闭位置时是否留有缝隙（见图 2-103）。如果位置不合适，可以调节舱门控制舵机的连杆长度（见图 2-104）。

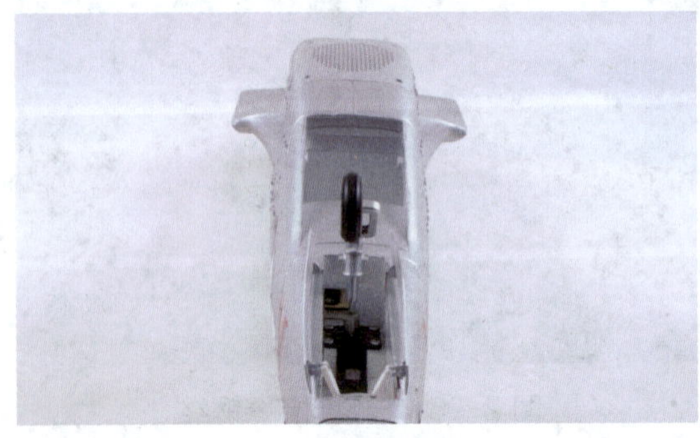
图 2-101　调整尾轮回到中立位置

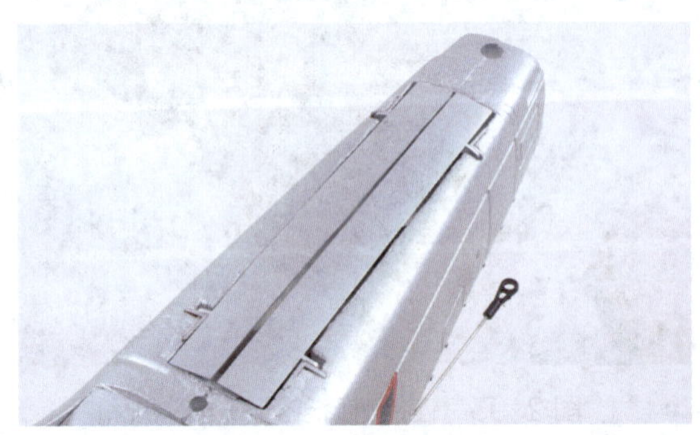
图 2-103　收回转向尾轮

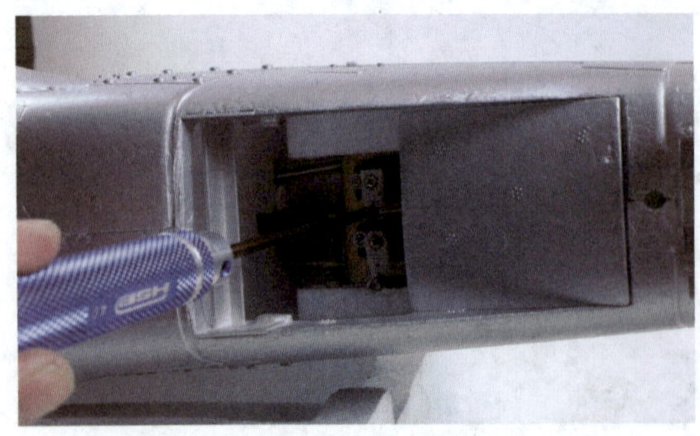
图 2-102　拧紧转向尾轮的连杆接头

图 2-104　调节舱门连杆长度

（12）从机头方向用螺丝固定无刷电机的“十”字安装座，并拧紧在防火墙上（见图2–105）。

（13）在螺旋桨桨罩的后桨垫上用两颗螺丝紧固一片螺旋桨桨叶（见图2–106），一定要固定紧，并且桨根处有损伤的桨叶一定不能凑合使用，以防止螺旋桨在高速旋转时飞出并发生危险。按要求将4片桨叶全部固定好（见图2–107）。

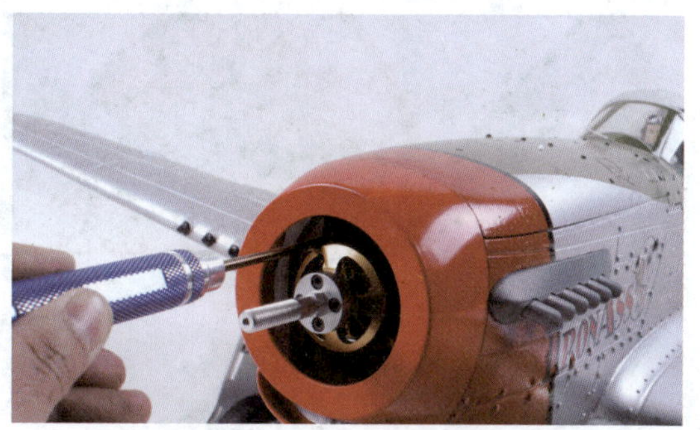

图2–105　安装电机

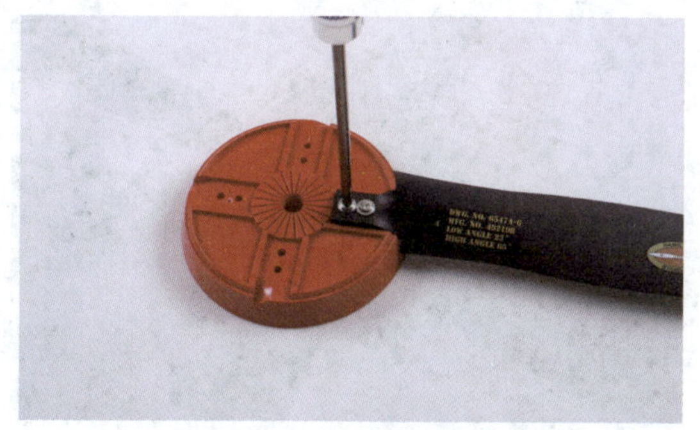

图2–106　将桨叶固定在桨罩后盖上

P–51D模型飞机使用的是4桨叶螺旋桨，除了像真的需要外，也是因为原型机和模型飞机的动力都十分强大，如果使用两叶桨虽然效率较高，但由于桨叶直径太大，落地时桨叶容易打到地面，而且反扭矩的副作用也会比较强烈，因此这架模型飞机使用4桨叶螺旋桨。

（14）将安装好桨叶的后桨垫套到电机轴上（见图2–108），并检查后桨垫和机头之间的缝隙（见图2–109），大约保持1~2mm的缝隙即可，过大过小都不好。

图2–107　将4片桨叶都固定好

（15）用扳手紧固好螺旋桨的螺母（见图2–110），一定要拧紧，以防止螺旋桨在高速工作时甩出。然后，固定好螺旋桨桨罩（见图2–111）。P–51D模型飞机的桨罩外形比较特殊，头部并非很尖的锥形，而是呈较钝的抛物线外形，如果有损坏需要更换时，最好买配套的产品，以免影响像真度。

（16）连接好电子调速器，检查好无刷电机的旋转方向后在机身内固定好调速器。

图2–108　螺旋桨装到电机上

（17）在组装模型飞机的机翼之前，

图 2-109　检查后桨垫和机头之间的缝隙

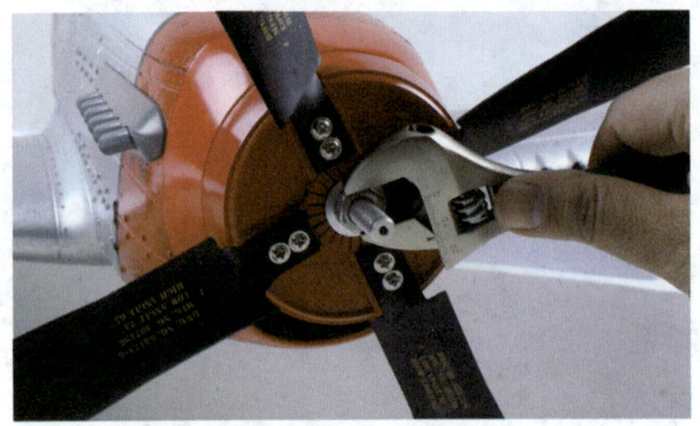
图 2-110　拧紧螺旋桨

由于机翼的连接线很多，因此一定要把每条连接线的用途用标签的办法标明（见图2-112）。

（18）先装好模型飞机的副翼和襟翼舵机（见图2-113）。注意副翼舵机和副翼舵面都要在中立位置时安装好连杆（见图2-114），并且打开遥控器检查副翼舵面的动作情况，例如，是否工作正常，两侧舵量行程是否对称等，至于舵量大小可以在以后仔细设置时再调整。由于襟翼通常使用开关或旋钮控制，因此其不是处于关闭状态（舵面回中状态），就是处于打开状态，襟翼舵面也只有关闭和打开两个位置，没有中立位置。在安装襟翼连杆时，襟翼舵机摇臂要在关闭位置，而襟翼舵面

图 2-111　拧紧桨罩螺丝

图 2-113　装好襟翼和副翼舵机

图 2-112　标明每根舵机线的用途

图 2-114　副翼要调整到中立位置

处于回中位置（见图2-115），安装好后打开遥控器，观察襟翼动作是否正常。另一侧的襟翼舵机要加舵机逆向转动电路，否则两侧襟翼舵面不能一致动作。

（19）用泡沫胶黏结起落架内侧舱盖舵机（见图2-116），并用连杆连接舱盖和舵机摇臂（见图2-117），将内侧舱盖舵机插入起落架通道，检查内侧舱盖的打开和关闭情况，如果内侧舱盖在关闭时不严，出现缝隙（见图2-118），则再次调节连杆长度以调整关闭位置。

（20）安装电子收放起落架，并将其接线插入起落架通道进行试验，检查起落架收放是否自如，打开和关闭的位置是否正确，如有误差，可以使用遥控器或机械方法进行调整。起落架的外侧舱盖是随起落架的收放一起动作的，通过球形接头的连杆连接，如果起落架收起时关闭不严，则可以通过调节球头连杆的长度来进行调整（见图2-119）。

（21）利用碳管将两个机翼合拢到一起（见图2-120）。虽然机翼不进行黏结也能够飞行，但强度会降低，而且这架飞机接线很多，建议将两个机翼进行黏结并尽量少拆卸机翼（见图2-121）。

（22）由于这架模型飞机采用EPO泡沫，材料的质地较软，考虑到机翼和机身的衔接处是受力较大的部位，因此从强度和寿命的角度考虑，这架模型飞机在机翼的前后缘处都安装有塑料安装底座，并用泡沫胶分别黏结在前后两处

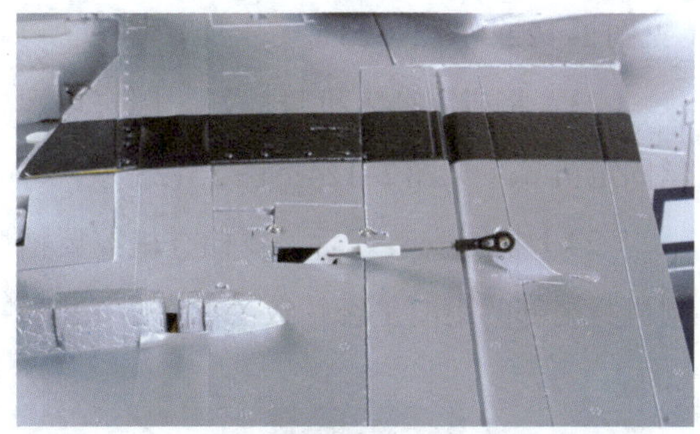

图2-115　注意襟翼在中立位置时舵机的位置

图2-116　黏结起落架内侧舱盖舵机

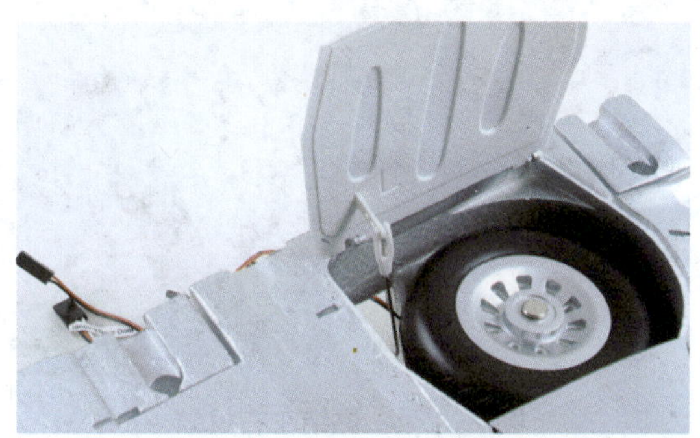

图2-117　用连杆连接舵机与舱门盖

图2-118　检查舱盖的关闭情况

（见图2–122、图2–123）。

（23）将机翼插入机身放好，用自攻螺丝固定机翼（见图2–124、图2–125）。

（24）机翼安装好后，要检查机翼翼梢到机身尾部的距离是否一致（见图2–126），水平尾翼和机翼的角度是否水平（见图2–127），如果不对称则要进行手工调整。

（25）至此，这架模型飞机的主体就基本组装完毕。打开机舱盖（见图2–128），放入电池，并将机翼和机身所有的连接线

图2–119　调节舱门连杆长度

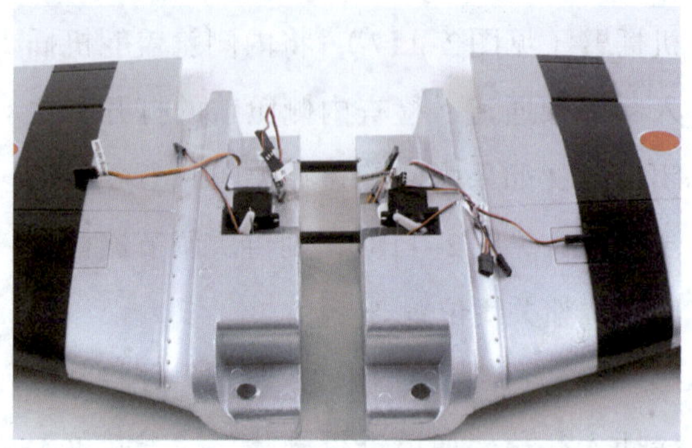

图2–120　合拢左右机翼

图2–121　黏结左右机翼

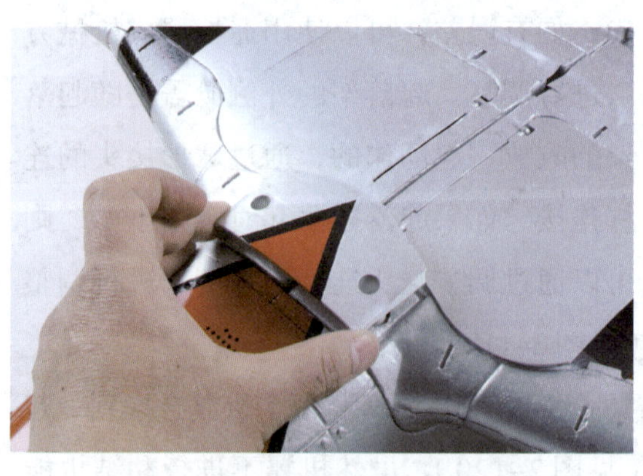

图2–122　安装机翼前缘固定座

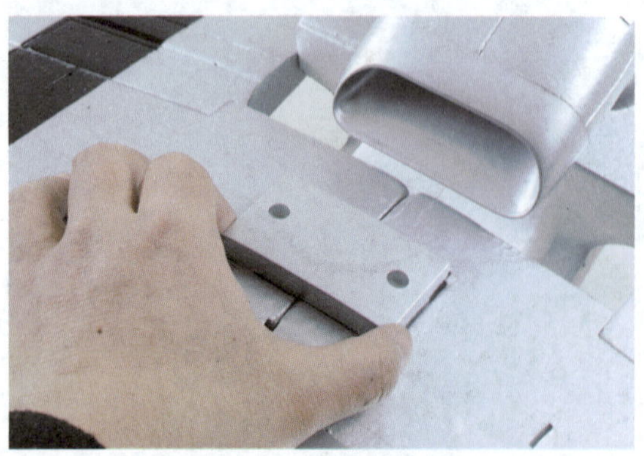

图2–123　安装机翼后缘固定座

图2–124　拧紧机翼前缘固定螺丝

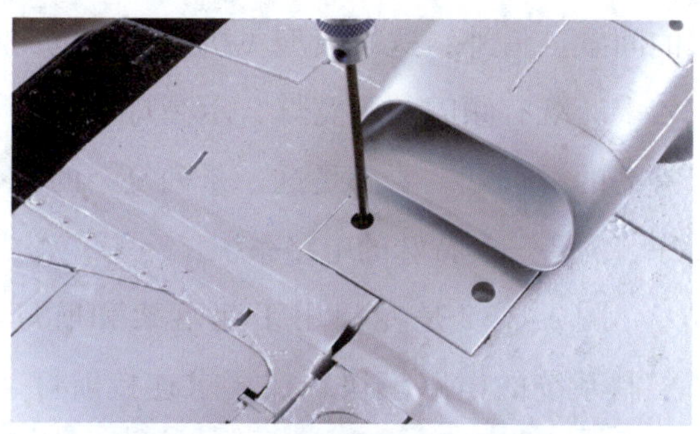
图2-125　拧紧机翼后缘固定螺丝

图2-126　检查机翼到机身轴线的左右位置

图2-127　检查机翼和水平尾翼之间的平行距离

图2-128　打开机舱盖

与接收机接通，试验各个舵面、起落架、航灯是否工作正常。

这架模型飞机的电路系统是比较复杂的，首先，主起落架的打开形式比较复杂，正常的过程（见图2-129）：

①从关闭状态开始→②打开内侧舱门→③打开主起落架→④关闭内侧舱门。

主起落架的收起过程（见图2-130）：

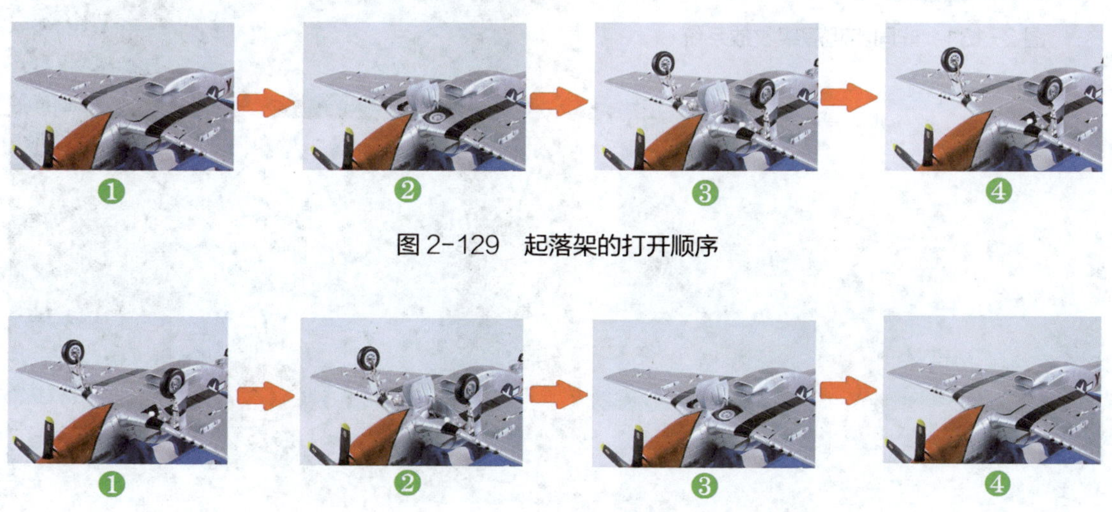

图2-129　起落架的打开顺序


图2-130　起落架的收起顺序

①从打开状态开始→②打开内侧舱门→③收起主起落架→④关闭内侧舱门。

每次内侧舱门先开启，在起落架动作完成后再关闭，内侧舱门并不随起落架的打开而打开，关闭而关闭，这种形式被称为“非同步起落架收放系统”（见图2-131）。而这架模型飞机的尾轮的舱盖每次都是随着尾轮的打开而打开，随着尾轮的收起而关闭，系统比较简单，这被称为“同步起落架收放系统”（见图2-132）。而且为了像真的需要，起落架收放的动作也不会太快，每做完一个动作后都有合理的间歇。另外，这架模型飞机的航灯也比较多，既有频闪的示宽灯、示高灯，又有常亮的滑行灯。要满足这一系列复杂的程序，需要一套特殊的电路系统。

图2-133是专门用于起落架和航灯控制系统的电路模块，按要求连接航灯、起落架和接收机，具体的连线方法见图2-134。

这架模型飞机的重要部件和接线在初步调试完毕后，还有些像真的外观附件需要安装。

（26）安装像真的副油箱模型。副油箱

图2-131　非同步起落架收放系统

图2-132　同步起落架收放系统

图2-133　起落架和航灯控制系统电路模块

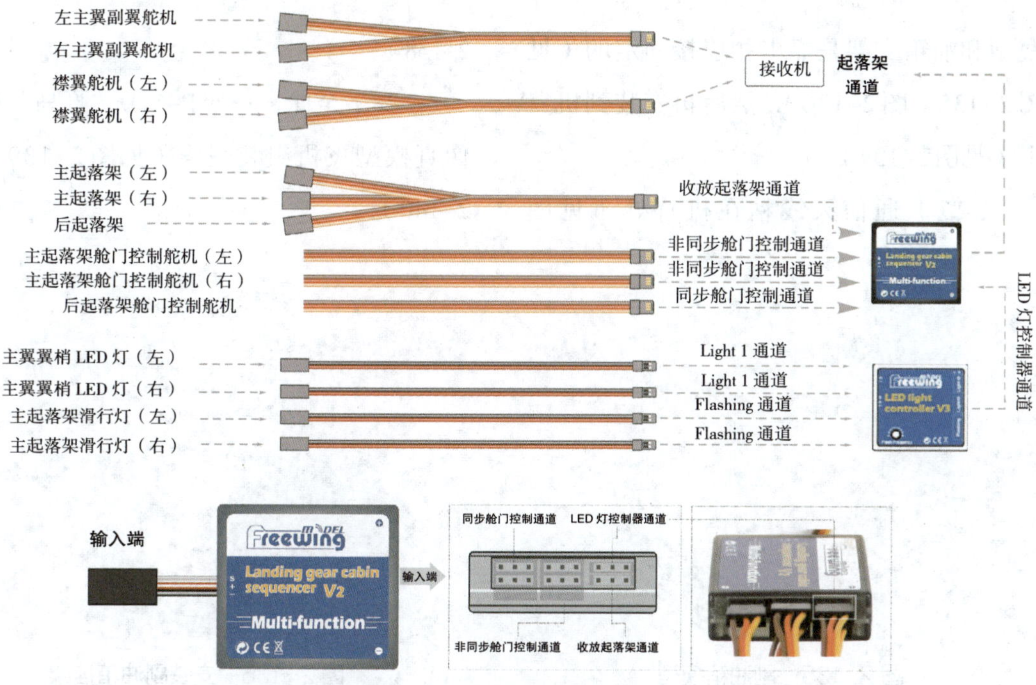


（a）灯光和起落架系统连线图

**LED 灯控制器功能介绍**

接入端A——输入电压：3.7~4.5V，可以直接使用单节锂电池，输入端A主要为“Light 1”的三个输出端口供电；

接入端B——输入电压：3.7~4.5V，直接接入接收机任意通道内进行供电，或者接入Freewing公司的起落架舱门控制器的专用接口内进行供电和信号传输，输入端B主要为“Light 2”和“Flashing”二类，共计7个输出端口供电；

light 1——用于3~5W高亮LED灯接入，无闪烁，常亮，用于模型起落架滑行灯；

light 2——用于0.1W以下的LED灯接入，Light 2所包含的三个输出端口，LED灯无闪烁，常亮；

Flashing——用于0.1W以下的LED灯接入，Flashing所包含的4个输出端口，LED灯将会按设定频率闪烁；

旋钮开关——旋钮开关（Flash Frequency）主要作为“Flashing”通道，顺时针方向旋转，将会加快LED灯的闪烁频率，逆时针方向旋转，将会减慢LED灯的闪烁频率

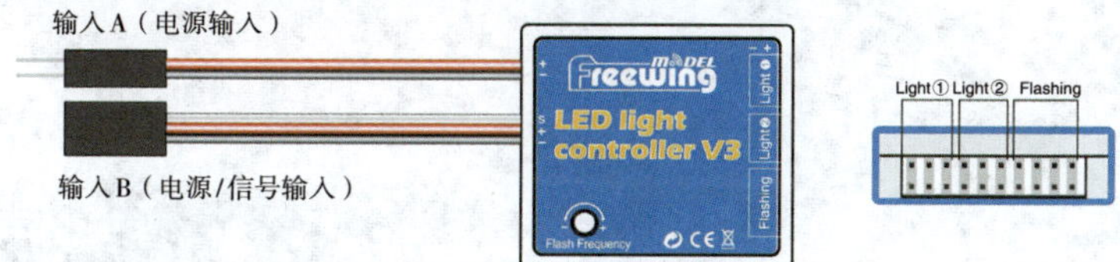


LED灯控制器输入端接入图示

输入端A

我们需要使用“Light 1”通道时，输入端A采用锂电池供电，我们建议使用1S 3.7V 25C以上的单节或者多节电池供电。

使用1S 3.7V锂电池时，连接示意图

使用3S 11.1V锂电池时，连接示意图

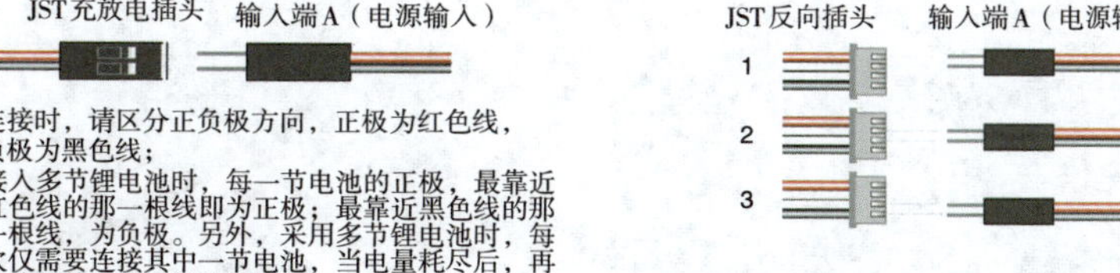


连接时，请区分正负极方向，正极为红色线，负极为黑色线；

接入多节锂电池时，每一节电池的正极，最靠近红色线的那一根线即为正极；最靠近黑色线的那一根线，为负极。另外，采用多节锂电池时，每次仅需要连接其中一节电池，当电量耗尽后，再连接另外一节，依此类推！

输入端B

我们需要使用“Light 2”和“Flashing”通道时，“输入端B”连接到接收机任意闲置通道内进行供电；

另外，如果您购买了Freewing公司的“起落架舱门控制器”，那么，可以将“输入端B”接入到“起落架舱门控制器”接口内，同时，“Light 1”通道的LED灯，将会增加一个自动开关LED灯的功能（即“Light 1”通道下的起落架滑行灯可以在起落架收起时自动关闭，起落架放下时，自动打开）。

（b）LED 灯控制图

图 2-134　舵机、LED 灯、收放起落架连接示意图

模型和油箱支架是靠卡扣连接固定的（见图2-135、图2-136），然后再安装到机翼上（见图2-137）。

（27）通信天线粘在机背处（见图2-138）。

（28）至此，一架P-51D“野马”遥控像真模型飞机组装完毕（见图2-139、图2-140）。

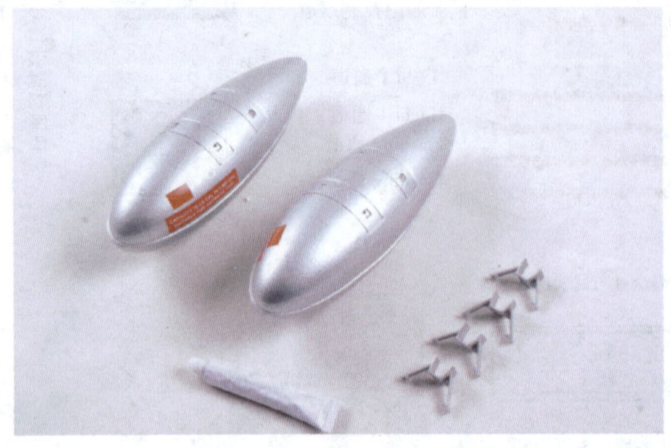

图2-135　副油箱模型

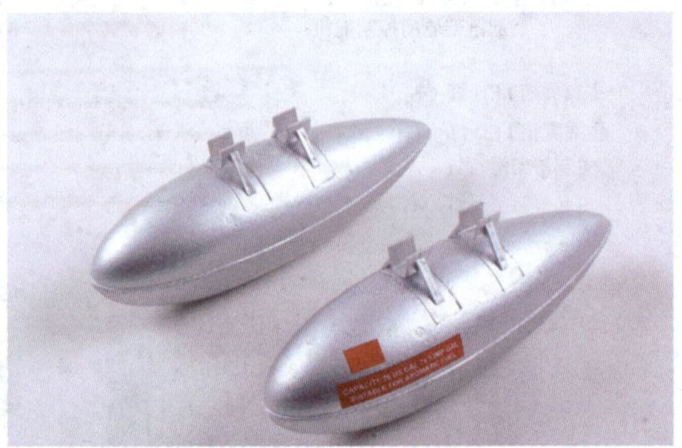

图2-136　安装副油箱挂架

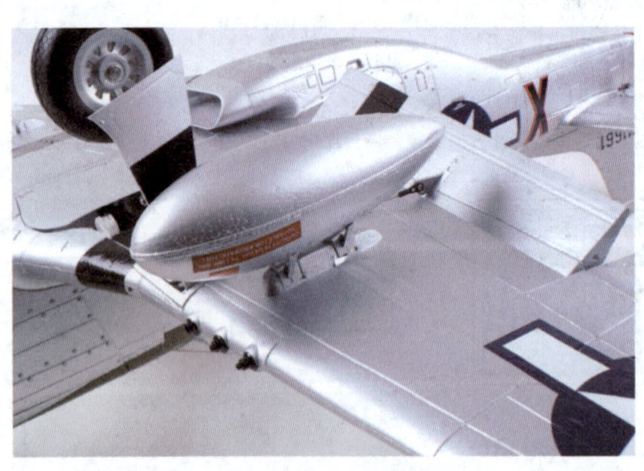

图2-137　副油箱安装在机翼上

图2-138　安装通信天线支架

图2-139　组装完的P-51D“野马”模型飞机1

图2-140　组装完的P-51D“野马”模型飞机2

### 3. F-16模型飞机的组装

（1）组装尾喷口。这架模型飞机为了模拟飞行中尾喷口的高温火焰，需要在尾喷口内侧黏结一圈LED灯片。一定要用胶粘牢，因为尾喷口一旦黏结好就很难再拆下来了。LED灯盘的接线要从尾喷口的缺口中穿出（见图2-141）。

图2-141 LED灯盘的接线从尾喷口的缺口中穿出

（2）将LED灯接线和机身中预埋的连接线连接牢固，要用胶带或热塑套管等材料连接，因为尾喷口一旦黏结好就无法再拆卸，连接线一旦脱落就很难再连接（见图2-142）。

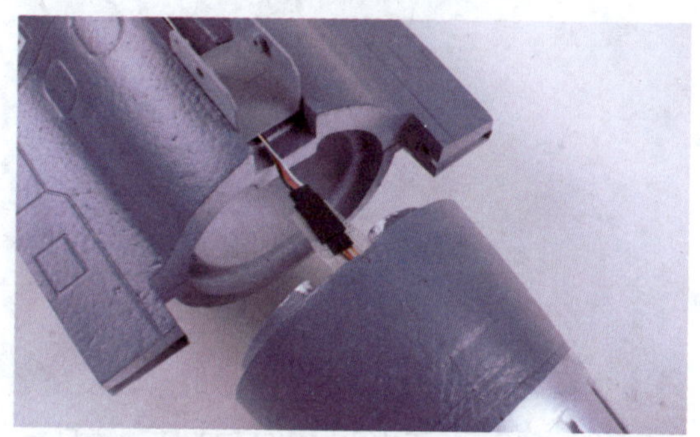

图2-142 连接机身埋线

（3）要将LED灯的连接线从垂直尾翼的塑料固定座底下穿过去（见图2-143），否则安装垂直尾翼时，垂直尾翼就无法插到底，螺丝安装孔就无法对齐。

图2-143 埋线要从方向舵固定座下方穿过

（4）用胶黏结尾喷口两侧的减速板（见图2-144）。这个减速板构件只是为了模拟真飞机开裂式减速板的外观，对模型飞机没有实际用处，但由于减速板位于机身末端，如果角度没有粘正确，很可能会对模型飞机的飞行姿态造成影响，需要特别注意。

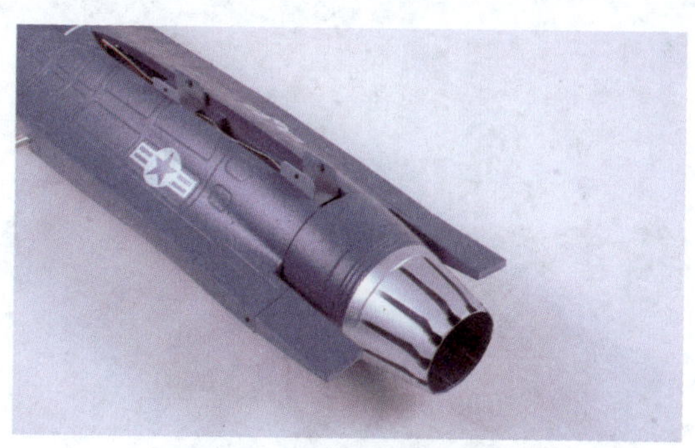

图2-144 黏结减速板

（5）安装好机身两侧的升降舵舵机。这架模型飞机的升降舵是分别靠两个舵机驱动的。由于这架飞机采用了全动式水平尾翼，升降舵的工作效率较高，偏转角度就要小一些，因此舵机要选择控制精度比较高的，舵机的摇臂也不用特别长，因为微小的传动间隙都会给模型飞机的操纵造

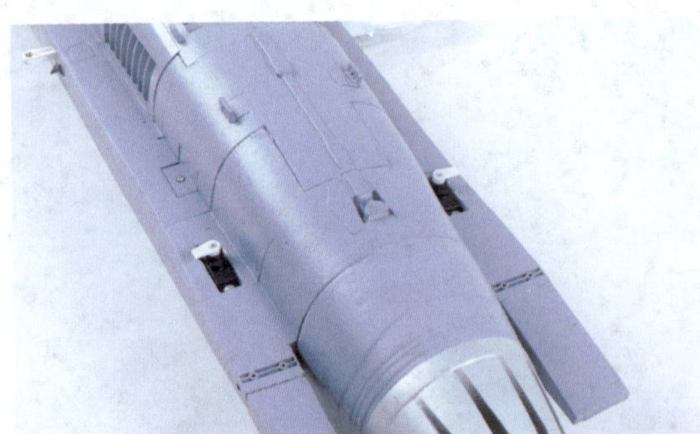
图 2-145　安装升降舵舵机

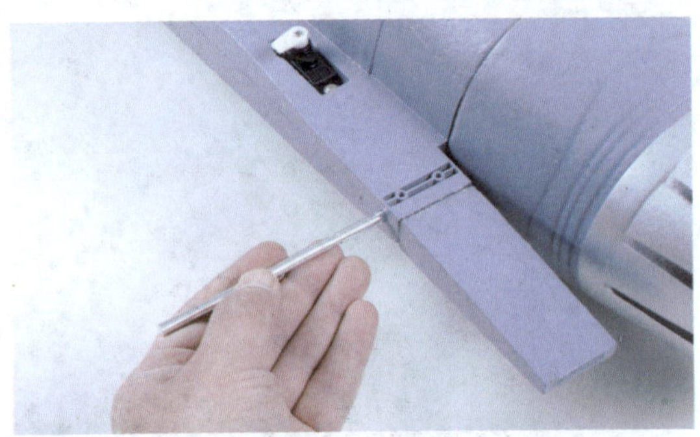
图 2-146　检查水平尾翼转轴的转动情况

成不稳定的影响（见图2-145）。

（6）在水平尾翼的转轴部位插入钢制转轴（见图2-146）。

（7）转轴上有两条凹槽，是用来紧固和限位用的。为了能更好地通过水平尾翼安装螺丝的固定孔观测钢轴凹槽是否插到位，最好提前在钢轴凹槽处做好标记（见图2-147）。

（8）将两侧的水平尾翼钢轴插入安装孔中，通过螺丝孔观察，钢轴是否插到位（见图2-148）。

（9）将螺丝拧入固定底座中来固定水平尾翼钢轴（见图2-149、图2-150）。螺丝紧固好后一定要用力插拔一下钢轴，再次检查钢轴是否固定到位。如果钢轴没有固

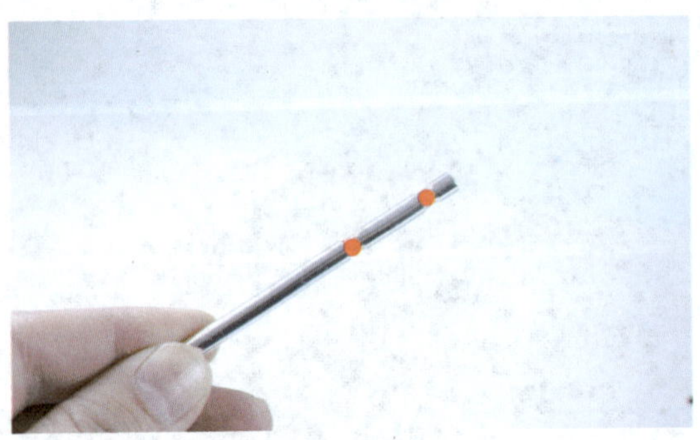
图 2-147　在刚轴的螺丝紧固处做好标记

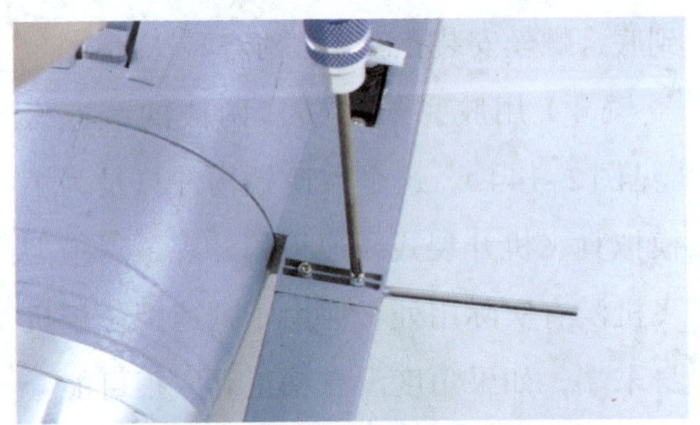
图 2-149　拧紧螺丝

图 2-148　从螺丝孔观察钢轴是否插到位

图 2-150　固定好两侧的水平尾翼转轴

定到位，在飞行中脱落，后果将十分严重。

（10）在水平尾翼的凹槽处放入一个固定卡环（见图2-151）。

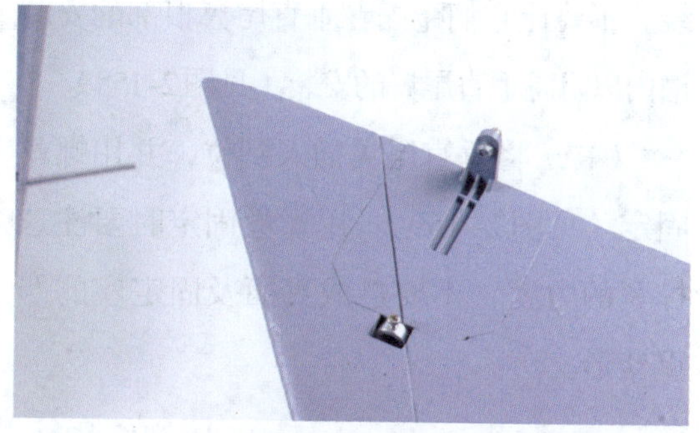
图2-151 在水平尾翼凹陷处放入固定卡环

（11）将水平尾翼插入钢轴，钢轴的末端刚好穿过水平尾翼镶嵌的固定卡环，水平尾翼和机身之间只留约1mm的间隙即可，这样水平尾翼在动作时不会和机身发生摩擦（见图2-152）。

图2-152 检查水平尾翼的转动情况

（12）紧固好卡环上的螺丝（见图2-153），并手动检查水平尾翼的运动是否顺畅，以及是否和机身产生摩擦。

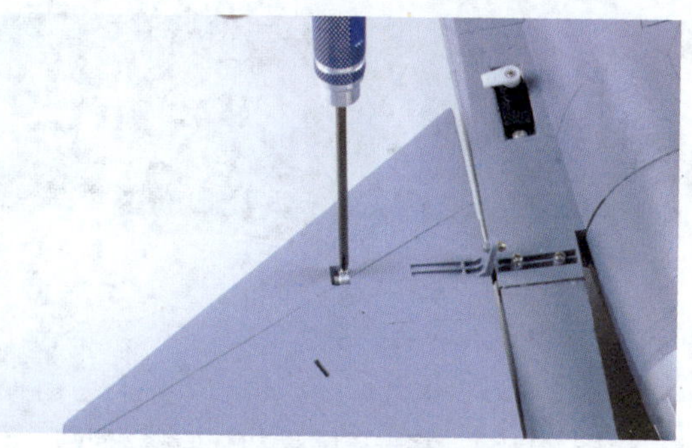
图2-153 紧固卡环

（13）接通舵机并处于摇臂的中立位置，调整升降舵连杆长度（见图2-154），保证舵机摇臂和水平尾翼同时处于中立位置。由于这架模型飞机采用全动式水平尾翼，因此不容易确认水平尾翼是否处于0°安装角。比较简单的方法是，以机身两侧模具留下的缝隙线痕作为参考标准，看水平尾翼的前缘和模具线是否对齐（见图2-155）。然后，还要从机身的后部仔细观察两个水平尾翼的后缘，检查两个水平尾翼是否处于同样的安装角度，一旦产生角度差就会给模型飞机的操纵带来不利影响。

（14）安装垂直尾翼的舵机、连杆，连接好方向舵并检查舵面的中立位置（见图2-156）。

（15）整理好垂直尾翼根部深处的连线，既有舵机连线也有航灯连线，需要把它们展开理顺（见图2-157）。

（16）把垂直尾翼的连线和机身内部预埋的连接线接好，一定要处理好多余长度的电

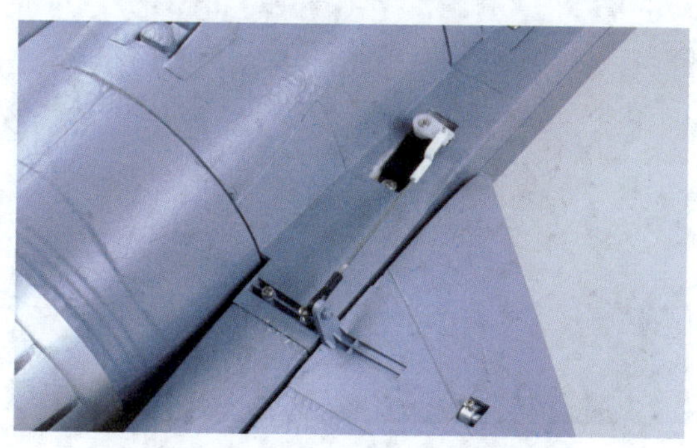
图2-154 连接好水平尾翼连杆

线，不要让它们蜷缩在垂直尾翼根部的安装槽内以阻碍垂直尾翼的安装（见图2-158）。

（17）将垂直尾翼插入到位，并用螺丝固定（见图2-159）。用螺丝固定时要注意拧紧的力度，不要造成翼面及固定座的严重变形。

（18）检查两侧水平尾翼翼梢到机身的距离是否一致（见图2-160）。

（19）检查水平尾翼和垂直尾翼之间的角度是否对称（见图2-161）。F-16的水平尾翼是略带下反角的，这并非是器材制造过程中产生的误差。

图2-155 检查水平尾翼中立位置

图2-156 安装好方向舵舵机和连杆

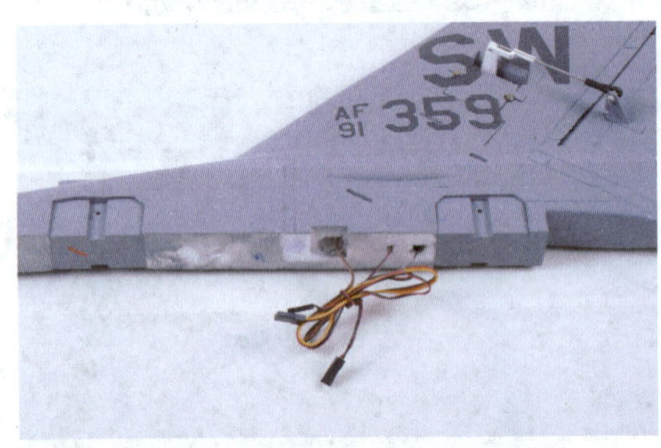


图2-157 将垂直尾翼内的连线整理好

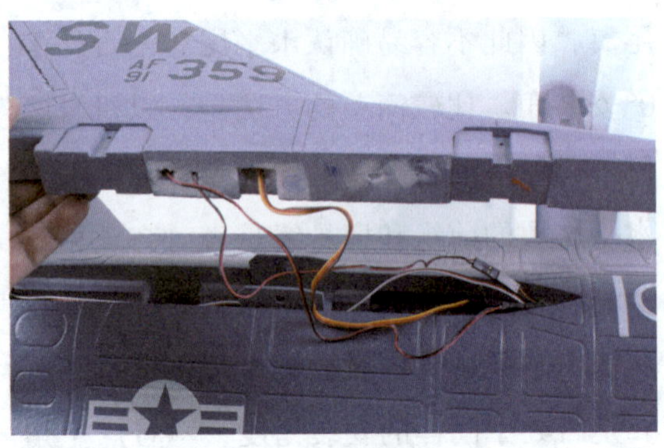


图2-158 连接机身连线

图2-159 固定垂直尾翼

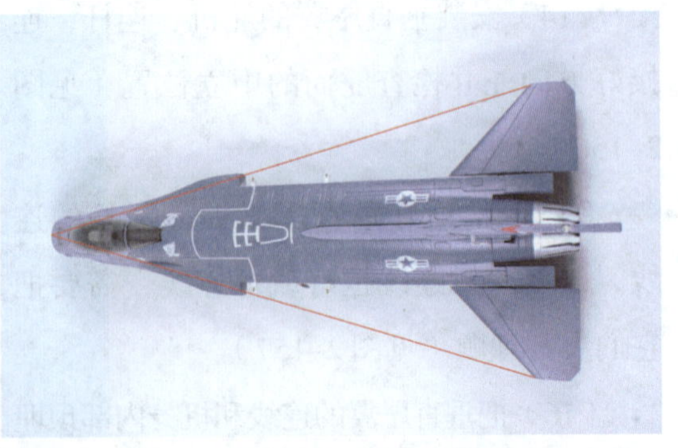

图2-160 检查水平尾翼到机身轴线的左右距离

（20）安装左右机翼的副翼舵机。舵机接通电源，当舵机摇臂和副翼舵面同时在中立位置时安装并调整连杆的长度（见图2-162）。

（21）机翼的连接是通过“一长两短”共三根碳管（见图2-163）。

（22）将碳管穿入机身的安装孔中（见图2-164）。

（23）然后，分别连接左右机翼的接线，每侧机翼都有一组舵机接线和航灯接线（见图2-165、图2-166）。

（24）将左右机翼插紧，严查机翼与

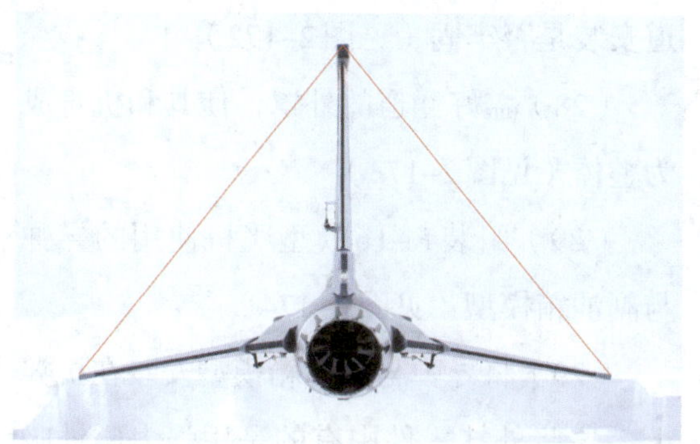

图 2-161 检查水平尾翼和垂直尾翼之间的角度

图 2-162 安装机翼的舵机与连杆

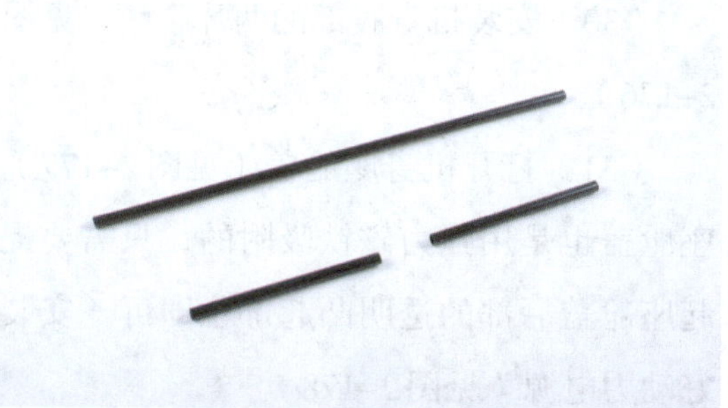

图 2-163 机翼固定销

图 2-164 将固定销在机身上装好

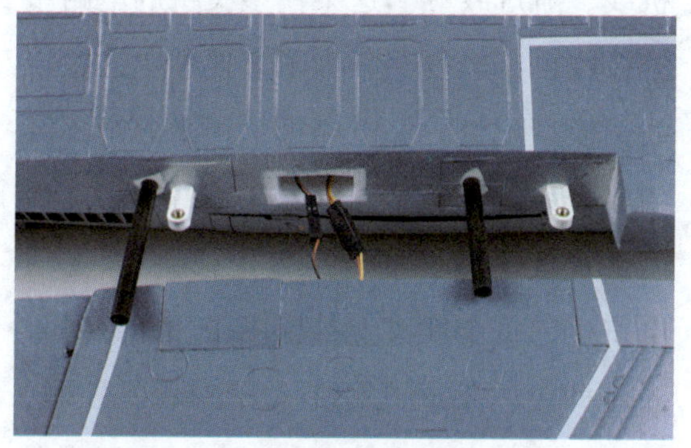

图 2-165 连接机翼和机身连线 1

图 2-166 连接机翼和机身连线 2

机身之间是否留有间隙，同时测量机翼翼梢到机身尾端中心的距离是否一致（见图2–167），并从机身后方观察机翼与水平尾翼的角度（见图2–168）。

（25）安装固定机翼的4颗螺丝（见图2–169）。

图2-167　检查左右机翼到机身轴线的距离

图2-168　检查机翼与水平尾翼的角度

图2-169　拧紧固定机翼的螺丝

（26）将机头罩安装好。机头罩是使用强力磁铁吸附在机头上的（见图2–170、图2–171），安装和拆卸都比较容易，在飞行中粗暴着陆时也可以适当减少损失。

（27）将动力涵道放入机身内合适的位置，使涵道的安装凸缘对准机身的固定座，用6颗螺丝固定涵道，一定要检查涵道安装是否牢固（见图2–172）。

（28）盖好涵道的外罩，使其和机身成为整体（见图2–173）。

（29）组装F–16模型飞机使用的导弹与副油箱模型（见图2–174）。

（29）将导弹与副油箱模型安装在机翼上。这些外挂零件中有的是用强力磁铁吸附在机翼上的，有的则是用胶黏结在机翼上的（见图2–175）。

（30）安装机身腹部的两片腹鳍（见图2–176）。

（31）打开机身座舱盖（见图2–177）。座舱盖也是用强力磁铁吸附的，只需要提起座舱盖后部的透明凸起部位即可。安装好动力电源（见图2–178）。

（32）安装电子系统，如接收机、舵机线、航灯线等。这架模型飞机的电路系统接线也比较复杂，为了方便理顺这些接线，模型附带一块电路板，用来分配不同的电子系统及其接线（F–16不像P–51模型那样使用单独的电路分配模块）。这块电路板的每个插头上都标出了功能，对号入座即可。不同之处是对于副翼的控制，这块电路板有两个选择，即仅仅使用副翼

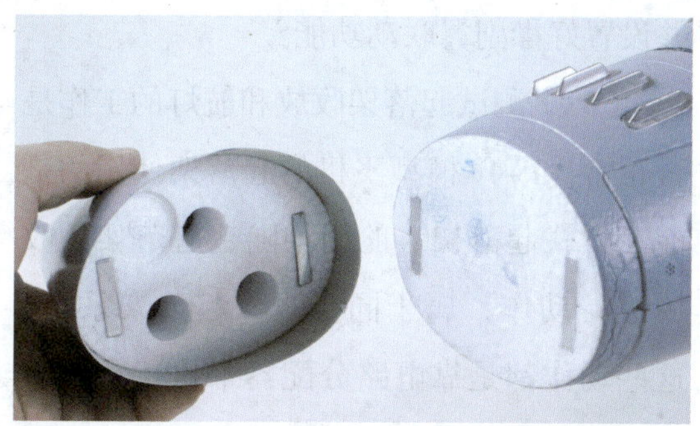

图 2-170 头锥采用磁铁吸附

图 2-171 安装好头锥

图 2-172 安装好涵道及调速器接线

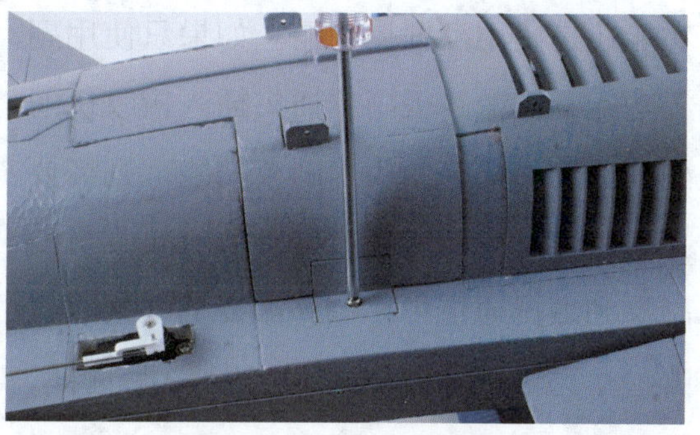

图 2-173 装好机身外罩

图 2-174 准备好副油箱和武器模型

图 2-175 装好副油箱和武器模型

图 2-176 安装好腹鳍

图 2-177 打开座舱盖

图 2-178　用魔术扎带固定好电源

功能还是使用襟副翼功能。如果只使用副翼功能，将电路板副翼插头插入接收机的副翼通道，如果使用襟副翼功能，则需要把副翼和襟翼功能插头分别插入接收机的副翼和襟翼通道中，襟翼需要插入接收机哪一个通道要根据遥控设备的说明选择，并设置好襟副翼联动功能。

（33）测试起落架收放和航灯的工作是否正常。F-16模型飞机的起落架使用的是前三点式起落架，舱门均随着起落架的收放进行动作，属于同步收放起落架系统，这些动作都是靠电路分配器来执行，几乎不用设置。在起落架收起的状态下检查舱门关闭是否紧密，如果起落架舱门关闭不严，在飞行中会形成很大的空气阻力，有时甚至能掀掉整个舱门。如果发现起落架舱门关闭不严，可以调整舱门舵机的角度或连杆的长度。

至此，F-16遥控像真模型飞机组装完毕。

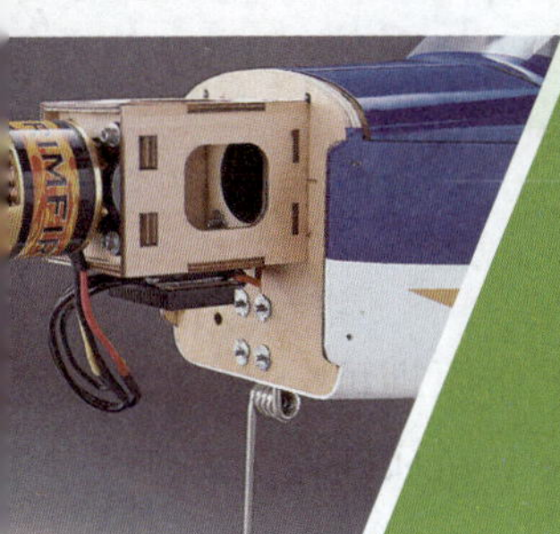

# 第三章 遥控像真模型飞机的动力系统

动力系统是模型飞机的“心脏”，没有一颗强大而稳定的“心脏”，模型飞机就不能安全的飞行，也不能完成预定的飞行任务。因此，动力系统是模型飞机飞行安全的重要保障。

## 一、动力系统的种类

遥控像真模型飞机的动力系统主要有电动机、甲醇发动机、汽油发动机等三种。

### 1. 电动机（见图3–1）

电动机由于使用方便、动力强劲，尤其是体积较小便于安装在机身内部，因此不必像发动机那样总有一部分外露在机身外部而影响模型的外观效果，因此近年来受到广大爱好者的青睐。现在，在中小级别遥控像真模型飞机的动力系统中，“半壁江山”都已被电动机所占领，而且还有继续扩大的趋势。本书将以电动机为主，进行动力系统的介绍。

### 2. 甲醇发动机（见图3–2）

甲醇发动机曾经是遥控像真模型飞机的主要动力形式，但由于使用和调整需要丰富的经验，否则很难正常起动和使用，而且甲醇发动机的油料成本和污染都比较大，推重比也相对较低，因而已经开始逐渐退出历史舞台了。

### 3. 汽油发动机（见图3–3）

不少大型遥控像真模型飞机（通常指翼展超过2m）如果要使用电动机做动力，面临的最大问题是超大级别的电动机种类较少，而且价格不菲。在这种情况下，汽油发动机就显示出了优势。汽油发动机的

图3–1　电动机

图3–2　甲醇发动机

图 3-3 汽油发动机

价格相对不高，尤其是燃料的性价比很高，因此不少大型遥控像真模型飞机都会选择汽油发动机。汽油发动机最大的缺点是自重较大，因此不适于小尺寸的遥控像真模型飞机。

## 二、电动机的种类和特点

遥控像真模型飞机使用的电动机有两种，分别是永磁式有刷电机和无刷电机。永磁式有刷电机（见图3-4）用于航模已经有很长的历史了，但其功率比较小，效率比较低，且容易发热，因此多用于低端的轻小型遥控模型飞机。而近年迅速兴起的无刷电机，因其大功率、高效率、高推重比、不易发热等优点，迅速成为了遥控

图 3-4 永磁式有刷电机

模型飞机动力系统的主力。

无刷电机按结构和工作原理可分为内转子无刷电机（见图3-5）和外转子无刷电机（见图3-6）两种，这两种电机在性能上各具优势。

图 3-5 内转子无刷电机

图 3-6 外转子无刷电机

内转子无刷电机的转子在电机内部，外壳是固定的，与永磁式有刷电机在外观上很相似。内转子无刷电机转速较高，但扭矩较小，适合搭配小直径高速螺旋桨，一般用在不能使用大直径螺旋桨的情况下，它是电动涵道的最佳选择。另外，由于内转子无刷电机的结构特点，其安装与固定都比较容易。

外转子无刷电机的转子也是外壳，其结构比较简单（见图3-7）。外转子无刷电机的转速相对较低，但扭矩较大，适合搭

图 3-7　外转子无刷电机结构比较简单

配大直径低速螺旋桨。外转子无刷电机通常是螺旋桨式模型飞机的最佳选择。外转子无刷电机由于外壳进行旋转，因此固定和安装不太方便，通常利用电机后盖（即定子端或引出线端）和电机安装架进行固定连接。

不管内转子无刷电机还是外转子无刷电机，都有KV值的区别。KV值越高，转速越高，但扭矩会有相应下降，否则反之。例如，同样是使用外转子无刷电机，如果是飞行速度比较慢的赛斯纳模型飞机，就适合使用KV值较低的外转子无刷电机；如果是飞行速度比较快的，如P-51D“野马”战斗机模型，可以选择KV值相对高一些的外转子无刷电机。

遥控像真模型飞机的动力系统还可以分为电动螺旋桨动力和电动涵道动力两种。电动螺旋桨通常使用外转子电机直接驱动螺旋桨工作，这种形式可以发挥外转子无刷电机扭矩大的优势，而且结构简单，价格低，很适合普及。为了模拟喷气式飞机的外形而又避免使用价格昂贵的模型喷气发动机，航模工程师发明了模型专用的电动涵道动力系统（见图3-8）。

涵道其实就是螺旋桨的变型，但由于要装在机身内部，涵道的直径不能太大，涵道叶片的直径也就不能太大，因此叶片的翼型和平面外形都十分讲究。大多数涵道叶片是翼型很薄、平面形状多为“S”的梯形叶片（图3-9），叶片的边缘和涵道之间的间隙较小（1～2mm）。

为了弥补叶片的低效率，涵道均为多桨叶设计。一般的电动涵道叶片数量为3～12片不等。桨叶的数量少，涵道电机的转速就比较高，工作效率相对也较高，推力就比较大，但发出的声音尖锐刺耳，不太好听。桨叶数量多，涵道电机的转速较低，叶片在旋转的过程中互相干扰就比较厉害，工作效率相对要低一些，但声音

图 3-8　电动涵道动力系统

图 3-9　梯形叶片

比较柔和，听起来更像喷气发动机。

为了进一步提高桨叶效率，涵道要将叶片“罩”在外壳内，涵道特殊的流线外形可以压缩吸入的空气，使空气以更快的速度流经叶片，提高桨叶效率，同时涵道外罩也起到固定的作用，而且有的涵道内支架（定子叶片）的特殊外形也可以提高桨叶的效率。

电动涵道既可以使用外转子电机也可以使用内转子电机，但通常内转子电机的成本要高于外转子电机，因此不少商品模型出于成本的考虑通常配套外转子电机，升级版则会使用内转子电机。

制造涵道的材料主要有金属和尼龙两种，尼龙涵道的造价比较低，但高速工作时会产生一定的变形，影响工作效率，适用于普及型模型飞机；金属涵道强度高，高速工作时不易变形，工作效率较高，但生产成本也高，多适用于精品模型。

吸入空气的量也决定着涵道的工作效率。如果外形完全仿真，那么真飞机进气道的截面积对于模型飞机涵道的进气量而言往往是不够的。在不破坏模型外观的情况下，很多模型采用在机身下增加“百叶窗”辅助进气道（见图3-10），以此来弥补进气不足的问题。

图3-10　涵道模型飞机的辅助进气道

不管涵道如何进行科学的设计，其工作效率仍然无法和螺旋桨相比，而且为了弥补效率的不足，只能采用增大电流，提高转速的方法，因此电动涵道的工作时间都比较短。有不少爱好者总结出的经验是，电动涵道模型飞机大多不是人为损坏的，而是电量耗尽、意外停车损坏的。因此，第一次飞电动涵道模型飞机一定要留有足够的飞行时间以防不测。但是，我们也要看到电动涵道的最大优点——价格便宜、结构简单，花很少的钱就能够体验喷气式飞机的乐趣。

## 三、怎样选择无刷电机

优质和劣质电机的主要差别在于电机的设计和使用的材料。由于无刷电机的结构比较简单，现代机加工技术又很发达，因此使用数控机床加工无刷电机的零部件早已不是难事，单凭外观区别电机质量并不一定准确。用挑选发动机的方法，例如，通过转动电机轴、听声音等来挑选无刷电机并不太适用，高级的无刷电机和低端的无刷电机听上去、摸上去的差别往往不是很大，所以，选购无刷电机可以参考以下几点建议。

### 1. 无刷电机的品牌口碑

通过一个产品的口碑进行选择是一个屡试不爽的办法。一个品牌或型号的无刷电机，其口碑的好坏其实正是广大爱好者实践和体会的结果，很多人的实践结果比自己一一去试验显然效果要好得多，效率也要高得多。

### 2. 无刷电机的外观效果

大多数质量好的无刷电机，外观加工得比较精致，而质量较差的无刷电机外观往往比较粗糙，质感较差。由于生产成本制约着电机的加工质量和使用材料的优劣，因此劣质的无刷电机厂家为了追求利润和低成本，不会付出太大代价。通过外观的比较，一般的爱好者能初步分出个优劣。

### 3. 无刷电机的使用条件

无刷电机的种类和型号比较多，选择哪种类型、哪种型号的无刷电机要依模型飞机的需要而定。遥控像真模型飞机按动力形式分为螺旋桨式模型飞机和涵道式模型飞机两种。对于螺旋桨式模型飞机，通常选择外转子电机，而对于涵道式模型飞机则通常选择内转子电机。即使同一种模型飞机也因飞行速度的不同分为低速型模型飞机和高速型模型飞机。低速型模型飞机适合使用KV值较低的无刷电机，高速型模型飞机则适合使用KV值较高的无刷电机。

## 四、无刷电机的使用

### 1. 无刷电机的工作电压与工作电流

在选择与使用无刷电机时，特别要注意无刷电机的工作电压和工作电流等性能数据，否则很可能损坏无刷电机。在选择某种规格的无刷电机时，首先要通过使用说明了解无刷电机的工作电压，这关系到之后要为无刷电机匹配什么规格的电池组。电池组的电压不要超过无刷电机的工作电压，否则电机很可能烧毁。

在额定电压内，无刷电机的工作电流与使用的螺旋桨负载大小有关，螺旋桨规格越大，负载越大，工作电流也就越大；螺旋桨规格越小，负载越小，工作电流也就越小。在保证动力的情况下，尽量减小无刷电机的负载，会带来很多好处，因为工作电流减小了，工作就会更加省电，不仅可以延长飞行时间，还可以匹配容量更小的电池，减轻模型飞机的飞行重量，同时也降低了电池的成本。

无刷电机的工作电流还与电机的KV值有一定关系。在一般情况下，无刷电机的KV值越高工作电流就越高，无刷电机的KV值越低工作电流就越低，这在选择无刷电机的规格时就已决定。

### 2. 无刷电机的尺寸与级别

根据功率的大小，无刷电机分为若干个级别，以适应不同级别和大小的模型飞机，只是无刷电机级别的划分比发动机更复杂一些。

无刷电机级别大小的划分一般参照无刷电机的几何尺寸。一种方法是按无刷电机的外部几何尺寸来划分级别，另一种是按无刷电机定子的几何尺寸来划分级别，这是目前比较流行的两种划分方法。笔者个人认为前一种方法较为直观，更容易比较，因此本书采用第一种方法。

无刷电机以尺寸划分级别的方法没有国际统一的标准，即同一级别不同品牌的无刷电机可能几何尺寸不完全相同，因此不同品牌的无刷电机之间的性能数据只能参考比较。

一般情况下，同一直径的无刷电机被划分在同一级别，但在电机直径相同的情况下，无刷电机的长度并不相同，可以视为同一级别中的子级别。不同长度的电机，性能也有所差别。在直径相同的情况下，电机的长度越大功率越高、扭矩越大，KV值也相应有所下降，但重量也随之上升，因此要根据模型飞机具体的性能数据选择无刷电机的级别。

### 3. 无刷电机的安装

我们经常听专业爱好者在安装无刷电机时常说“正装”“反装”之类的术语，它们具体指的是什么呢？

要弄清这些专业术语，先要知道电机轴的引出方向（简称“出轴方向”）。如果像有刷电机那样，电机轴从电机前部伸出，而电源线从后方伸出，这种形式就叫“前出轴”（见图3–11）；如果电机轴是从电源线一端伸出，我们就称为“后出轴”（见图3–12）。

无刷电机在电源线一端的平面上一般都会留有螺丝安装孔。

“前出轴”的无刷电机在安装时，主要利用后端面（电源线一侧）和发动机架或机身防火板以螺丝固定，这种形式被称为“正装”（见图3–13）。正装的好处是安装方便，不容易和电源线产生干扰，但缺点是振动较大，特别要注意安装的牢固性、减振的合理措施、螺旋桨的平衡等几点。

后出轴的电机在固定时一般是和机头罩固定在一起，电源线要从机身和电机之间的夹缝中穿过，这种形式被称为“反装”（见图3–14）。反装的优点是振动较小，不需要其他安装附件，但缺点是电源线要从电机与机头之间的夹缝中穿过，如果遇到

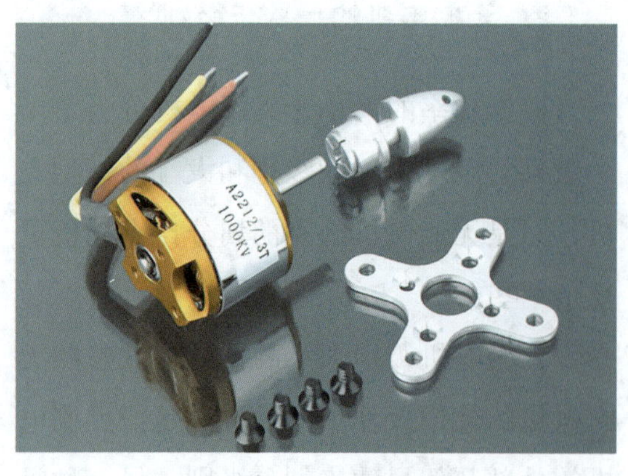


图3–11　前出轴形式

图3–12　后出轴形式

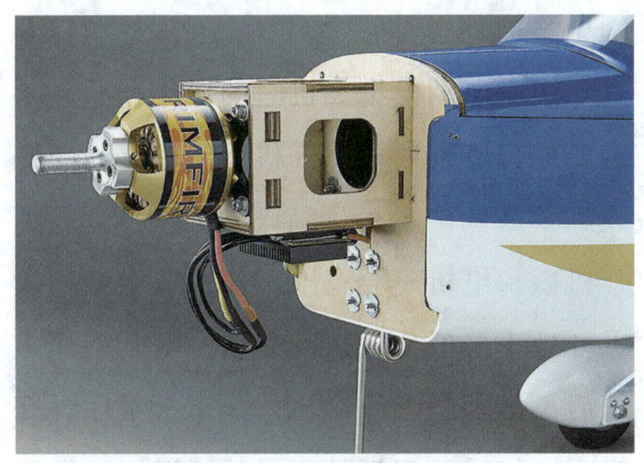
图 3-13　电机的正装形式

图 3-14　电机的反装形式

机身特别狭窄的情况就很容易造成阻碍，一旦磨损电源线就会造成很大危险，因此安装时要特别注意整理并固定好电源线。

正装与反装主要是针对外转子无刷电机而言，对于内转子无刷电机，由于其固定方式几乎和永磁有刷电机一样，所以基本不会遇到类似问题。

## 五、无刷电机的调速器

无刷电机的速度调节是通过电子调速器（见图3-15）完成的，电子调速器的英文缩写是“ESC”。电子调速器需要分别连接无刷电机、动力电源和接收机才能使用。

### 1. 电子调速器的连接

电子调速器的连接方法是：调速器的三芯插头（即信号插头）直接插入接收机的油门通道，电源插头通过大电流插头与动力电源连接，连接的示例见图3-16。无刷电机与电子调速器的三条连接线没有固定的连接顺序，一般是先按导线的颜色连

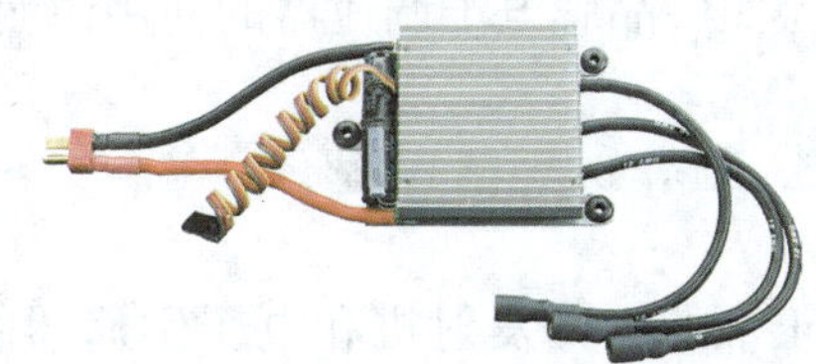
图 3-15　电子调速器

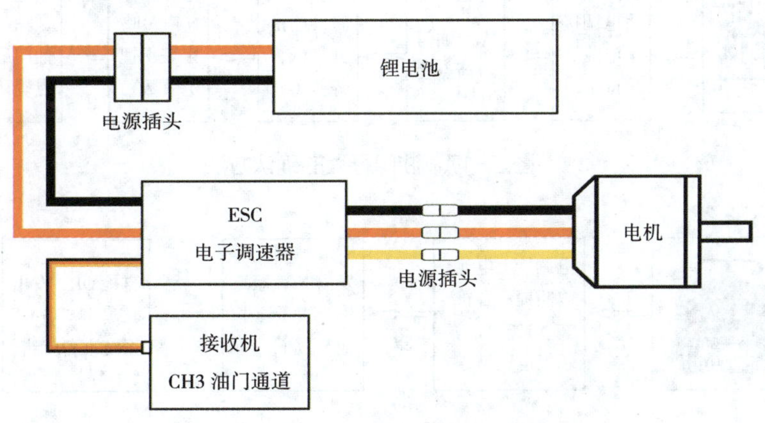

图 3-16　电子调速器的连接

接，在试车时如果发现电机的旋转方向不对，则调换任意两条接线的位置。

## 2. 电子调速器的使用

初次使用电子调速器时，有些电子调速器可能无法正常工作，表现为无法达到最大功率或需要先对发射机油门行程进行确认，其操作方法见图3-17。

如果无刷电机工作后发现油门操纵杆的操纵方向反了，则应该先断开动力电源，然后通过遥控设备发射机上的舵机反向开关改变电机的旋转方向后重新起动。如果使用FUTABA遥控设备，匹配国产的电子调速器，可能初次设置时，油门都是反向的，这点请提前有所准备。

由于每个品牌的电子调速器操作流程多少有些差别，因此准确的使用方法与流程请遵照各品牌电子调速器的使用说明。

## 3. 正常的开机过程

正常的打开发射机和电子调速器的过程见图3-18。

使用电动模型飞机时的操作顺序是一定要先打开发射机（开机前要确认油门杆放到了最低位置），然后再接通动力电源。开机后，电机不会马上工作，要在油门操纵杆处于最低位时进行确认，听到确认声以后再推油门，电动机才能正常工作。开机时，如果油门杆处于最低位以上，发射机和电子调速器都会发出警告声，必须强制油门操纵杆回到最低位后才能开始启动确认程序。

## 4. 电子调速器的级别

电子调速器的级别主要根据额定电流的大小决定，可分为20A、30A、40A、60A等多种规格，随着工作电流的提高，电子调速器的外形尺寸和重量也相应增加。

选择电子调速器电流的大小要参考电动机的工作电流范围。例如，通过产品说明了解一台无刷电机的工作电流（带有螺

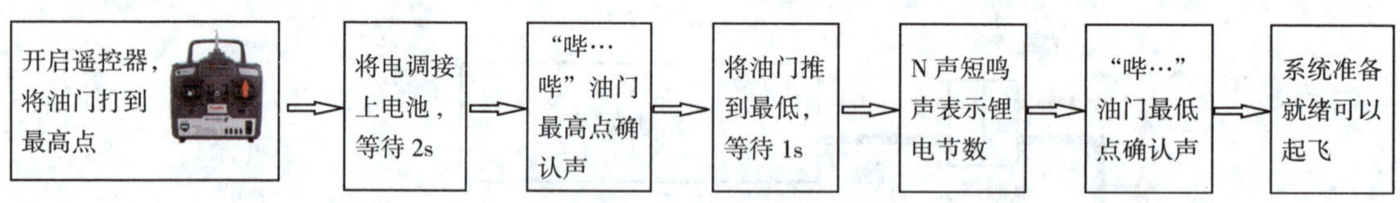


图3-17 油门行程的确认方法

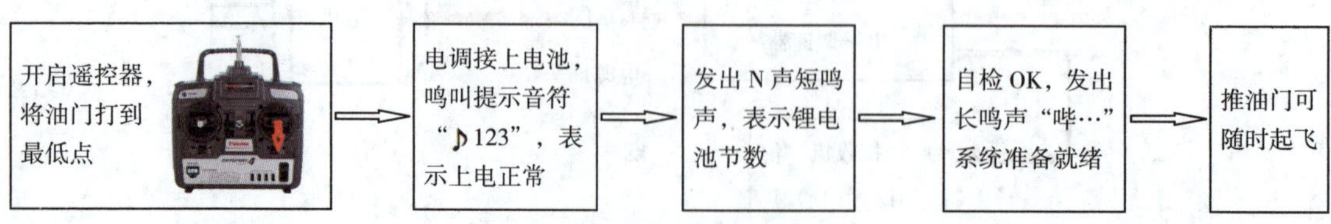


图3-18 正常的开机过程

旋桨负载的情况下）为37A，那么就要选择比电机工作电流稍微大一些的调速器，如40A的调速器，这样使电子调速器的工作电流留有余地，避免电动机因工作电流太大而烧毁电子调速器。无刷电机在起动的瞬间，由于承受的负载较大，瞬间电流可能会超出正常的工作电流，不过一般情况下电子调速器也能承受短时间（一般为十几秒钟）的超高电流，只要不是长时间在超高电流下工作，电子调速器一般都能承受。

### 5. 电子调速器为接收机、舵机供电的情况

大部分电子调速器可以把动力电源的一部分电能提供给接收机和舵机使用，这种功能被称为“UBEC”，简称“BEC”。BEC输出有两种形式，即“线性模式”和“开关模式”。BEC的性能一般在电子调速器的标牌或说明书上会有所标注。一般额定电流在40A以下，工作电流比较小的电子调速器，BEC输出的电流需求较小，通常采用线性模式，适用于较小的电动模型飞机；一般额定电流在40A以上，工作电流比较大的电子调速器，BEC输出电流的需求较大，通常采用开关模式，适用于较大的电动遥控模型飞机。只要电子调速器的信号线和接收机连接好，接通动力电源，接收机和舵机就可以正常工作了。不过，当使用大型电动遥控模型飞机时，出于安全考虑，为了防止因电子调速器烧毁导致接收机停止工作而摔毁飞机，最好选择无BEC功能的电子调速器，单独使用一组电源给接收机和舵机供电，这样更加安全可靠。

### 6. 电子调速器常用的一些功能设置

（1）刹车设定。可以选择电动机是否具有刹车功能。没有设置刹车功能时，油门在最低位置，电动机不工作，但在飞行中螺旋桨会受到迎面气流的影响而自由转动，以减小阻力，一般用于普通的固定翼螺旋桨式模型飞机。如果设定了刹车功能，当油门处于最低位置时，电子调速器会驱使电动机产生阻尼效应，在飞行中即使受到迎面气流的吹拂，螺旋桨也不会旋转，保持刹车状态，这种情况一般用于带有折叠桨的电动滑翔机。

（2）电池类型。电子调速器一般可以选择镍镉电池、镍氢电池或锂电池，使用什么种类的电池就设定在什么模式上。如果没有选择，大多数电子调速器会默认锂电类型。

（3）低电压保护模式。有时我们操纵模型飞机忘记了时间，如果锂电池过放电了，不仅会损坏锂电池，而且一旦接收机供电电压过低，就会有失控的危险。低电压保护模式可以使锂电池在电压处于危险状态之前，切断动力输出（即电动机的工作），保证接收机可以正常供电。低电压保护模式有两种选择，即突然切断动力还是柔和地降低动力输出。

（4）低电压保护阈值。在何种电压下启动低电压保护模式是可以设定的，一般有“低电压、中电压、高电压”三种模式，对应的电压值一般为（单节电池）“3.0V、3.15V、3.3V。选择低电压保护阈值时宁高勿低，一般至少应该选择中电压。例如，使用三节串联的锂电池时，则低电压保护阈值为3.15 V×3=9.45 V，电子调速器在动力电池电压下降到9.45 V时开始启动低电压保护模式。

（5）起动模式。一般可以设置三种电机的启动状态，即“正常起动、柔和起动、超柔和起动”。起动状态越柔和，电机从静止到加速所用的时间就越长。一般正常起动用于普通的固定翼模型飞机，而柔和、超柔和起动适用于直升机。

### 7. 电子调速器的设置

要想实现上述电子调速器的功能，需要先通过油门操纵杆的操作完成设置，但程序比较烦琐，通常建议使用编程卡来更加容易地完成电子调速器的设置，既直观也方便，某品牌的编程卡见图3-19。

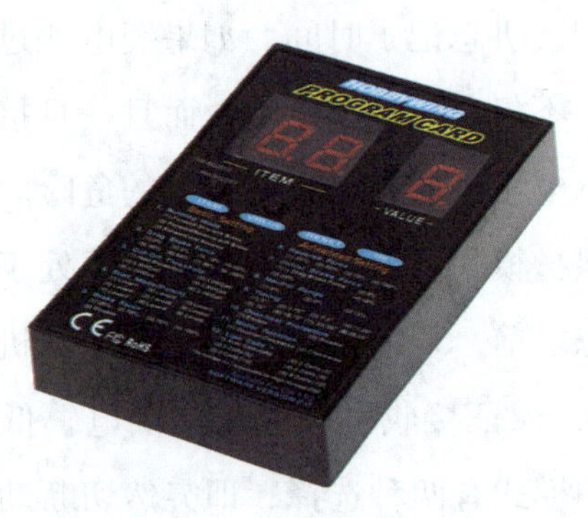


图3-19 电子调速器的编程卡

### 8. 电子调速器的常见故障

使用电子调速器时如果发生问题，例如，插错接线或接触不良，以及设置问题导致电子调速器无法工作等，电子调速器就会发出不同的警告声以提示问题的种类，这样就可以更直接地找出问题所在，并进行相应的解决。

## 六、动力电池

### 1. 电池的种类

遥控模型飞机使用的动力电池种类有很多，目前最常用的主要是“锂聚合物电池”和“镍系列电池”。锂聚合物电池（见图3-20）英文简称“Lipo”，属于锂离子电池的一种，因其内部灌装了胶状的聚合物电解质，为了区别于其他锂离子电池，因此习惯称为“锂聚合物电池”。锂聚合物电池有很多优点，如重量轻、容量大、内阻小、电流强、单节电池电压高、

图3-20 锂聚合物电池

使用耐受力较强、使用寿命相对较长、可以制成各种形状等。正因为具有这些优点，锂聚合物电池的出现把遥控模型飞机的动力系统带入了一个新的时代，现在大部分专业遥控模型飞机都以锂聚合物电池作为动力电源。

镍系列电池（见图3-21）主要是指“镍镉/镍氢电池”，镍系列电池是模型技术发展历程中曾经的主力电池，但由于镍系列电池自身的性能特点，如重量相对较大、单节电压相对较低等原因，其逐渐被锂聚合物电池所取代，现在只有一些低成本的入门级遥控模型飞机和遥控设备还使用镍系列电池。

不管什么种类的电池，电池的生产厂家通常会把数节电池焊接、包装成一组使用，我们称其为“电池组”。电池组相对连接牢固，电阻比较小，例如，锂聚合物电池组（见图3-22）。锂聚合物电池的单节电压一般为3.7V，如果6节串联焊接成一组，那么就用“6S”表示，电压就等于3.7V×6=22.2V。

## 2. 电池的选择

选择什么样的电池可以根据以下几点要求考虑。

（1）模型飞机对动力电池电压的要求

例如，我们使用的F-16飞机模型，其工作电压为22.2V，那我们就可以选择6S（22.2V）的锂聚合物电池组。

（2）电池组容量的要求

电池组的容量大小用“mAh”表示，数值越大，模型飞机飞行的动力时间就越长，但也不是容量越大越好，容量加大了，电池的重量也会增加，从而影响模型飞机的剩余动力，而且电池的价格也会更高。因此，我们选择电池的容量要根据模型飞机的动力性能以及飞行时间长短而定。例如，飞翼模型的90mm涵道F-16模型飞机，在保证动力性能的基础上，用6S 5000mAh的锂聚合物电池组可以飞行大约5min的时间。

（3）动力系统对放电电流的要求

大部分遥控模型飞机在飞行中，放电

图3-21　镍系列电池

图3-22　锂聚合物电池组

电流是很大的，因此对电池的放电性能是有要求的。锂聚合物电池组的放电性能用放电倍率“C”表示，1C即1倍率放电。例如，一块电池组容量为5000mAh，那么其放电电流就为5A（5000mA）。如果这块电池的放电倍率是4C，那么放电电流就是5A×4=20A。放电电流的大小要看动力系统的需要，只要电池的放电性能满足动力系统的需要就可以，不必追求更高的放电性能。因为电池的放电倍率越大，电池的重量和体积也就越大，价格也会越高。因此，盲目追求放电性能只会增加飞行重量和电池成本。

### 3. 电池的使用

锂聚合物电池是一种相对比较娇气的电池，如果不注意正确的使用方法，就会损坏电池或降低电池的性能和寿命。

锂聚合物电池的额定电压为3.7V/节，但充满电时可以达到4.2V/节，最大不能超过4.25V/节，一定要设定好充电器的最大充电终止电压。

由于品牌不同，锂聚合物电池的放电电压也有差别，可以分为正常放电（终止电压3.3V/节）、中度放电（终止电压3.15V/节）、深度放电（终止电压3V/节）。如果没有特殊情况，应尽量将放电终止电压设得高一些，宁高勿低会对保护电池更加有利。

锂聚合物电池在长时间不使用时要维持保存电压状态，即电压在3.8V/节左右。每次只要一使用完就尽快完成保存状态，否则会降低电池使用寿命。

锂聚合物电池在每次充完电或放电结束后温度都会升高，应该使电池内部温度降低到常温状态后再使用，这对延长电池的使用寿命很有益处。

总之，使用锂聚合物电池要细心，应按照使用标准和流程进行正常操作，这样才能保持电池的性能、延长使用寿命。有些电池由于不注意使用方法，电池内部产生气体，使电池“鼓肚儿”，这说明电池已经受到了严重的损坏，不仅无法达到原有的性能，寿命也会大打折扣。

## 七、电源线及其插头

由于模型飞机的动力系统在工作时的电流很强，会产生发热的情况，因此动力系统中接线和插头的性能与质量是不容小觑的，如果忽视了接线和插头的性能与质量，轻则动力系统无法发挥最大的效率，重则动力系统发生插头烧毁的现象，极易引发飞行事故。

模型飞机专用的电路插头和接线，主要是根据模型飞机级别的不同，按工作电流的大小分为几个级别。

我们常使用的插头有T插头、XT60插头、XT90插头、EC5插头和XT150插头。它们的性能情况见图3–23。

| 插头型号 | T型 | XT60型 | XT90型 | EC5型 | XT150型 |
|---|---|---|---|---|---|
| 铜芯直径 | — | 3.5mm | 4.5mm | 5mm | 6mm |
| 额定电流 | 50A | 60A | 90A | 100A | 120A |
| 最大电流 | 70A | 80A | 120A | 130A | 150A |

图 3-23　插头性能数据表

## 八、充电器

### （一）充电器的种类

模型飞机专用充电器的种类比较多，根据其特点可以分成两大类，即简易型充电器和智能型充电器。

图 3-24　简易型充电器

简易型充电器（见图3-24）的特点是结构比较简单，功能也较少，通常只能以较小的电流对电池充电，且充电参数大都不能调整，一般只是固定几挡不同的电流，这种充电器通常只作为低端遥控模型飞机套餐的配套品出售。

图 3-25　智能型充电器

另一种充电器是多功能智能型充电器（见图3-25），其特点是可以给多种电池进行充电，且充电参数可以调整、充电的形式可以选择、充电完毕后还可以自动停止、可以记忆多组充电数据……这种充电器也是现在航模爱好者最热衷的类型，种类型号都很多，也涌现出不少优秀的品牌。这种充电器对设计、制造、材料的要求都很高，因此价格也不低，尤其是随着性能、功能、充放电精度的不断提高，价格也随之上升。

### （二）充电器的性能

#### 1. 充电种类

智能型充电器一般可以分别给“镍氢电池”“镍镉电池”“锂离子电池”“磷酸铁锂电池”“锂聚合物电池”“高压锂聚合物电池”“铅酸电池”等常见的电池充电。

由于编写一种电池和多种电池的充电程序差别不大，因此现在的智能型充电器基本都具备给多种电池充电的功能。现代遥控模型飞机上主要使用锂电池，因此很多爱好者更看重智能型充电器在充锂电池方面的性能。

### 2. 充电形式

对大部分电池的充电具有两种形式，即快充和慢充，充电时间的长短主要是通过调节充电电流来实现的。而针对锂电池的充电形式就比较复杂，主要有“快速充电”“平衡充电”“保存模式”和“放电模式”等几种。

（1）快速充电

有时由于使用电池的情况比较紧迫，需要在极短的时间内将锂电池充满，这时就需要使用快速充电模式。快速充电模式操作比较简单，只需要将锂电池插头和充电器充电输出插头连接好，即可调节充电电流开始充电。快速充电的操作比较简单，但由于短时间不容易使电池完全充饱和，加之锂电池的特性，长时间使用快速充电模式极易使锂电池的每片电池之间产生较大的电压差，容易损坏电池，因此如果没有特殊情况建议不要使用快速充电模式。

（2）平衡充电

平衡充电是锂电池常用的一种充电方法，也是公认对电池具有保护性和安全的一种充电方法。与快速充电不同，在平衡模式下充电，不仅电池插头要和充电器相连，还要把锂电池的平衡充电插头和充电器的平衡充电口连接后才能开始充电，从保证电池性能和寿命的角度来说，平衡充电是最科学的。

### 3. 充电电流

充电电流的大小用单位“安［培］”（A）来表示。智能型充电器的充电电流大小一般都是可以设置与调节的。设置的充电电流的大小直接决定了电池充电时间的长短。充电器都会标注充电电流的大小，但也不是充电电流越大越好，一方面我们要看自己的充电需要，如果使用的都是小容量电池，那么充电电流太大不仅没有实际意义，反而会增加购置成本。另一方面，应该根据自己手中大部分电池所需的充电电流来选择充电器。例如，我们经常使用2200mAh容量的锂电池，按照正常充电速度选择一倍率电流，充电时间大约1h左右，也就是需要充电器输出约2.2A就可以了。为了进一步缩短充电时间，采用2倍率的电流充电，大约只需要半小时的时间即可将电池充满，所需充电电流为4.4A。根据以上特点，我们选择充电电流在2.2～4.4A的充电器就够用了，没必要非得购置充电电流更大的充电器。尽管有些电池允许以更高的倍率和更快的速度充电，但这对电池的寿命有影响，因此不是有极端需求的话，使用1～2倍率充电就足够了。

充电电流的调整单位最好能小一点，例如，在价格差不多的情况下，如果有充电电流调整单位0.05A和0.01A两种，那么我们应尽量选择后者。这样不仅调节精度更高，而且对小容量的电池充电比较有利。例如，一块100mAh容量的电池，用0.01A的最低电流充电需要1h的时间，如果用0.05A的最低电流充电则只需12min，但对电池的损害太大，我们想减小充电电流也不行。现在，大部分智能型充电器的基本充电电流单位都能保证0.01A。

### 4. 充电节数

智能型充电器的充电节数直接关系着充电器的制造成本。只要充电节数能满足需要就可以，没有必要做无谓的投入。大部分智能型充电器对锂电池的节数要求比较高（因为锂电池的电压较高），通常最多只能充6S（6节）锂电池（一般对镍氢、镍镉电池可达到12节以上）。能够充更多节数锂电池的充电器，价格就一下子就变得很高，而且种类、型号可供选择的余地也很小。

如果对充电节数要求较高又不想增加购置成本，其实也有方法。例如，要使用10S电池，我们不要选购那种10节一组的，可以选购两组同样容量的5S电池，分别对两组电池充电，这样充电器使用最多可充6S的充电器就足够了。在使用时，可以利用串联插头连接两组5S电池，这样就可以作为10S电池使用了。

### 5. 充电功率

选择充电器不能仅仅看充电电流有多大，因为充电电流不能完全反映充电器的性能，充电器的实际输出电流与电池电压和充电器功率都有关。

例如，一台充电器的额定输出功率是180W，标称充电电流是16A。当给7.4V（2S）的锂电池充电时，利用“电流=功率/电压”的公式，理论上充电器最大输出电流可以达到180W/7.4V=24.32A，而充电器本身标称最大充电电流是16A，因此给7.4V锂电充电时，确实能达到16A输出。但是，如果给22.2V锂电池充电时，理论上充电器只能达到180W/22.2V=8.1A，因此给22.2V锂电池充电时，即使我们把充电电流设置到16A，在充电时充电器也最多只能输出8.1A的充电电流（充电器会在频幕上有所显示）。有些爱好者不明白原因，片面地认为是充电器质量不合格，因此千万不可只看充电器的最大充电电流是否达到需求，而一定要结合充电器功率和要充的电池电压综合考虑。

### 6. 充电器的输入电源

智能型充电器在工作的时候也需要有输入电源以供给电能。由于一般智能型充电器的功率都比较大，如果充电器自带电源的话，体积和重量都需要做得比较大，因此只有一些小功率的充电器既有内置220V交流电源又有12V直流电源的外接端口，如EV PEAK A1。一般大功率充电器不带输入电源，只有直流电源的输入端口，通常在12～24V。

充电器使用的外接输入电源通常分为两类，一种是在外场使用的便携式电源，另一种是可以在室内使用的交流电源。

外场电源主要有铅酸蓄电池和锂电池组两种。

铅酸蓄电池（见图3-26）是爱好者在外场充电时常用的电池种类。铅酸蓄电池最大的优点是价格相对较低，而且对使用条件要求不高，耐受范围比较大，是一种皮实耐用的电源，但是铅酸蓄电池最大的缺点是重量比较大，给外出携带带来一定的麻烦。铅酸蓄电池电压常见的规格是12V，对于大多数充电器是可以满足需要的，但如果充电器本身需要更高的输入电压，就需要将两个蓄电池串联使用，但注意总电压不要超出充电器允许的范围，以免损坏充电器。铅酸蓄电池也有容量大小之分，通常以AH作单位，AH数越大容量越大。容量越大使用时间越长，但重量也越大、价格也越高；容量越小，使用时间越短，但重量和价格也越低。通常我们常用的铅酸蓄电池的容量多在40～60AH。具体选择什么容量的铅酸蓄电池要看充电的容量、数量，下面的建议可以作为使用的参考：

图3-26　铅酸蓄电池

图3-27　锂电池包

①7.4～14.8V，容量3000mAh以下使用12V 40AH铅酸蓄电池；

②14.8～22.2V，容量5000mAh以下使用12V 60-80AH铅酸蓄电池。

铅酸蓄电池最好不要超过80AH的容量，否则搬运起来就十分费力了。

铅酸蓄电池应尽量在满电的情况下使用和保存，长期电压太低会影响蓄电池的寿命，因此铅酸蓄电池在使用时尽量不要将电量消耗得过低，而且使用完毕后养成充满电保存的好习惯。

近几年，市场上出现了一种锂电池包（见图3-27）。这种锂电池包是把数节锂电池焊接成一组使用，最大的优点是容量大、重量轻、携带很方便，缺点是价格比较高，寿命也不如铅酸蓄电池。购买锂电池包除了要看电压、容量是否符合充电器要求外，还要看组成锂电池包的电池种类，有的锂电池包是由锂聚合物电池组成的，有的是由磷酸铁锂电池组成的，这两种电池各有优缺点。由于锂聚合物电池是一种相对比较娇气的电池，对充电、放电、保存都有较高要求，尤其是在充电过程中要求平衡充电，否则会损伤电池或减少电池寿命，而大部分锂电池包只能使用串联充电的方式给电池充电，因此从维护和使用寿命的角度看，最好使用耐受力较强的磷酸铁锂电池。

室内使用的专用电源，其要求是比较高的。因为我们使用的室内电源是220V的交流电源，专用电源首先要把交流电源转变为直流电源，而且要求的输出电流比较高，因此设计和生产都有难度。

由于我国使用的交流电源是220V，因此大部分供应国内市场的充电器电源也都接受220V交流电源。某些国家的室内电源为110V，因此有些外销电源为了适用不同的环境，在输入电源电压端口有选择开关，还有的电源具有自动分辨并适应不同输入电压的功能。总之，充电器电源的输入电压一定要通过输入端口的标识或说明书进行确认，以免损坏电源甚至发生危险。

选择充电器电源要看电源本身的性能是否满足充电器的要求。首先要看电源的输出电压，输出电压的指标应在充电器输入电压的允许范围内，电压太低充电器可能无法正常使用，电压太高则有烧毁充电器的危险。其次，要看电源的输出功率，其输出功率不应低于充电器的最大功率，这样才能使充电器正常工作。

充电器电源应该使用专用产品，不建议使用其他替代品。有些爱好者在给充电器配外置电源时，常常使用电脑主机或其他电器上的内置电源，但这些电源大部分是一般民用电器上使用的，功率足够大的产品并不多，而且这类电源属于“DIY”性质，很多电极的接点都裸露在外面（见图3-28），使用很不安全，不建议使用。

图3-28 裸露的电源接点

### 7. 充电器使用的插头与接线

充电器上的插头和接线往往是被爱好者所忽略的部分，但其实它们也很重要。因为航模专用的智能型充电器通常功率都很大，如果插头和接线过细或质量太差，轻则造成线材发热影响充电性能，重则可能发生危险。因此，充电器上使用的接线和插头一定不要凑合，充电器上原配的接线与插头也不要私自更换。在了解充电器功率与电流的前提下，一般应选择耐受电流大一些的铜芯硅胶多股导线和大电流插头。

## （三）充电器的选择

前面所讲的充电器的性能其实就是我们选择充电器的重要依据和标准。从实际使用的角度出发，还需要再说明几点。

（1）选择充电器要从自己的实际使用条件出发，能满足自身使用就可以了，选择超出自己使用范围的大功率多功能高档充电器，只会是一种浪费。

（2）注意充电器的充电精度。充电器充放电的精度是考核一台充电器性能与质量的一个重要标准。市场上销售的充电器，品牌和型号很多，但实际在性能和质量上良莠不齐，不要听信不负责任的宣传，要看充电器的实际充电性能。在充电性能指标方面，最重要的不是功能的多少而是充放电的控制精度，质量和性能越好的充电器在精度的控制上越高。

（3）选择合理价位和声誉好的品牌。作为一名业余爱好者，我们在选择充电器时不可能一一去比对测试。最简单的方法是选择口碑、声誉较好，经营时间较长，市场保有率大的品牌和型号。不是优秀的产品也很难在长期的市场竞争中站住脚，这是一个亘古不变的道理。

另外，充电器的价格也是我们应该考虑的一个因素。如果同样的一台充电器，某些模型专卖店的价格便宜得离奇，那就应该谨慎了，因为质量合格的充电器不可能销售价格低于正常的生产成本。

## （四）充电器的使用

市场上航模专用充电器的品牌、型号和种类众多，我们不可能一一介绍，但这些充电器的使用方法大同小异，甚至不少充电器的操作菜单几乎一样。在本书中，我们使用深圳永航新科技出品的EV PEAK A8充电器（见图3-29）进行操作示范，希望给爱好者使用本器材或其他品牌、型号的充电器起到示范和参考的作用。

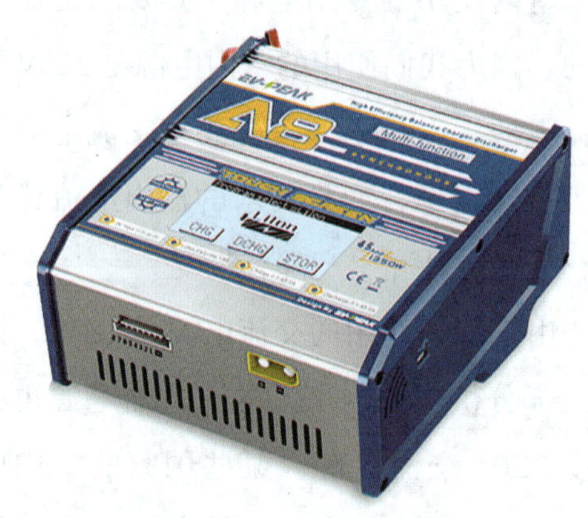


图3-29　EV PEAK A8充电器

EV PEAK A8充电器的各个部位名称见图3-30。

### 1. EV PEAK A8充电器的功能和性能参数

充电功率：1350W（输入电压>24V）

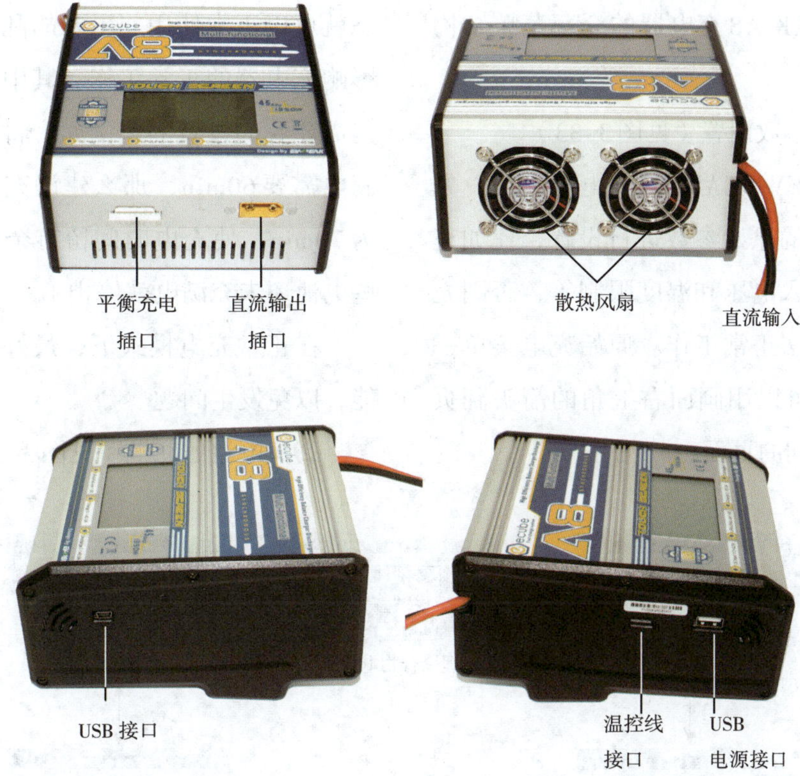


图 3-30　充电器各部位名称

500W（输入电压<24V）

输入电压：11.0～32.0V

充电电流：0.1～45.0A

放电电流：0.1～45.0A

平衡电压：±0.01V

平衡电流：1000mA

充电种类：镍镉/镍氢电池1～20节

锂离子/锂聚合物/磷酸铁

锂电池1～8节

铅酸电池2～24V

充电器外观尺寸：148mm×167mm×78mm

充电器重量：1520g

## 2. EV PEAK A8充电器的使用方法

（1）充电器的使用菜单

充电器接通电源，液晶显示屏会出现初始画面（见图3-31），我们可以用手指或触摸笔选择向左还是向右循环选择菜单功能。EV PEAK A8充电器采用双向循环

图 3-31　充电器初始画面

方式来选择各项功能的菜单。

EV PEAK A8充电器的全部菜单结构见图3-32。

①原始参数设置（见图3-33）

在使用EV PEAK A8充电器之前，先要对充电器的原始参数进行设置，比如充电时间、输入电压和温度限制等，否则充电器可能无法正常工作。原始充电菜单一共有4页，可以用画面右上角的箭头翻页符来选择不同的页面。

一般情况下，大部分选项保持初始状态就可以正常使用，不要胡乱设置，以免影响充电器的正常工作。其中，充电时间是需要我们设置的，例如，将一块电池充满电需要60min，那么建议充电时间设定为70min，使充电时间留有余地，以免有些电池还未充满电就停止了。

在正常充电模式下，最好关闭预充功能，以免发生问题。

②锂电池的充电（见图3-34）

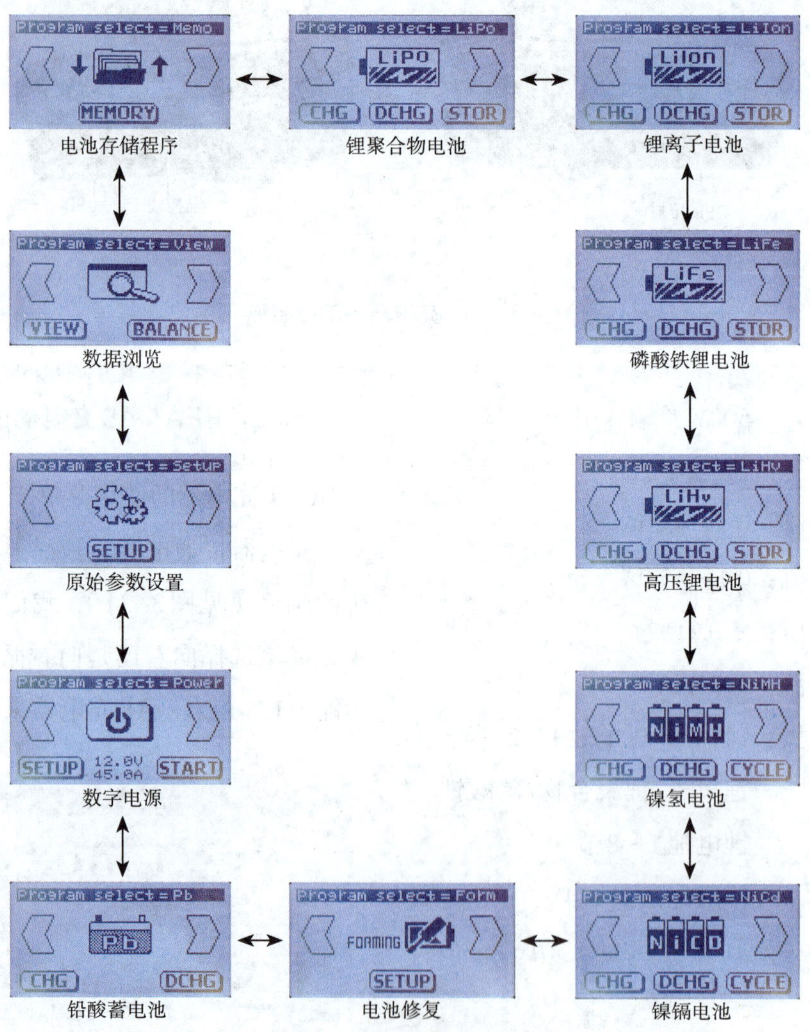


图3-32　充电器的菜单结构

Program select = Setup
SETUP
USER SETUP [1/4]
Precharge Time: OFF
Temp. Mode : ℃
Temp. Cut-off : 60℃
Input Cut-off : 21.5V
Input Limited : AUTO
设置预充电时间
设置温度单位
设置温度限制
设置输入限制
设置输入限制
OFF: 10 min
℃ /F
20~80℃ (68~176 ℉ )
11.0~15.0V
1.0~25.0A/AUTO
USER SETUP [2/4]
Safety Timer :240min
Back Light : 100%
Melody/Full : 1
Button Sound : ON
Buzzer Sound : ON
设置安全时间
设置屏幕亮度
设置旋律音
按钮声音
蜂鸣器声音
1~720min
0%~100%
1~5 种不同的旋律
开
开
USER SETUP [3/4]
Balance Force: Auto
Full Force : Auto
DCHG Mode : CC
USER SETUP [4/4]
-REGEN. DCHG SET-
--USER_NAME_SET--
--FACTORY RESET--
Firmware Version:3.38
Regenerative DCHG SET
Regenerative : OFF
Regen.Curr in: -1.0A
End Volt. : 14.7V
SER NAME SETUP
A B C D E F G H I J K L M .
N O P Q R S T U V W X Y Z ,
0 1 2 3 4 5 6 7 8 9 + - # _
USER_NAME
使用者名称
FACTORY DEFAULT
Are you sure you want to Reset?
YES
NO
出厂设置
ESC
Enter

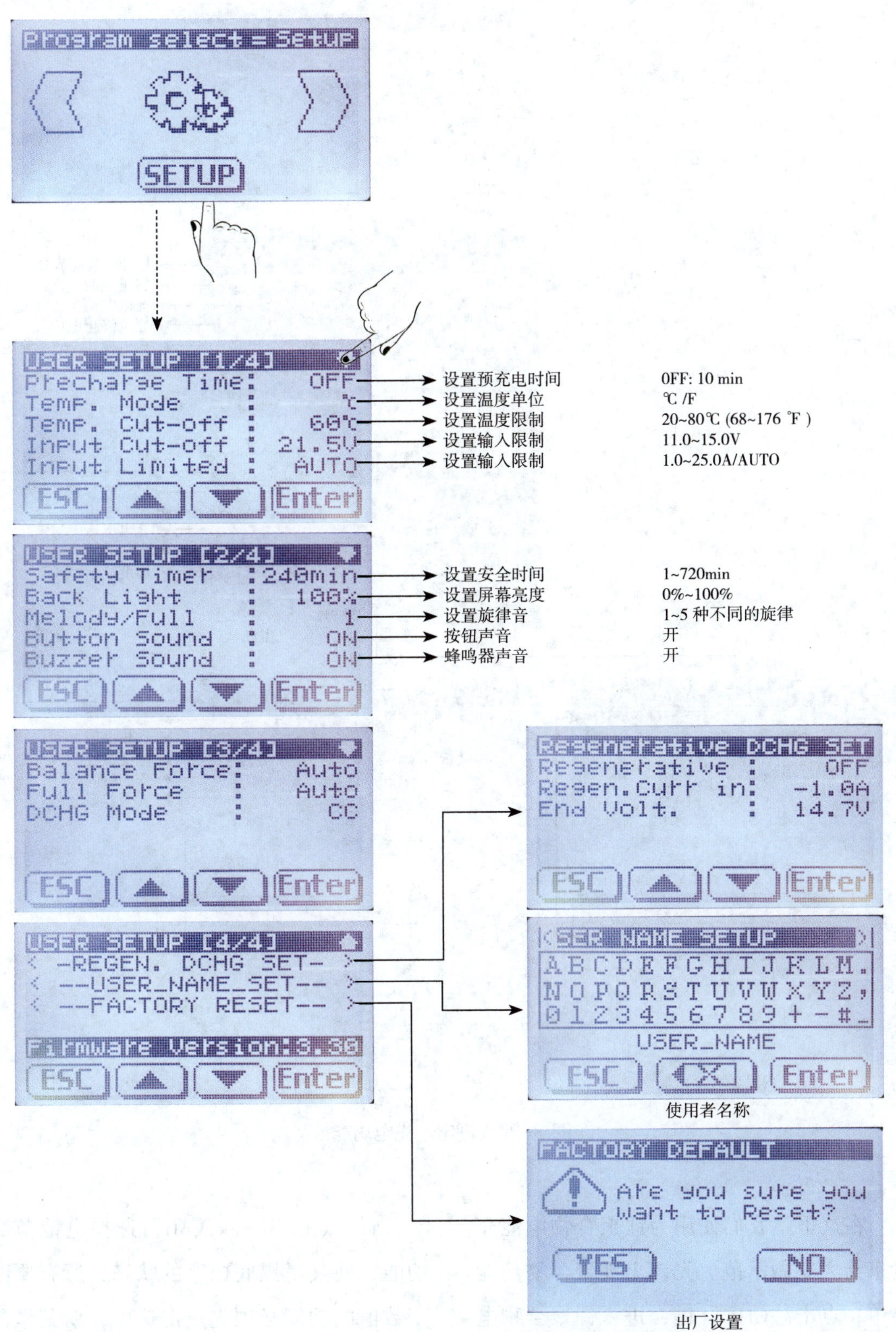

图 3-33 原始参数设置

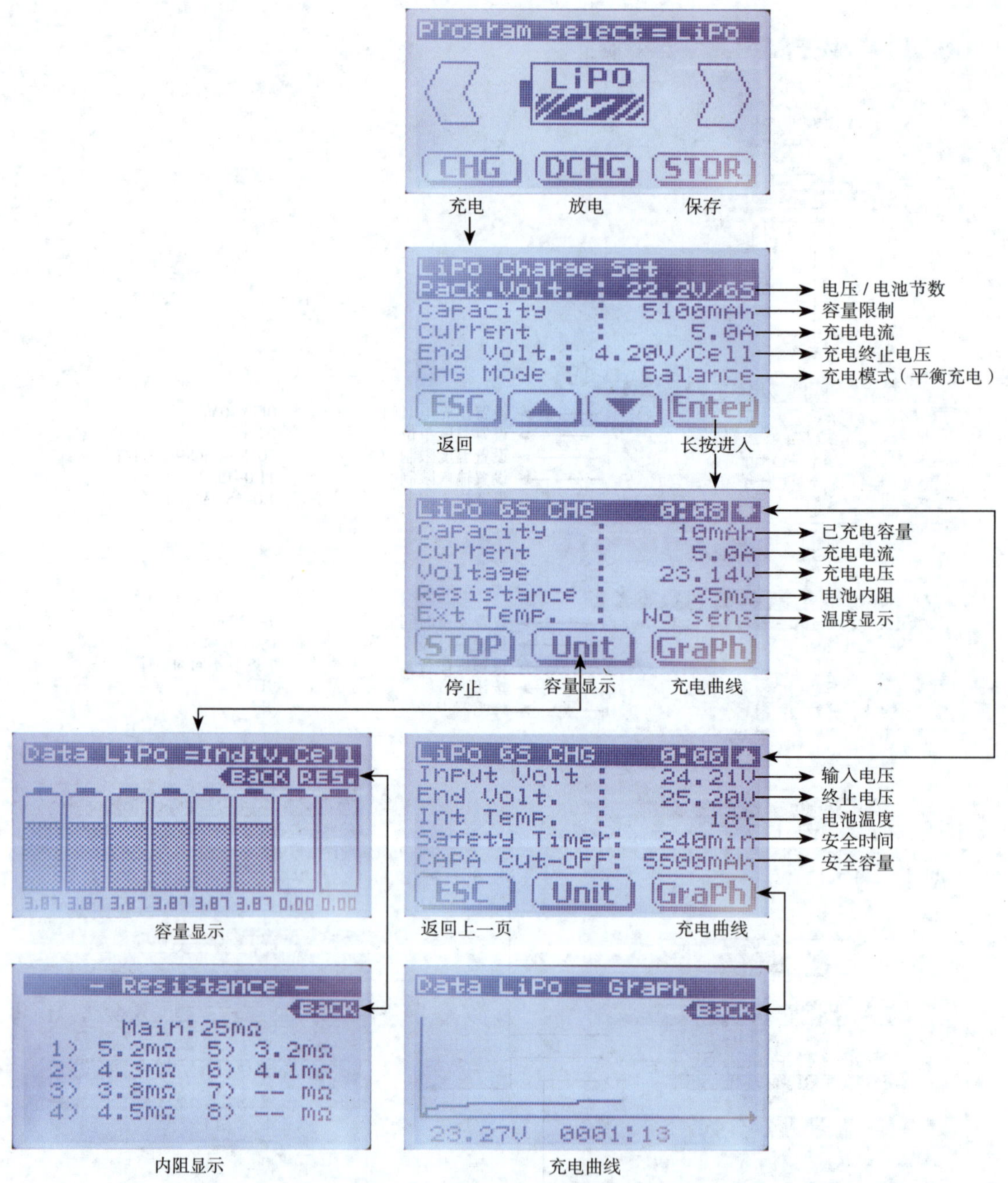


图 3-34 锂电池充电功能

在这里，我们使用为锂聚合物电池充电来给大家做示范。先调出锂聚合物功能菜单，点击“CHG”键，进入锂聚合物电池充电功能。

a. 点击“Pack.Volt”选择电池节数功能，使其呈黑底白字的状态，所有要改变数值的功能必须先点击选中，使其呈黑底白字状态才能改变。例如，我们给6S锂电池充电，就要选择22.2V/6S。要改变数值大小可以点击“▲▼”，其他的功能也一样。

b．点击“Capacity”选择电池保护容量功能。这项功能要根据电池的容量选择，如果电池容量是5000mAh，那么选择容量保护时，可以比电池容量略大一些，如选择5500mAh。这项功能的目的是保护电池不过充电，因为如果充电器已经将电池充满而继续充电的话，后果是很危险的。为了进行安全保护，就要设置电池的容量保护，即设置最大的充电容量极限。但容量保护的数值建议比电池自身的容量稍大一些，以避免电池无法充到饱和状态。

c．点击“Current”选择充电电流大小。充电电流的大小可根据电池容量的大小以及需要的充电时间来选择。一般情况下，我们选择电池容量的一倍电流充电，即一倍率（1C）电流充电，时间大约为1h，这样既能保持电池的使用寿命，充电时间也不至于过长。例如，我们使用的电池容量是5000mAh，那么我们就选择5.0A的充电电流。

d．点击“End Volt.”选择充电的单节终止电压。一般的锂聚合物电池的额定电压是3.7V，单节终止电压我们选择为4.2V。

e．点击“CHG Mode”选择充电模式功能。充电模式有两种，即普通充电和平衡充电，我们要选择平衡充电模式（Balance）。

f．当上面所有数值都设置得当后，我们长按“Enter”键（>2s），充电开始。在充电状态的画面中，标题栏不断闪动，代表充电正在进行，如果标题栏停止闪动，则说明充电结束。标题栏右上角的时间，代表充电所用的时间。下面的数据依次显示的是充电的容量、即时充电电流、即时充电电压、电池内阻和电池温度。点击标题栏右上角的“箭头”标志，可以切换到下一页参数，下一页参数分别显示的是输入电压、最小电压、内部温度、时间保护和容量保护。

在充电状态中，如果点击“Unit”键，会出现电池容量的显示画面，可以通过图示直观地查看电池所充电量的多少。在电池容量的画面中如果点击“RES.”键，可以查看电池的内阻。如果需要返回，可以点击“Back”键。

如果点击“Graph”键，会显示当前充电的曲线变化图。如果需要返回，可以点击“Back”键。

如果需要使用放电功能，可在锂聚合物电池菜单画面中点击“DCHG”键，这样就可进入放电模式的画面。放电模式的使用方法同充电模式相似。要注意的是放电的终止电压不要太低，一般建议不要低于单节电压3V。按压“Enter”键大于2s，放电程序开始，如需停止可点击“STOP”键。

如果需要使用保存模式，可在锂聚合

物电池菜单画面中点击“STOR”键，进入保存模式，保存模式的操作和充放电是一样的。按压“Enter”键大于2s，保存程序开始，如需停止可点击“STOP”键。一般情况下，锂聚合物电池的保存电压是3.8V/节。

③镍氢/镍镉电池的充放电（见图3–35）

镍氢/镍镉电池充放电的操作方法原理上和锂电池是一样的。调出镍氢/镍镉电池功能的画面，三个按键分别代表“充电”“放电”和“循环模式”。

在镍氢/镍镉充电模式中，可以调节各项数据。在充电模式中可以选择手动模式（MAN）或自动模式（AUTO）。手动模式是指充电器完全按照我们设定的参数给电池充电，例如，我们设定多大的电流，充电器就以多大电流充电。充电器在默认状态下是手动模式优先。但在自动模式下，充电器会在电池承受范围内自动控制充电电流，并限制最大电流不超过用户设定值，这对于保护低电阻和小电容量的电池比较有利。

循环模式可以激活具有惰性的新电池或长期不使用的电池，充电器可以设置1～5次的充放电循环。

镍氢/镍镉电池可以查看充放电的曲线图，但不能查看每节电池充电量的变化。

④高压锂电池的充电（见图3–36）

高压锂电池的充放电和普通锂电池的操作方法是一样的，只是要注意高压锂电池的性能数据。高压锂电池的最高充电终止电压不要超过4.5V，放电终止电压最低不得低于3.3V，保存电压设置为单节3.8V左右。

⑤电池修复（见图3–37）

电池修复功能主要是对镍氢或镍镉电池进行修复，来激活长期不使用而产生惰

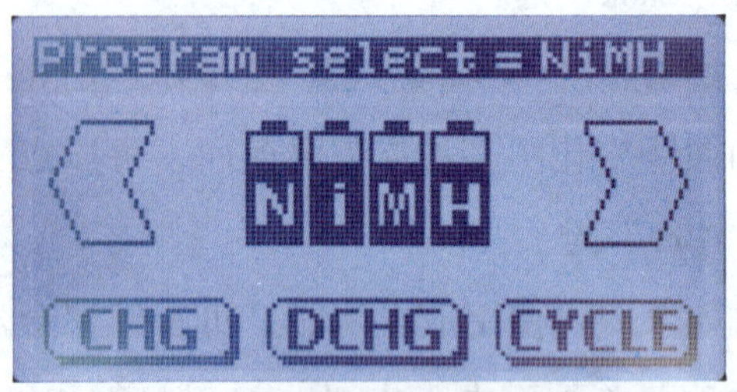

图3–35　镍氢电池充放电功能画面

图3–36　高压锂电池充放电功能画面

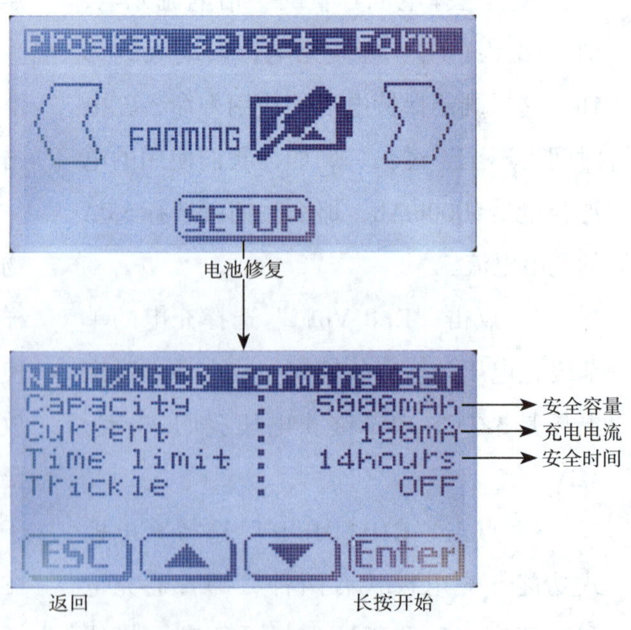

图3–37　电池修复功能

性的电池。调出电池修复的功能，长按“Enter”键开始修复。

⑥铅酸蓄电池充放电（见图3-38）

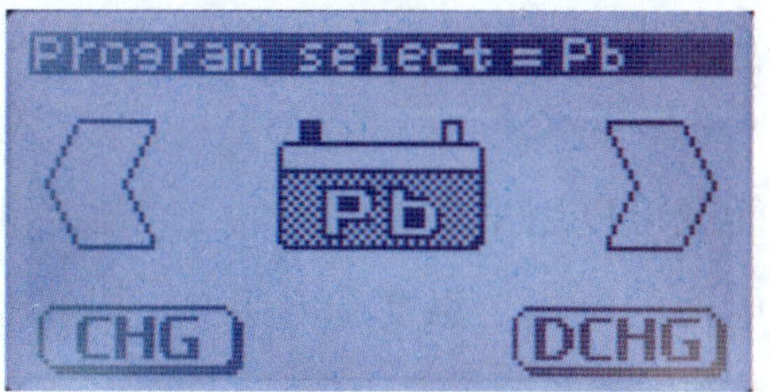


图3-38　铅酸蓄电池充放电功能画面

铅酸蓄电池的充放电操作和其他电池的操作方法大同小异。铅酸蓄电池虽然外表看上去是一个整体，但其实内部也是由数个电池单体组成的。铅酸蓄电池的单体电池电压为2V/S，我们使用的大多数铅酸蓄电池的总电压为12V，也就是由6节单体电池组成，因此我们在设置充电电压时要设置为12V/6S。

在充电过程中，可以点击“Graph”键查看充电电流的变化，但由于铅酸蓄电池的充电没有采用平衡充电的模式，因此不能查看每节电池的电压和容量情况。

⑦数字电源（见图3-39）

当使用数字电源模式时，可以把充电器当作电源使用，而且可以调整并设置电源的数据。

点击“Setup”键进入电源数据设置，其中可以分别对输出电压、输出电流、输出功率进行设定，设定好后长按“Enter”键开始并进入电源状态监控画面。如果数据已经设定好，每次调出电源模式时可以直接长按

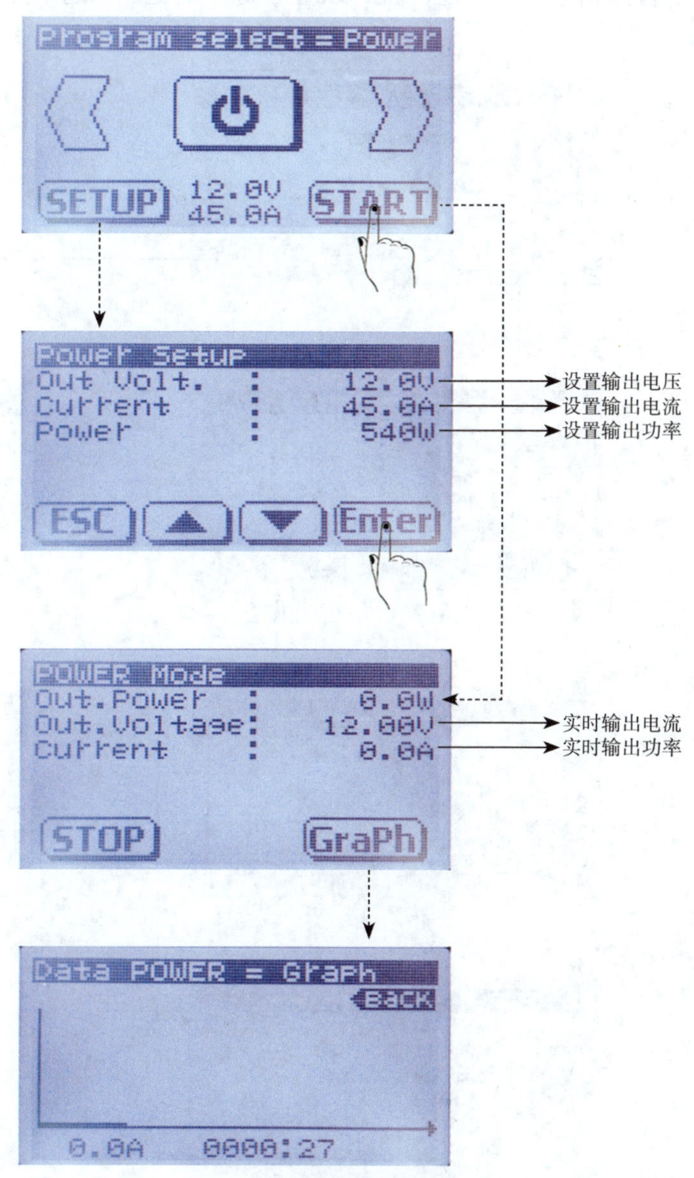


图3-39　数字电源功能

"Start"键开始电源输出。

⑧数据浏览（见图3-40）

数据浏览功能既可以用来查看电池的性能与状态，如电池的电压、温度和内阻等，也可以用来平衡锂电池的单节电压。

我们先调出数据浏览的画面，然后点击"VIEW"键，进入电池性能监测画面，再点击"Unit"键，就可以查看每节电池的容量情况。

有些电池在使用一段时间后，每节电池之间的压差变大，如果置之不理的话会损坏电池或减少电池寿命，这时可以使用电池平衡功能来修复，使每节电池的电压保持一致或缩小压差。在数据浏览画面中，点击"BALANCE"键，可以进入电池平衡功能。选择好合适的电池种类，然

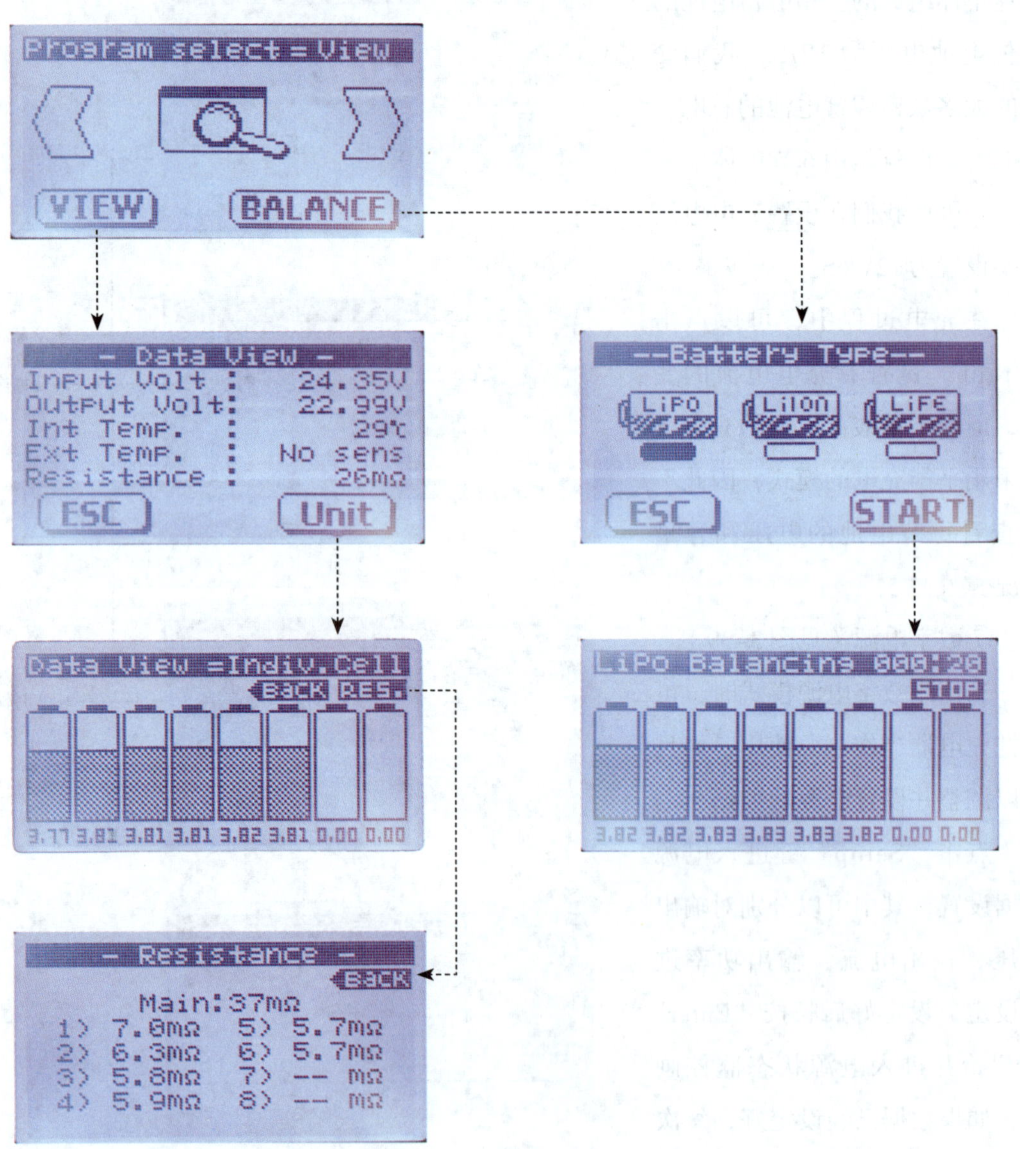


图3-40　数据浏览功能

后点击“START”键，平衡功能开始，此时观察，原来电压不平衡的电池，其电压开始变化、调整，电压高的会降低，电压低的会升高，最终所有电池的电压趋于一致，逐渐达到平衡状态，如需结束平衡功能，可以点击“STOP”键。

⑨电池存储程序（见图3-41）

我们经常会给不同种类、性能的电池充放电，由于经常要改变充电参数，所以如果电池种类很多的话，操作起来就比较麻烦，如果提前把常用的充电参数保存起来，使用时随时调出，这样就十分方便。

当我们进入存储程序的菜单，想保存刚刚使用过的充电程序及其数据时，只需选择一个空白项，如“NO1 NULL”，直接点击“SAVE”键，原来的空白项便显示出刚才充电的程序和数据，数据便得到了保存。如果下次想使用这项数据，直接点击“LOAD”，即可使用原先保存的充电数据，可以直接进行充电。如果不想保存这项数据，可以选中要删除的程序项，点击“DEL”，原先保存的程序与数据即被删除。

⑩充电器报警说明（见图3-42）

有些时候，我们错误操作了充电器，充电器的电脑会检测到这些不正常的程序，为了保护充电器和电池，充电器不会进行充电，而是发出警报声，并在显示屏上显示原因，提示请查明原因后再用正确的方法操作。

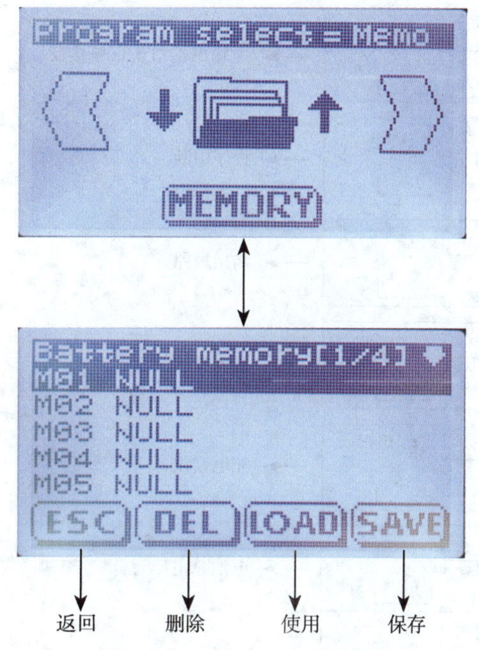


图3-41　存储程序功能

（2）充电器的连接

使用锂电池时，需要把电源插头和平衡插头同时与充电器连接好（见图3-43）。如果是给镍镉、镍氢或铅酸蓄电池充电，只需要把电源插头和充电器电源输出插头连接即可。当电池的电源插头和充电器输出插头的形状不一致时，要使用合适的转接插头（见图3-44）。

充电器的电源输入插头直接和蓄电池连接（见图3-45），或和专用电源连接（见图3-46）。

（3）充电器的输入电源

EV PEAK A8充电器本身不自带220V交流电源，因为其输出电流太大，如果自带220V交流电源，那么充电器的尺寸和重量就会相当大。EV PEAK A8充电器的输入电源要求电压在11～32V，那么选择

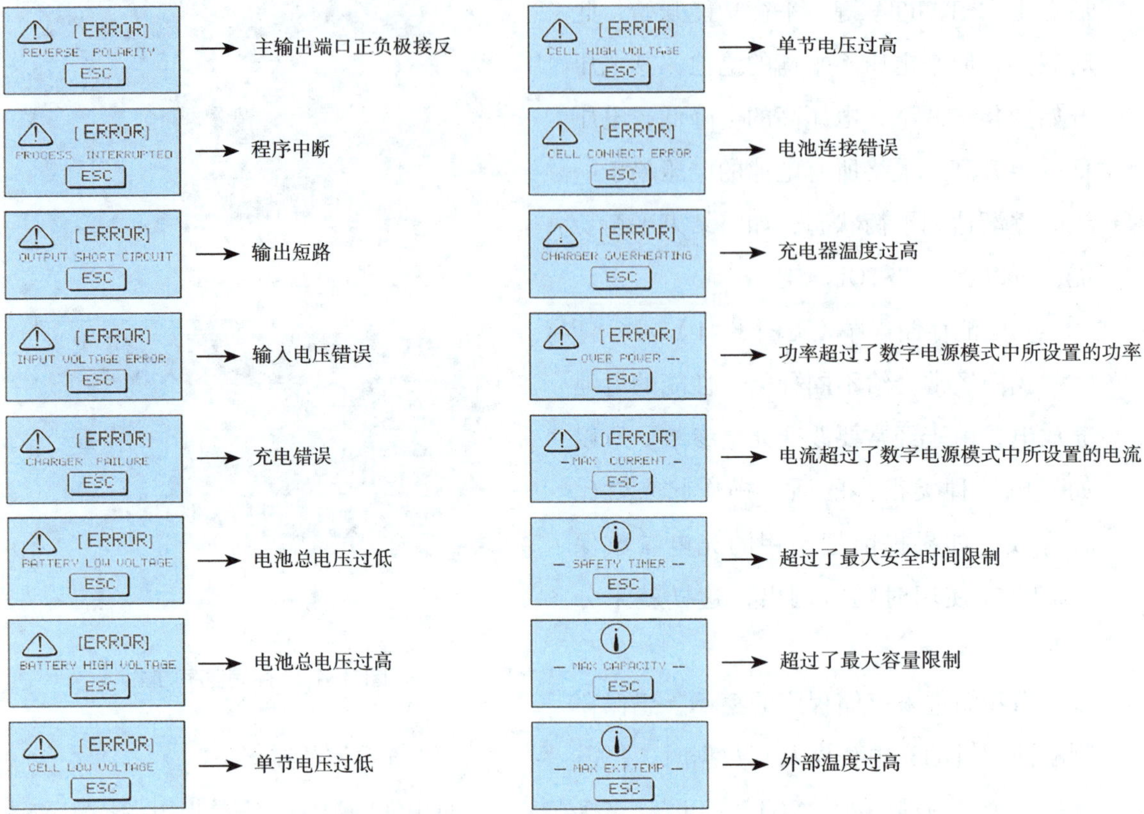

| 显示 | 说明 |
| --- | --- |
| [ERROR] REVERSE POLARITY ESC | 主输出端口正负极接反 |
| [ERROR] PROCESS INTERRUPTED ESC | 程序中断 |
| [ERROR] OUTPUT SHORT CIRCUIT ESC | 输出短路 |
| [ERROR] INPUT VOLTAGE ERROR ESC | 输入电压错误 |
| [ERROR] CHARGER FAILURE ESC | 充电错误 |
| [ERROR] BATTERY LOW VOLTAGE ESC | 电池总电压过低 |
| [ERROR] BATTERY HIGH VOLTAGE ESC | 电池总电压过高 |
| [ERROR] CELL LOW VOLTAGE ESC | 单节电压过低 |
| [ERROR] CELL HIGH VOLTAGE ESC | 单节电压过高 |
| [ERROR] CELL CONNECT ERROR ESC | 电池连接错误 |
| [ERROR] CHARGER OVERHEATING ESC | 充电器温度过高 |
| [ERROR] — OVER POWER — ESC | 功率超过了数字电源模式中所设置的功率 |
| [ERROR] — MAX CURRENT — ESC | 电流超过了数字电源模式中所设置的电流 |
| — SAFETY TIMER — ESC | 超过了最大安全时间限制 |
| — MAX CAPACITY — ESC | 超过了最大容量限制 |
| — MAX EXT.TEMP — ESC | 外部温度过高 |

图 3-42　充电器报警说明

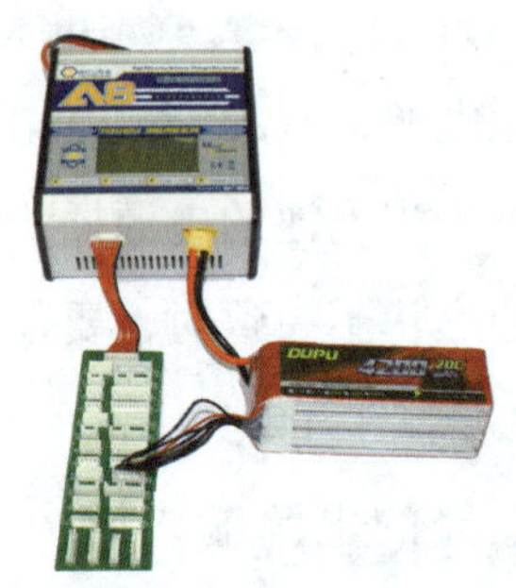


图 3-43　锂聚合物电池充电电线连接方法

图 3-44　各种形状的充电转接插头

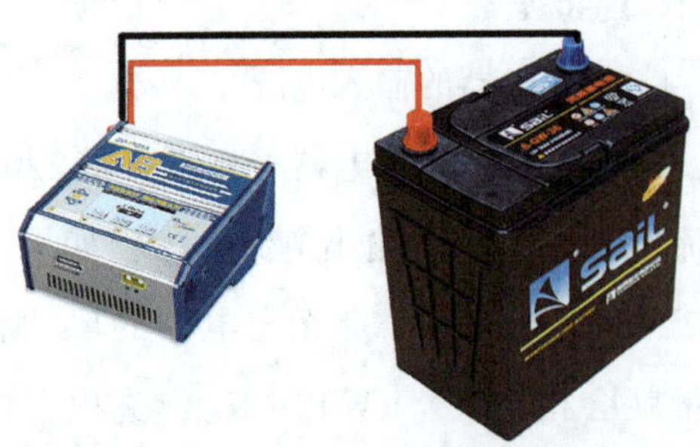


图 3-45　充电器和铅酸蓄电池的连接方法

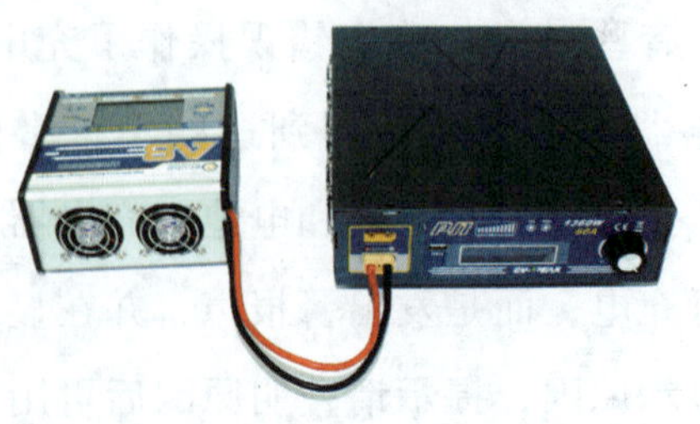

图 3-46　充电器和专用电源的连接方法

外置电源输出电压也应该在11～32V（不要超出最高电压限制，否则容易烧毁充电器）。EV PEAK PL8充电器本身的最大功率为1350W，外置电源输出功率也不应低于1350W。

EV PEAK A8充电器配套的电源型号为PJ1（见图3-47）。其输出功率为1360W，输出电流为60A，电压可在12～24V之间调节，能够满足EV PEAK A8充电器的使用需要。PJ1的各部位名称见图3-48。

PJ1电源有两个电源输出口，可以同时为两台充电器提供电源。使用时，需要用连接线连接电源输出插口和充电器输入插口，然后再打开电源主开关即可使用。PJ1的输出电压是可以调节的，电压可在12～24V之间调节，以适应不同充电器输入电压的要求。

电源在工作时，尤其是输出电压、电流较高的时候，会产生大量热量，电源侧面的风扇会起动来降温，因此在电源工作时不要遮盖电源风扇及外壳。

图3-47 EV PEAK PJ1充电器专用电源

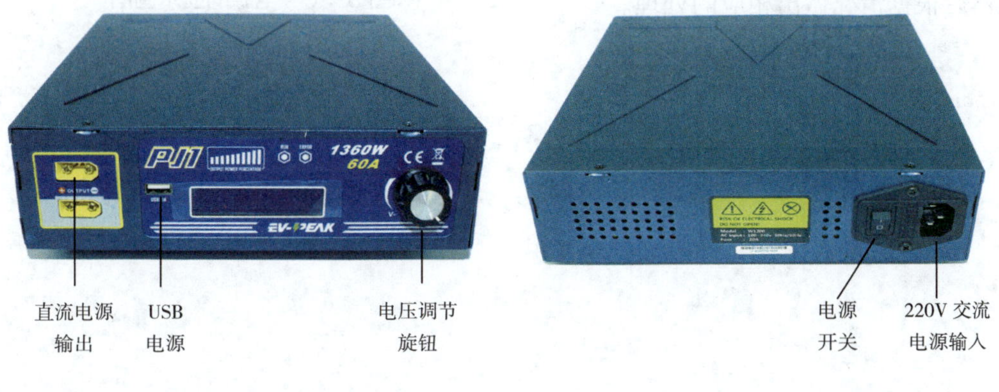


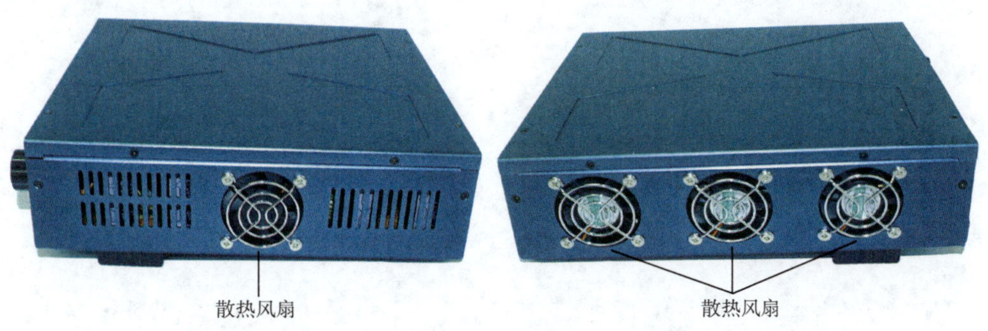


图3-48 PJ1充电器专用电源的各部位名称

为了电源放置时操作和观察方便，PJ1的脚座是可以调节的（见图3-49），既可以把电源平放在桌面上，也可以把电源保持一定仰角放置在桌面上。

PJ1的功率大小可以根据充电器的输入要求进行调节，调节是使用面板右侧的旋钮。电源的工作状态可参考显示屏（见图3-50）。

航模专用电源和充电器，工作时的功率都比较大，一定要注意充电器放置的空间，注意使用的安全，周围不要有干扰物品，特别注意不要有电线或金属物品，以免短路而引起火灾。在充电过程中，尤其是急速大电流充电的情况下，最好有人看护，一旦发生危险，先要切断电源的供电，然后根据情况做出相应的处理。

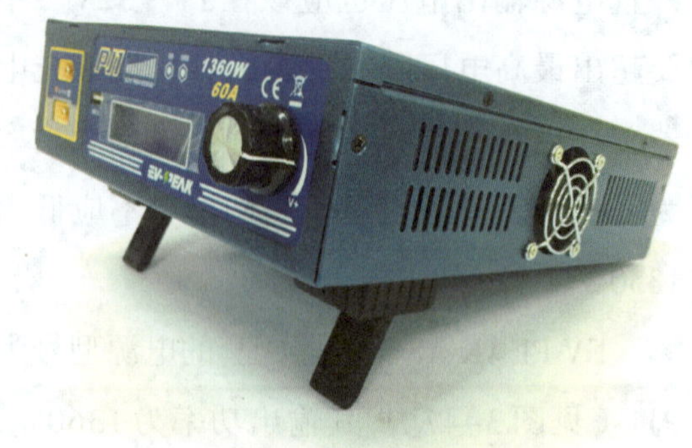


图3-49　可以调节角度的脚座

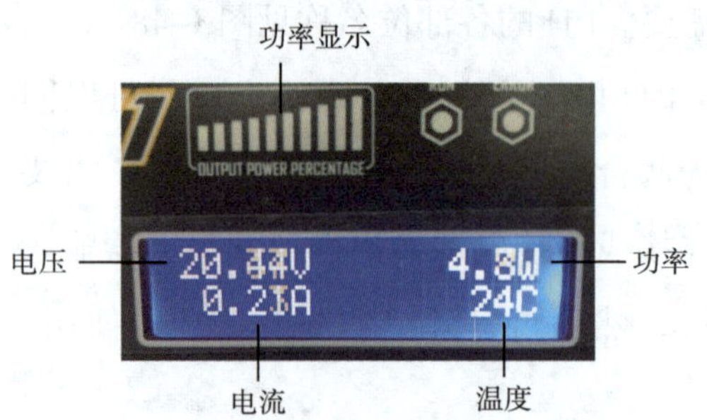


图3-50　电源的显示画面

# 第四章 遥控像真模型飞机的遥控设备

遥控设备是遥控模型飞机的指挥中枢，是对遥控模型飞机发出动作指令的机构，相当于模型飞机的大脑。一套遥控设备的质量与性能不仅决定着模型飞机的操纵性能，也关乎飞行的安全。只有选择一套安全、可靠、功能齐全的遥控设备，模型飞机才能很好地听从操纵者的指挥，并安全飞行。

## 一、遥控设备的选购

对于一般的遥控模型教练机，选择一套能够满足基本使用要求的普及型遥控设备就可以了，但作为遥控像真模型飞机，不仅模型飞机的控制结构更加复杂，而且要求的操纵水平也更高，因此对遥控设备的性能与功能也随之提出了更高的要求。我们可以从如下几个方面考虑遥控像真模型飞机对遥控设备的选择要求。

### 1. 对通道数目的要求

“通道”指的是遥控设备控制模型飞机完成每一个动作的功能，一个通道可以完成对模型飞机一项动作功能的控制。对于一般的遥控模型教练机，4个通道就可以满足其飞行需要，而遥控像真模型飞机由于拥有更多的可操纵舵面，例如，一架遥控像真模型飞机需要操纵的机构有“副翼”“升降舵”“油门”“方向舵”“收放起落架”“螺旋桨变距机构”“襟翼”“减速板”等8项之多，如果还有其他的附加功能，如“矢量喷口”“减速伞”“座舱开启”“航灯开启”“拉烟开关”等功能的话，那么需要的通道数目就更多，因此，4通道遥控器首先从通道数目上就无法满足飞行的需要。

那么选择多少通道的遥控设备才能满足爱好者的需求呢？首先要看选用的机型，例如，本书中的示范机型P-51D模型飞机，需要控制的舵面与机构有“副翼”“升降舵”“油门”“方向舵”“收放起落架”“襟翼”“减速板”等7项。如果所有功能都要控制，那么遥控设备至少需要7个通道，因此我们要想控制P-51D，应该使用7~9通道的遥控设备（其中，副翼和襟翼可能要各自占用两个通道）。如果以后还要控制机构更复杂的模型飞机，那么可以购买通道数目更多的遥控设备。

很多多通道遥控设备为了降低生产成本，往往发射机具备了足够的通道数目，但接收机不一定具有相同的通道数量。例如，Futaba-14SG（见图4-1），虽然其发射机具有14个通道，但原配接收机只有8个通道（见图4-2），如果要使用所有通道，就要同时使用两个接收机。

图 4-1　Futaba-14SG 遥控器

图 4-2　原配的 8 通道接收机

## 2. 遥控设备档次的选择

如果我们只按照模型飞机的通道数目配置遥控设备，那么虽然能完美展示模型飞机的各项动作，但价格可能会超出一些爱好者的预算，因此，在满足必需的飞行需要的前提下，对其余附加的功能也可以采取一定的取舍，以保证最高的性价比。

例如，P-51D模型飞机最理想的搭配是Futaba-14SG遥控器，但我们如果买不起这么贵的遥控设备，也可以使用如“T6K”（见图4-3）、“T10J”（见图4-4）一类的遥控器。当使用“T6K”遥控器时，多余的通道可以用在“收放起落架”和“襟翼”功能上，以最大程度地满足飞行的需要，“减速板”等次要功能可以暂不考虑。至于那些不使用的舵面和控制机构，为了防止它们在飞行中意外转动，最好用胶带对其进行封闭或固定。

图 4-3　Futaba-T6K 遥控器

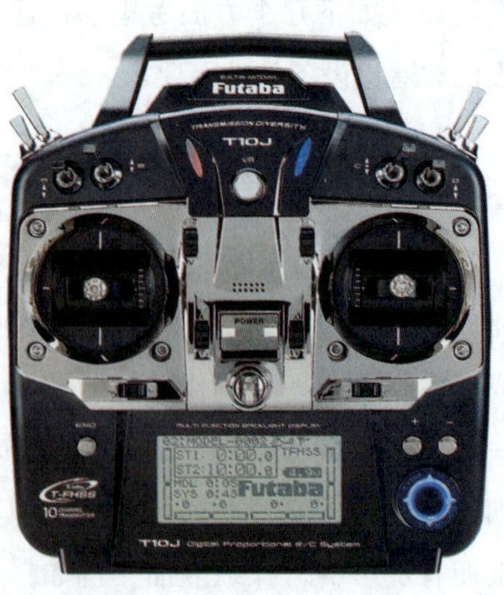


图 4-4　Futaba-T10J 遥控器

### 3. 是否适合遥控像真模型飞机的功能需要

我们在选择一套适合遥控像真模型飞机使用的遥控设备时，除了要注意通道数量和档次的问题外，还要细心查看发射机菜单中的功能是否适合遥控像真模型飞机的需要。

本书之所以向大家推荐Futaba-14SG遥控器，主要是因为该型号遥控器的功能比较适合遥控像真模型飞机的需要：①这款遥控器具有14个通道，能基本满足控制机构比较复杂的遥控像真模型飞机的需求；②功能比较强大，其不仅适合爱好者现阶段的飞行需要，而且即使日后模型飞机升级换代也能满足要求，基本不用考虑更换更高级的遥控器；③Futaba-14SG的菜单功能中有不少是针对遥控像真模型飞机设计的，例如，舵机速度功能（servo speed）可以分别降低每个通道舵机的运转速度。如果用在收放起落架或者开闭座舱盖时，能以较低的速度开启或关闭，模型飞机就会更加像真。复杂的襟副翼、减速板等系统，特别适用于像真模型众多的机翼舵面，在这一点上比上一代产品有明显的进步。另外，还有螺距曲线（pitch curve）、油门延迟（THR delay）、副翼升降舵（ailevator）、翼梢小翼方向舵（winglet）等功能都是很适合遥控像真模型飞机使用。

### 4. 遥控设备发射频率的选择

以往的遥控设备使用石英晶体控制发射与接收的频率，优点是准确稳定、成本较低，但是同频率的遥控设备不能同时使用，在同一个飞行场地内如果没有安排好使用顺序，就很容易造成互相干扰，酿成飞行事故。而且以前使用的发射机拉杆天线和接收机的天线都很长，使用和安装起来都很不方便。

为了避免上述问题，现在的遥控设备普遍采用了2.4G的控频方式，多台遥控设备同时使用也不会互相干扰，而且天线也变得更加小巧，使用和安装都十分方便。

虽然很多品牌的遥控设备都采用了2.4G控频方式，但在2.4G频率内，每种遥控设备发射电波的跳频模式并不相同。跳频模式可以简单地理解为电波的不同编码方式。不同厂家的遥控设备采用不同的跳频模式，因此，不同品牌的发射机和接收机不一定能互换使用，即使同一品牌的不同型号的遥控设备，也不一定采用相同的跳频模式，例如，Futaba-14SG遥控器采用的是FASSTest模式，但Futaba其他型号遥控器还有使用FASST和FHSS等模式的，所以如果要给发射机匹配其他型号的接收机，就必须要使用跳频模式相同的产品。

### 5. 发射机摇杆模式的选择

几乎所有用于遥控模型飞机的遥控设备都采用了双杆的发射机形式，两根操纵杆承担了模型飞机最主要的操纵工作，完

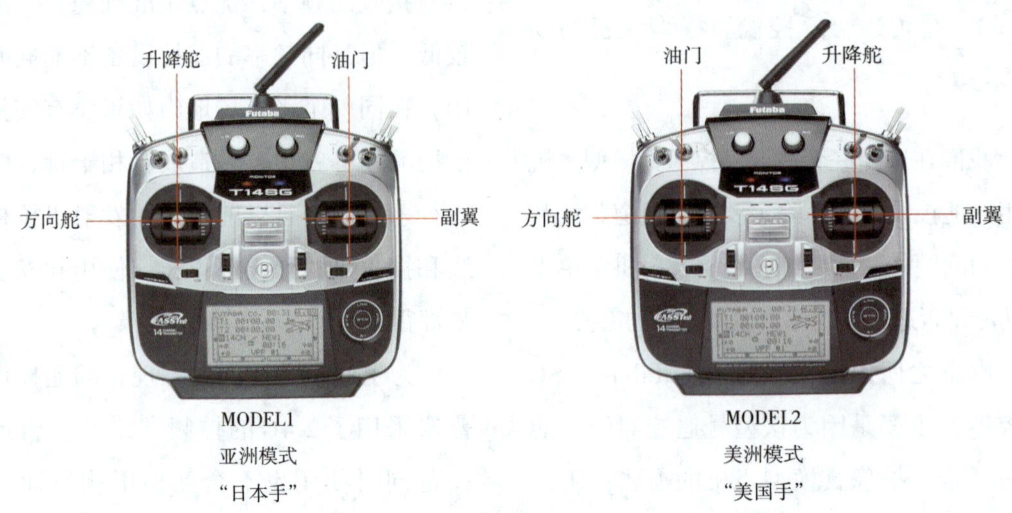


图 4-5　左手油门和右手油门的安排

成一般飞行姿态的控制。长久以来，不同地区形成了不同的操纵杆功能的安排方式。现在常用的主要有右手油门和左手油门这两种安排方式（见图4-5），我国以及大部分亚洲国家习惯上采用右手油门的模式，爱好者俗称“日本手”，而美洲等地区的国家流行左手油门的模式，爱好者俗称“美国手”。

两种摇杆模式不存在优劣的问题，也不存在哪种更像真飞机操纵形式的问题，这只是操纵习惯不同。在购买遥控设备时，要优先选用适合自己的摇杆模式，建议选择本地区主流的摇杆模式。不过，如果购买遥控设备时选错了摇杆模式，大部分发射机内部都有选择摇杆模式的功能，但是油门操纵杆的弹簧需要手动更换。

### 6. 遥控设备的品牌

拥有最好的遥控设备不一定就能练就娴熟的飞行技术，使用低端的遥控设备也不一定就展示不出优秀的飞行技术，但遥控器的名气、实力和口碑，确实在一定程度上反映了遥控设备的性能与质量，可以作为我们选购遥控设备时的一项辅助参考。

目前，世界上处于领先地位的遥控设备主要还是日本的品牌，因为这些品牌的产品开发年代较早，在国际比赛中积累了丰富的经验，对生产品质也有很高要求，因此这些品牌仍然是专业级遥控设备的主流品牌。

国产遥控设备的开发比较晚，若干年前，由于缺乏技术和经验，产品质量难以保证，不少崭新的遥控器使用在车、船模型上都难以稳定操纵，更不要说用在遥控模型飞机上了。但近些年，随着中国经济的蓬勃发展，能打入国际市场的优秀国产遥控设备品牌越来越多。

## 二、遥控设备的使用常识

### 1. 发射机各部位名称（见图4-6）

需要说明的是，Futaba-T14SG的开关和旋钮没有固定任务的限制，爱好者可以自主设定每个开关和旋钮的任务与功能。

### 2. 接收机与舵机的连接

根据接收机的电源供给情况，接收机与舵机的连接方法有两种。如果是使用单独的电源给接收机供电，连接方法见图4-7；如果是利用动力电源通过电子调速器给接收机供电，连接方法见图4-8。舵机按照功能分别插入相应的接收机插口。Futaba遥控设备的4个主要操纵通道的分配习惯是：1通道→副翼、2通道→升降舵、3通道→油门、4通道→方向舵。

注意接收机插口的形状和方向，不要插错，Futaba遥控设备的舵机插头被做成特殊的截面形状，避免了电源正负极和信号线位置插错的可能性。但是，我们也要特别注意这种插错的可能（见图4-9），因为这种插错方式极为危险，很可能造成电池的短路、接收机电路的烧毁，甚至起火和爆炸。S.bus2插口应避免直接插入舵机。

舵机的插头较小，而且为了避免脱落一定要插紧、插到底，不过这样拔下插头时有点费力，很多爱好者为了图方便，直接抓住舵机线拔插头（见图4-10），这是非常不好的习惯，长期这样拔插头很容易使导线与插头之间发生断裂或者接触不良，从而酿成飞行事故。正确拔插头的方式应该是捏住插头部位稍稍用力拔出（见图4-11）。

连杆在与舵机连接前，一定要检查连杆的动作，是否有严重别劲儿或者阻力很大的情况，以免损伤舵机。

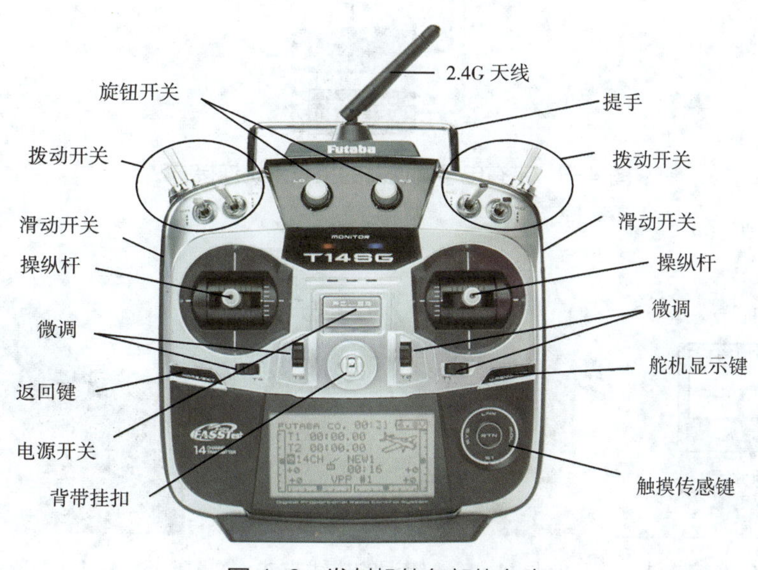


图4-6 发射机的各部位名称

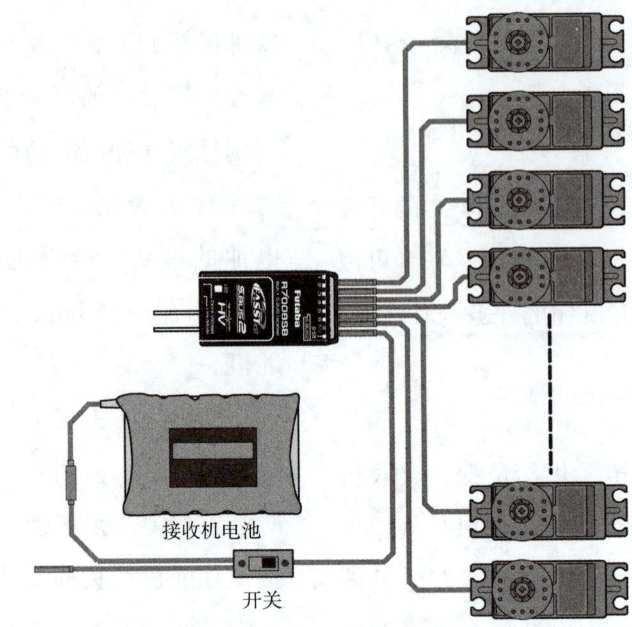


图 4-7　普通接收系统的连接方法

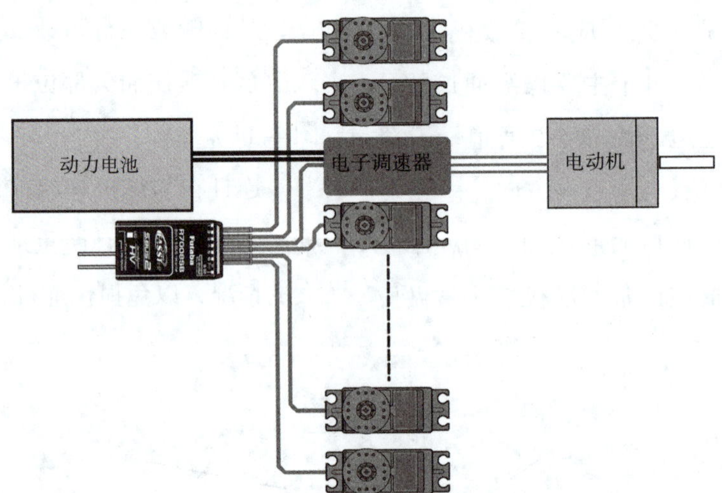


图 4-8　带有电子调速器的接收系统连接方法

图 4-9　错误的连接方法

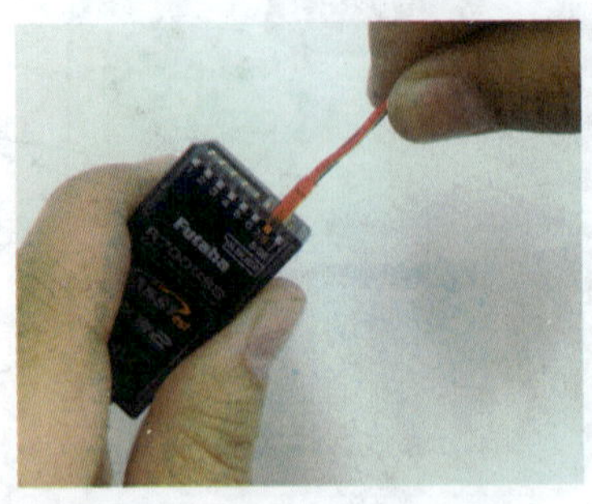

图 4-10　错误的拔线方法

图 4-11　正确的拔线方法

### 3. 发射机的握姿

发射机的握姿会对操纵模型飞机产生直接影响，不仅会影响到操纵技术的提升，还会影响到飞行安全，应特别注意。

正确的发射机握姿是：操纵者面对模型飞机飞行的方向直立，两腿开立与肩同宽，两臂自然下垂弯曲，双手将发射机抱于腹部（见图4–12）。双手4指握住发射机两侧，拇指按住发射机的操纵杆，注意拇指关节自然向外弯曲（见图4–13），手形犹如握住一只网球，全身及双手都应该放松，不可较劲。

不良的握姿主要有以下两种情况。一种错误是拇指绷直、僵硬（见图4–14）。这样拇指的活动行程就会受限，而且也会出现控制不精确、不及时的问题。另一种不良握姿见图4–15，拇指偏靠在操纵杆的一侧，采用拨动操纵杆的方式，这是一种更加不好的操纵习惯，如果飞行操纵比较简单尚可应付，一旦操纵特别复杂，需要全方位控制操纵杆，例如，横滚动作中的方向舵与升降舵进行补偿修正时，很可能刹那间“抓”不住操纵杆，发生危险。

单纯用手握住发射机比较简单方便，但是手的一半要握住发射机，只能利用另一半来控制操纵杆，可能会使操纵技术的发挥打折扣，尤其是在操纵开关与旋钮时，这种问题就显得更为突出。因此，不少爱好者喜欢用发射机背带挂住发射机（见图4–16），解放手的负担，从而把更多精力放在控制操纵杆上。

使用发射机背带时特别要注意，在起动发动机时一定要摘下背带或将背带临时甩到身后（见图4–17），以免发射机背带绞入高速旋转的螺旋桨，这样是十分危险的。

### 4. 操纵杆的调整

由于每个人的手形大小和手指长短不一样，因此同样的操纵杆长度不一定适合所有的人。操纵杆的摇杆头实际分为可拆

图4–12 正确的站姿

图 4-13　正确的握姿

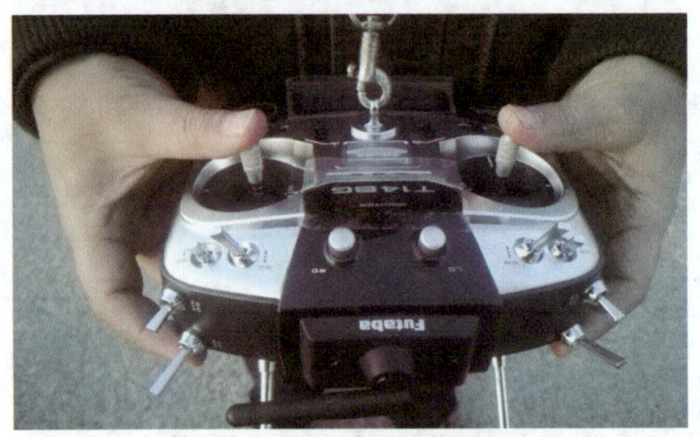

图 4-14　错误的握姿 1

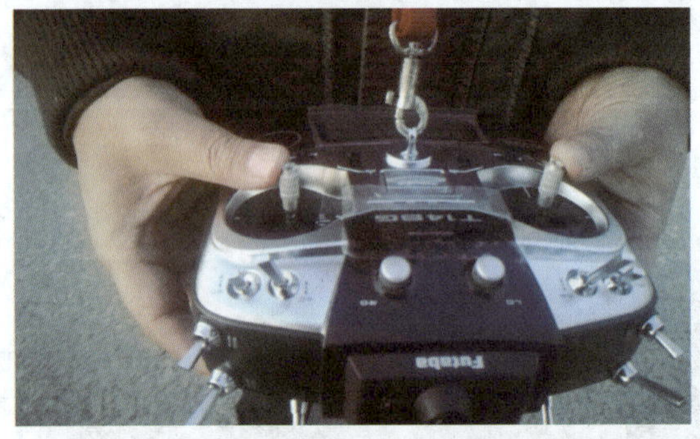

图 4-15　错误的握姿 2

图 4-16　发射机背带的使用

图 4-17　起动模型时要把发射机背带甩在身后

卸的两部分（见图4-18），因而可以在一定程度上调节操纵杆的长度。

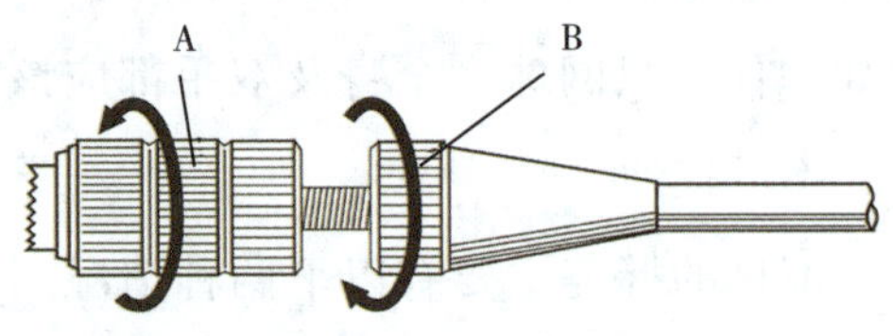


图 4-18　操纵杆长度的调节

操纵杆的摇杆头为了防止打滑，特意制造出了锯齿形的“爪齿”，Futaba遥控器的摇杆头分为“小爪齿”和“大爪齿”两种，操纵者可根据自己的手感选择，但需要额外购买。

操纵杆的弹力大小是由操纵杆总成背后的弹簧决定的，如果需要调整操纵杆的弹力，就要拆开发射机后盖，用螺丝刀调整弹簧螺丝。对于Futaba-14SG，不用拆开发射机后盖，只要把发射机后盖上的防滑橡胶拆下来（见图4-19），通过几个弹力调节预留孔就可以操作了（见图4-20）。需要注意的是，弹簧螺丝的行程是有限的，如果调整过量就不起作用了。

图 4-19　拆下防滑橡胶

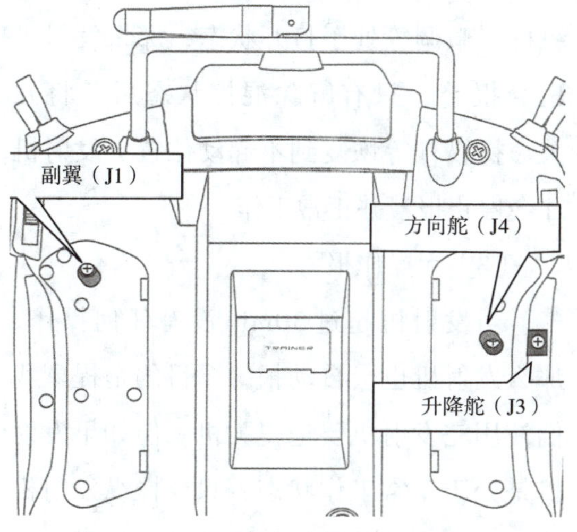


图 4-20　操纵杆弹力调节预留孔

### 5. 接收机电源的使用

接收机尤其是舵机在工作过程中经常会处于较大电流和较高电压的状态，如果使用干电池做电源，很可能导致接收机和舵机的工作失常，这一点要特别注意。

一般遥控设备可以使用镍镉电池和锂电池作为电源，具体的电压参照产品说明，不要超出和低于接收机和舵机的工作电压。镍氢电池虽然记忆性较小，但瞬时输出电流较小，可以用于发射机，但不能用于接收机和舵机，因为有些大扭矩舵机在工作时电流较大，如果使用镍氢电池很可能出现工作失常。

有不少接收机和舵机为了适应锂电池，只适合在较高电压下工作，如果电压过低，也会出现工作失常，这点也应特别注意。

有的舵机允许输入的电压范围较宽，如4.8～7.4V，虽然在电压允许的范围内均可正常工作，但低电压比高电压在速度与扭矩方面有衰减，这也应引起关注。

Futaba-14SG遥控器在套装里配备了发射机电源和充电器，但是充电器只是一个简易型充电器（见图4-21），不仅充电时间长（约15h），而且不能充满电后自动停止，使用起来很不方便，稍不注意就容易损坏电池，因此我们最好将发射机电源取出，使用智能型充电器充电，这样既安全也方便。

发射机的原配电池使用镍氢电池，镍氢电池虽然记忆效果要比镍镉电池好得多，但并不是说镍氢电池完全没有记忆效果，因此，从保护电池的角度出发，每次

图 4-21　原配的简易型充电器

充电前还是建议做放电处理，长时间不使用的情况下也应该放电保存，每个月也应该拿出来做一次充放电处理，以便激发电池活性。

### 6. 发射机的报警

在电源电压不足的情况下，发射机会发出报警声，提示操纵者迅速降落模型飞机，给电池充电。一般报警后遥控设备会留有2～3min时间让爱好者降落模型飞机，因此操纵者不必惊慌失措。但是，报警声发出后仍然继续操纵模型飞机长时间飞行，就极有可能因为电压过低而失控。使用不同电压的电池，报警参数也不一样，发射机在出厂时已经设定了报警电压，但如果我们更换其他不同电压的电池（在允许范围内），就需要改变发射机的报警电压参数（见图4-22）。一般情况下，如果使用镍镉电池，报警电压应设置为每节电池1.1V，锂聚合物电池为每节3.3V，报警电压宁可设置得高一点也不要过低。

另外，发射机报警还有以下几种情况。

（1）油门操纵杆处于危险位置

开机前如果油门操纵杆处于最低位置以上时，发射机电脑系统检测到油门位于危险位置，便会进行报警。因为油门一旦在工作状态开机，螺旋桨很有可能突然起动造成伤害，因此只要开机前油门处于最低位置以上，发射机就会报警且不会做出任何反应，只有将油门操纵杆拉到最低的安全位置，报警才会停止，之后发射机也能正常工作。

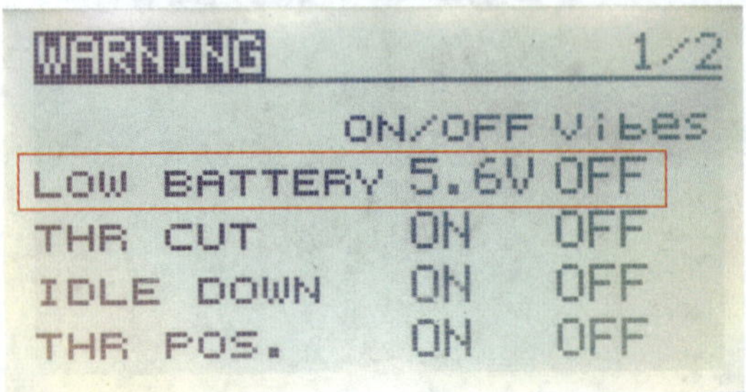

图4-22　报警参数

（2）混控报警

如果模型的程序中已经设置好混控功能，且在打开发射机前这些混控开关或操纵杆、微调等处于打开状态，那么发射机也会报警，只有解除混控状态后（将开关、操纵杆等恢复到不起动位置）发射机才会停止报警并正常工作。

（3）无操作报警

当发射机超过30min没有任何操作，那么发射机也会自动报警，目的是提醒我们使用完发射机要记得关机。但如果发射机是处于正常工作状态，只要操纵发射机上某一项功能如操纵杆或开关，就可以解除报警状态。

### 7. 遥控设备的开、关机流程

每次使用遥控设备一定要注意开、关机的流程。

（1）开机顺序

①先要检查发射机的油门是否在最低位置，开关是否都处于关闭位置，否则打开发射机后会因报警而无法使用（此时只要降低油门操纵杆到最低位置、开关处于

关闭状态，发射机就可正常使用）。

②打开发射机电源。

③打开接收机电源。

每次的开机过程特别要注意先开发射机，后开接收机。因为如果先打开接收机，接收机有可能受到外界信号干扰，从而错误工作，尤其是螺旋桨突然工作，这是极为危险的。

（2）关机顺序

①关闭接收机电源。

②关闭发射机电源。

③最后检查发射机的油门是否在最低位置，开关是否都处于关闭位置，以为下次开机做好准备。

关机是按开机的反向流程进行的，目的是不让接收机受到外界信号干扰而错误工作。

### 8. 2.4G天线的使用方法

使用2.4G的遥控设备一定要注意天线的使用方法。

2.4G发射机的天线一般都比较小，可以向其他方位转动。发射机天线向各个方向发射的电波强度并不一样，在发射机天线指向的区域发射信号强度较弱，而天线周围的区域信号则较强（见图4-23）。因此，在操纵模型飞机飞行的过程中，天线尽量不要直接指向模型飞机飞行的区域。发射机天线可以横过来或直立起来，以尽量躲开模型飞机飞行的区域（见图4-24）。

使用2.4G遥控设备时，在发射机与飞机之间不能存在障碍物。如果发射机与模型飞机之间存在障碍物，那么模型飞机在飞到障碍物后面的时候（看不见的区域），就很可能因为接收不到信号而失控。

大部分2.4G接收机的天线都是由两根短线做成的，每根短线由同轴电缆（即有绝缘一段）和天线（即裸线一段）组成。接收机天线的设计与制造是非常精密的，决不能随便延长或剪短天线。天线的同轴电缆部分可以打弯，但不要形成死角，以免天线芯材受损。但天线部分一定要尽

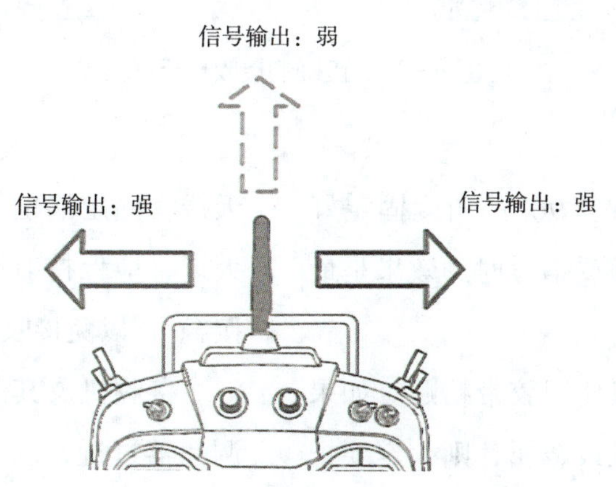


图4-23　发射机天线角度和信号强度的关系

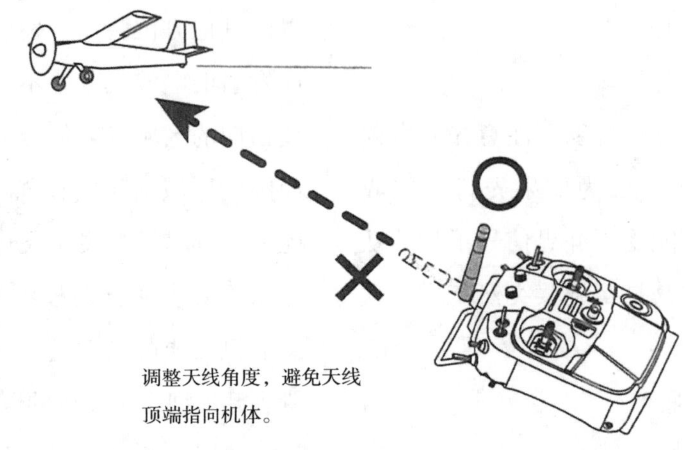


图 4-24　正确和错误的天线角度

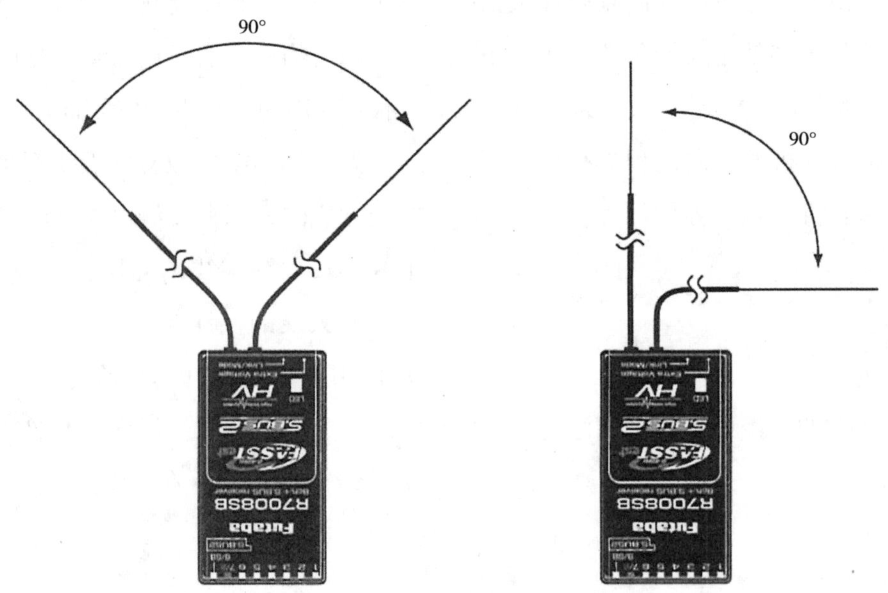


图 4-25　正确的接收机天线角度

量伸直，两条天线保持90°的角度固定好（见图4-25），这样接受信号时的效果是最好的。

固定天线时可以使用胶带粘贴。如果机身的外壳是碳纤维或金属，则一定要把天线部分伸出机身外，以免信号被屏蔽。天线在固定端也不要离碳纤维或金属材质太近，应保持1cm以上的距离（不要直接接触），以免接收信号的强度受到影响。

接收机及其天线也不要离电机、电子调速器过近，以免产生电火花对接收机的正常工作造成影响。

为了防止模型振动对接收机造成影响，接收机要用海绵等减振材料包裹(见图4–26),安全地固定在机身内部。如果包裹不便，而且模型飞机也没有什么振动的情况下，可以用黏性好的海绵双面胶带将接收机固定在合适的位置，为了保险起见还可以用扎线或扎带等材料进行双重保护，不过要注意不要捆扎得过紧，以免失去减振作用。

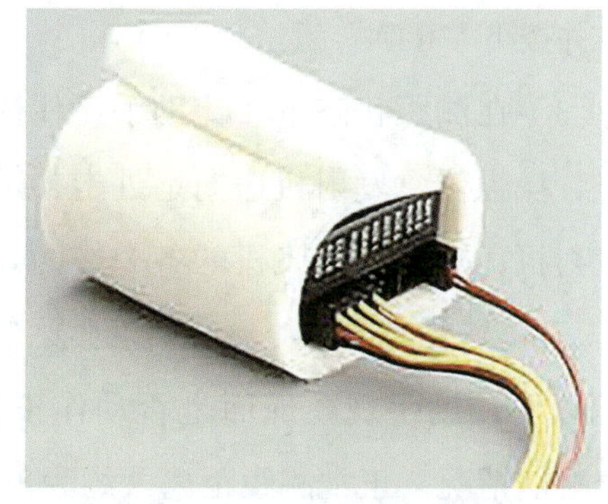
图 4-26 接收机的减振

使用发射机和接收机天线时，一定不要用手抓住天线（见图4–27），这一方面容易损坏天线，另一方面在飞行的时候抓住发射机天线，可能会造成信号强度降低，从而发生危险。

图 4-27 错误的天线使用

## 9. 遥控设备的测距

一台全新的遥控设备在初次使用时，为了保证安全，应该在地面进行“拉距离”试验，检查遥控设备的工作是否正常。以前在使用晶体式遥控设备的时候，可以将发射机的鞭状天线收回，降低发射功率来进行“拉距离”试验，但由于2.4G遥控设备的发射机天线不能调节长短，因此2.4G发射机一般都有“距离测试”的功能，采用降低发射功率来检测设备的接收距离性能。

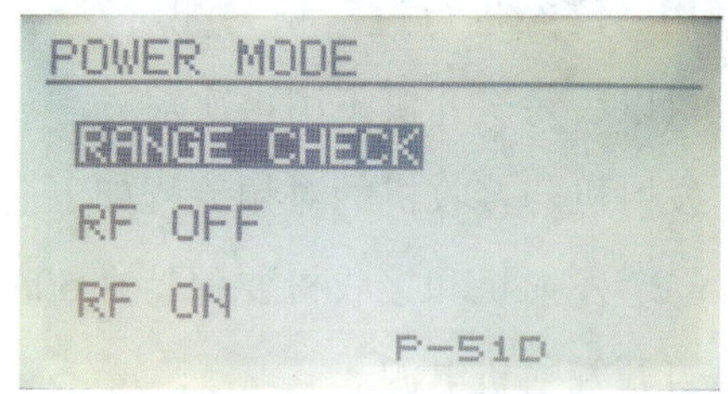

图 4-28 测距功能

关于距离测试的操作：

（1）先按住发射机“RTN”键，然后打开发射机电源开关，会显示出“POWER”的模式切换画面。选择“RANGE CHECK”模式后按下“RTN”键（见图4–28）。

（2）在测距模式下，发射机会发出提示声，同时，右侧的蓝色LED指示灯会双闪。测距模式在90s后会自动解除，恢复到正常信号的输出状态。如果想立即解除测距模式，可以在测距模式下再次点击“RTN”键。如果想要延长测距功能的时间，可以将光标移动到“RSTART”的位置，并按下“RTN”键。

（3）在测距状态下，让助手抓住模型飞机，操纵者拿发射机边向远处走，边操纵发射机，观察模型飞机的各个舵面是否工作正常，要有节奏、有规律地操纵舵面，以便让助手观察舵面是否动作正常，区分跳舵情况。正常测距距离大约为30m。为了避免发生危险，在测距过程中不要试验发动机或电动机的工作状态，要断开动力输出，或取下螺旋桨，待舵面测试一切正常后，再在最远的有效距离下测试动力系统是否工作正常。

### 10. 发射机与接收机的对频

每一对发射机与接收机需要对频才能使用。一般一套全新的遥控器在出厂时已经进行了对频，可以立即使用，但当我们更换接收机或发射机后就需要重新对频才能使用。已经进行过对频的配对发射机与接收机以后每次开机不用再次对频。

发射机与接收机的对频流程如下。

（1）发射机和接收机要保持在50cm以内，打开发射机电源。

（2）在基础菜单（Linlage Menu）下打开“System”功能。

（3）选择“LINK”并按下“RTN”键，发射机会发出“滴滴”声表示已经进入对频模式（见图4–29）。

（4）立刻打开接收机电源。等待约2s，接收机进入对频模式（约1s）。

（5）接收机的指示灯从闪烁到绿灯长

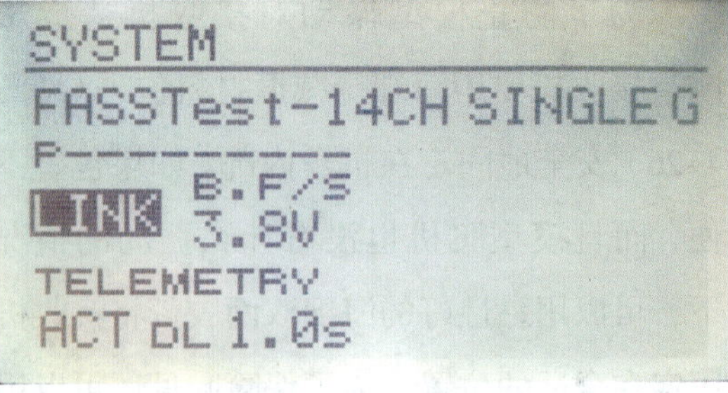


图4-29　对频模式

亮，表示对频完成。

（6）重新开机，操作各个通道，观察每个舵面是否工作正常。

### 11. 遥控设备的跳频模式

在2.4G频段中，不同厂家、不同型号的遥控设备使用的电波发射方式，即跳频模式各不相同，即使均为Futaba的产品，也不见得都使用同一种跳频模式。Futaba的遥控设备常使用的跳频模式有FASSTest、FASST和S－FHSS等几种。其中，只有FASSTest的发射机可以兼容其他的跳频模式，而其他的跳频模式之间一般不能通用，因此在使用和购买时要特别注意。

## 三、遥控设备的一般设置流程

### 1. 模型飞机遥控器设置示范

在这里，我们以P–51D遥控像真模型飞机的发射机设置流程为例向读者进行遥控设备的设置示范，其余模型飞机的遥控器设置流程大同小异。

（1）设定遥控系统的机械部分

在设定遥控设备之前先要确保硬件器材是否安装到位，如模型的结构、舵机的固定、连杆的连接等。尤其是要确保在打开遥控系统的电源，发射机、接收机和舵机正常工作的情况下，发射机各通道操纵杆和微调处于中立状态（油门为停车位置），检查舵机摇臂是否处于中立状态，如果舵机摇臂没有处于中立位置，则先要摘下舵机摇臂，然后重新安装舵机摇臂，依次试验以哪个角度装在舵机转轴上可以使舵机摇臂处于中立状态（见图4–30）。然后，再检查连杆和舵机是否保持90°夹角（见图4–31）。

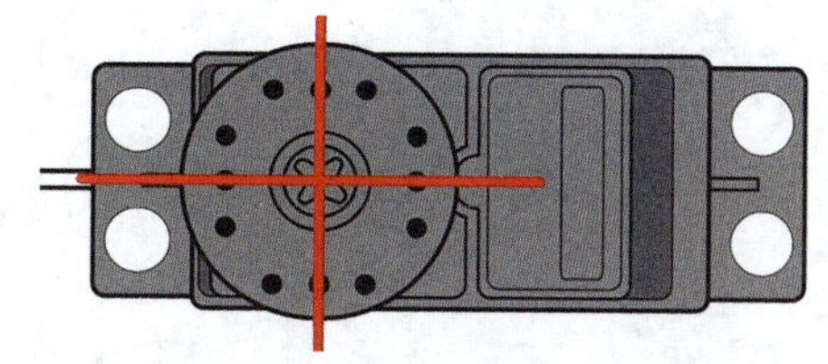

图4-30　舵机摇臂要安装正确

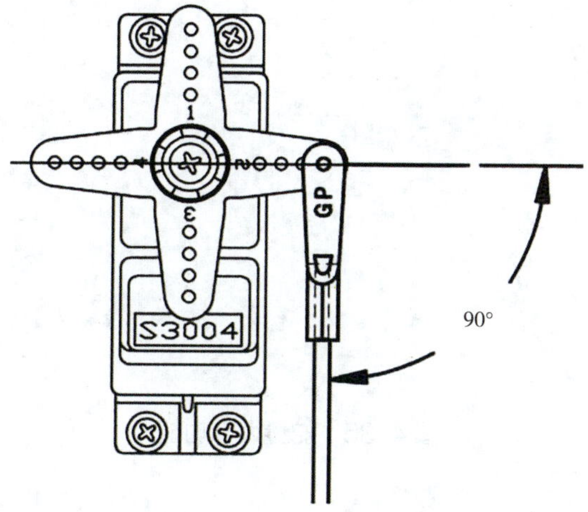


图4-31　舵机摇臂与连杆要保持直角状态

（2）选择“模型类型”功能

从模型类型中选取固定翼模式用于遥控像真模型飞机的调整与设置。

选择副翼数量和尾翼形式。P–51D“野马”模型飞机选择“2副翼+2襟翼”（2AIL+2FLP）的形式，尾翼选择常规尾翼（见图4–32）。

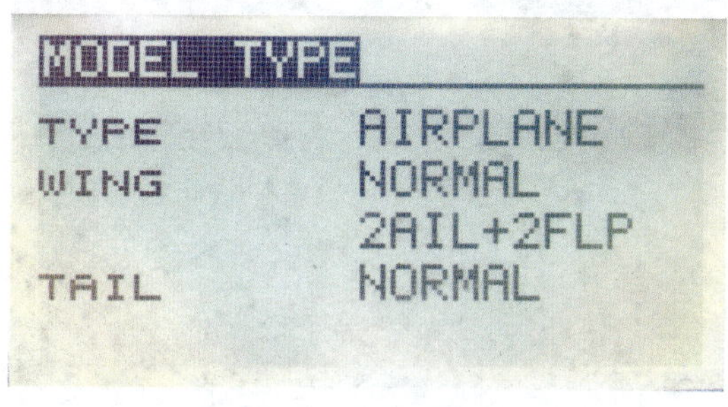


图4-32　模型类型

（3）检查舵面运动方向

检查模型飞机各个舵面的工作方向，查看是否有舵面的动作方向反了，如果有可以使用舵机反转功能调整（见图4–33）。

REVERSE　1/2

| | | | |
|---|---|---|---|
| 1AIL | NORM | 6AIL2 | NORM |
| 2ELE | NORM | 7FLAP | NORM |
| 3THR | REV | 8FLP2 | NORM |
| 4RUD | NORM | 9CAMB | NORM |
| 5GEAR | REV | 10VPP | NORM |

图4-33　舵机反转功能

（4）设置“舵机行程”功能和副翼（见图4–34）

将舵机行程调整到100%。

（5）设置“舵量大小”功能（见图4–35）

使用舵面行程卡尺，并拨动操纵杆到

最大行程，检查舵面行程是否达到需要（见图4-36）。至少需要设置两套舵量，一套用于起飞降落，另一套用于正常飞行。

（6）设置“混控”功能（见图4-37）

查看模型飞机有哪些混控需要设置，如油门→方向舵混控。

（7）设置减速板或降落襟翼（见图4-38）

（8）设置“油门保护”功能（见图4-39）

（9）填写模型序号（见图4-40）

可以同时给模型飞机起好序号名称。

END POINT 1/3
1 AIL 135 100 100 135
2 ELE 135 100 100 135
3 THR 135 100 100 135
4 RUD 135 100 100 135

图 4-34　舵机行程功能

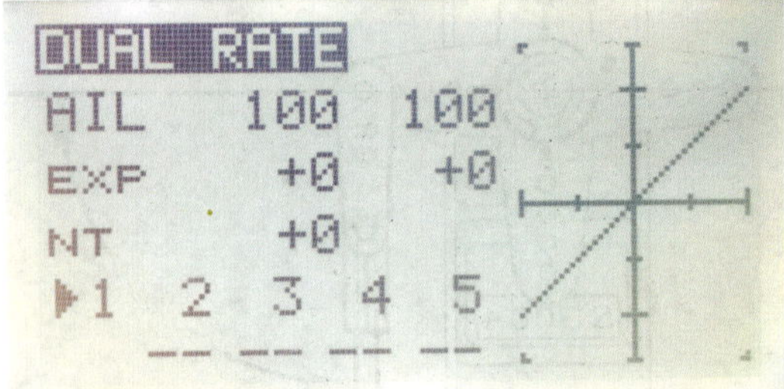


图 4-35　舵量大小功能

图 4-36　舵面偏转角度的测量

图 4-37　混控功能设置

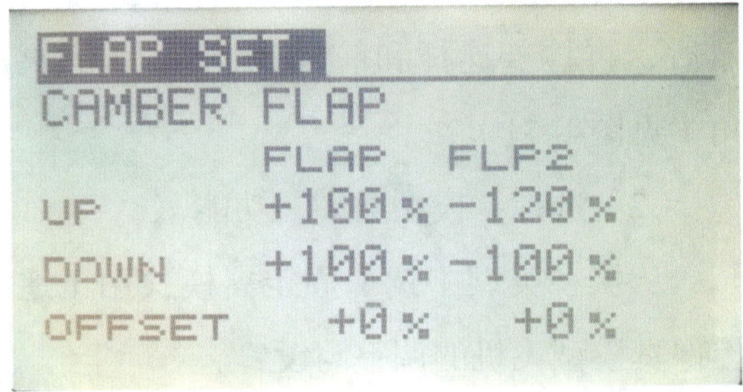


图 4-38　襟翼设置

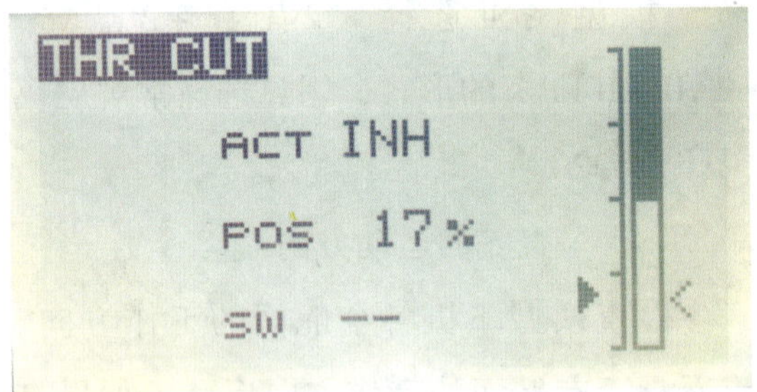


图 4-39　油门保护功能

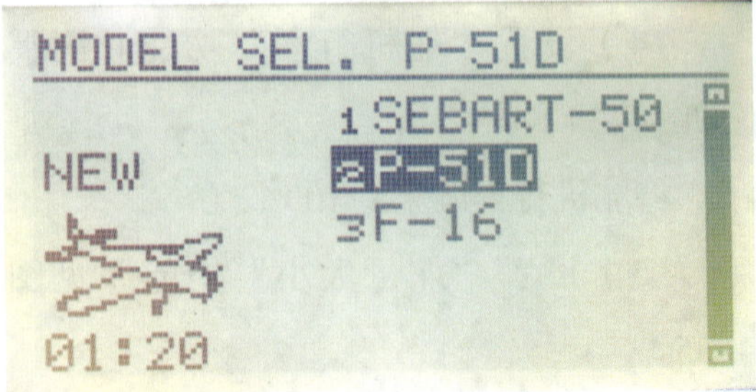


图 4-40　模型序号编辑

## 四、Futaba-14SG遥控器菜单功能的使用方法

Futaba-14SG遥控器是一款功能强大的遥控设备，不仅继承了很多的传统功能，而且又新增了大量细致、灵活、具有个性化的新功能，因此，Futaba-14SG可以让使用者近乎随心所欲地对模型进行设定。但同时带来的问题是由于功能过于强大，导致菜单也十分复杂。因此建议，除了使用传统功能以外，有很多附加的新功能，最好在完全掌握使用方法后再使用，以免设置得过于复杂，使某些功能项发生冲突，检查起来过于麻烦。有些不太明白的设置，不要贸然使用，一定要把这些设置的作用搞清楚之后再使用，以免不经意的设置带来意外的危险。

从有利于飞行的角度来看，设置程序应该尽可能简单，把更多的精力放在飞行上，这才是对飞行技术和安全的最大保障。所选用的功能一定是“为需要而使用”，不能“为了想使用而使用”，这样反而会增加操纵的负担，弄巧成拙。

Futaba-14SG在出厂时配备了中文说明书，对于每一项功能的操作方法，叙述得比较清晰，但是在功能的使用目的、用途上没有深入解释，如某项功能应该在何种条件下使用，使用的目的是什么等。如果不了解这些功能的使用意图而只会操作，这是没有任何意义的。本书在结合了传统的使用方法和操作习惯的基础上，详细地解释了这些功能的使用目的，相信对爱好者会有很大帮助。

Futaba-14SG的功能很多，本书着重讲解遥控像真模型飞机常用的一些功能，以便于爱好者掌握与学习，其他次要的功能，请爱好者参考原厂说明书进行揣摩或请教有经验的爱好者。

### （一）发射机的基本使用方法

#### 1. 开机画面

当打开发射机开关后，发射机屏幕会显示初始画面，画面中的各种字符含义见图4-41。

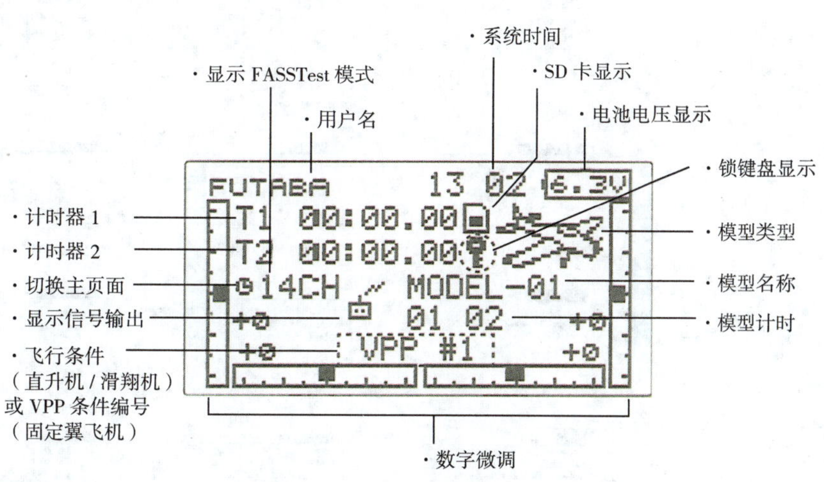


图4-41 初始画面

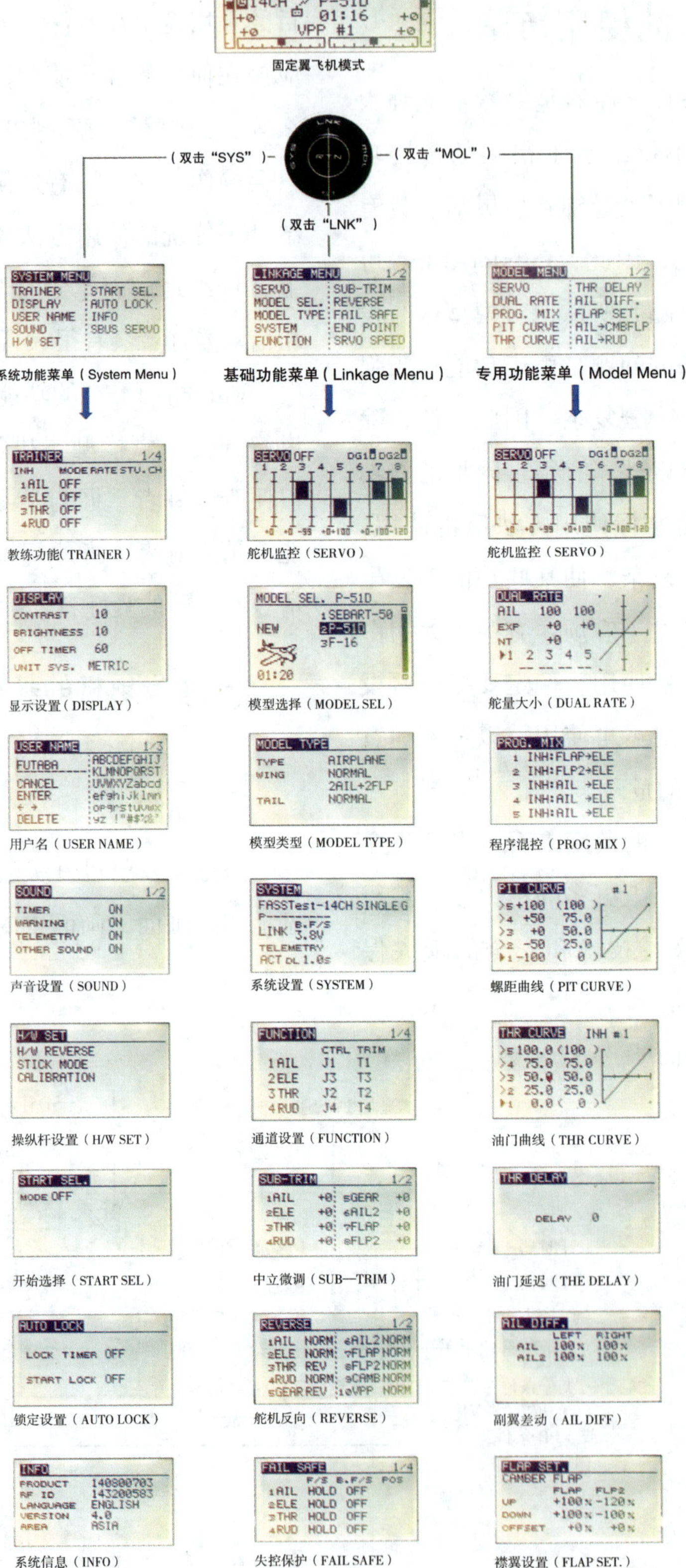
固定翼飞机模式
（双击“SYS”）
（双击“MOL”）
（双击“LNK”）
系统功能菜单（System Menu）
基础功能菜单（Linkage Menu）
专用功能菜单（Model Menu）
教练功能（TRAINER）
舵机监控（SERVO）
舵机监控（SERVO）
显示设置（DISPLAY）
模型选择（MODEL SEL）
舵量大小（DUAL RATE）
用户名（USER NAME）
模型类型（MODEL TYPE）
程序混控（PROG MIX）
声音设置（SOUND）
系统设置（SYSTEM）
螺距曲线（PIT CURVE）
操纵杆设置（H/W SET）
通道设置（FUNCTION）
油门曲线（THR CURVE）
开始选择（START SEL）
中立微调（SUB—TRIM）
油门延迟（THE DELAY）
锁定设置（AUTO LOCK）
舵机反向（REVERSE）
副翼差动（AIL DIFF）
系统信息（INFO）
失控保护（FAIL SAFE）
襟翼设置（FLAP SET.）

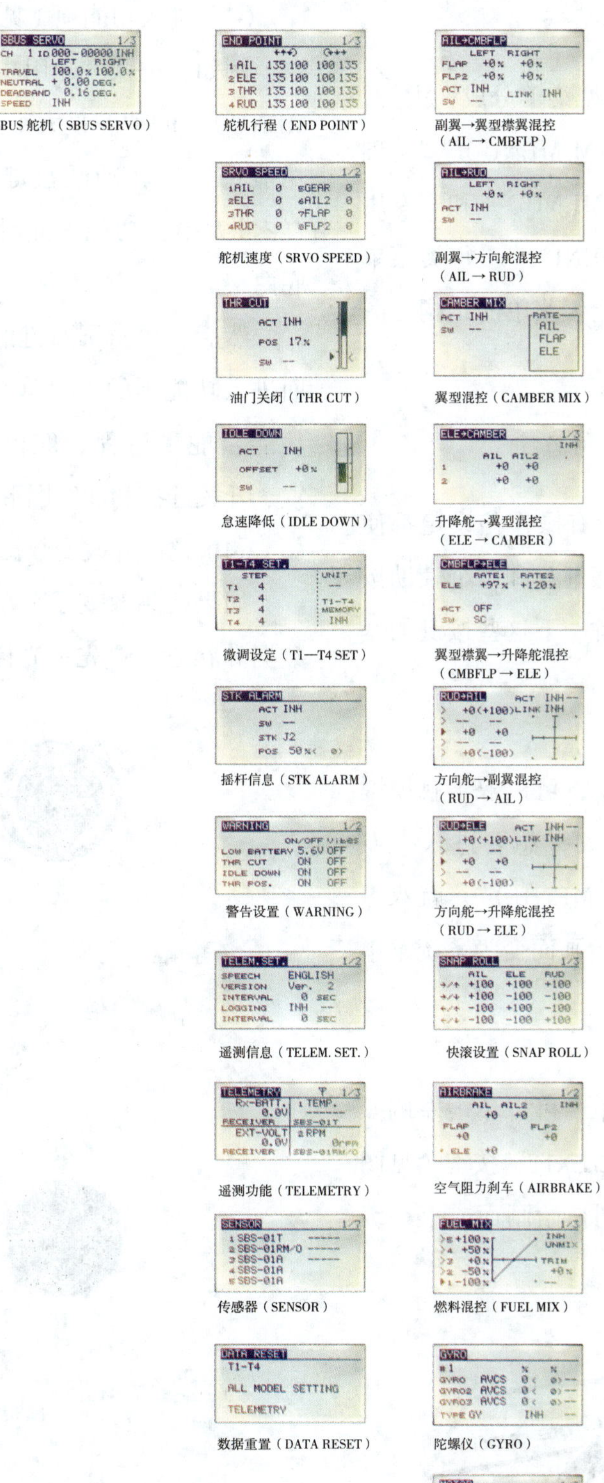


SBUS 舵机（SBUS SERVO）

舵机行程（END POINT）

副翼→翼型襟翼混控（AIL→CMBFLP）

舵机速度（SRVO SPEED）

副翼→方向舵混控（AIL→RUD）

油门关闭（THR CUT）

翼型混控（CAMBER MIX）

怠速降低（IDLE DOWN）

升降舵→翼型混控（ELE→CAMBER）

微调设定（T1—T4 SET）

翼型襟翼→升降舵混控（CMBFLP→ELE）

摇杆信息（STK ALARM）

方向舵→副翼混控（RUD→AIL）

警告设置（WARNING）

方向舵→升降舵混控（RUD→ELE）

遥测信息（TELEM. SET.）

快滚设置（SNAP ROLL）

遥测功能（TELEMETRY）

空气阻力刹车（AIRBRAKE）

传感器（SENSOR）

燃料混控（FUEL MIX）

数据重置（DATA RESET）

陀螺仪（GYRO）

电机控制（MOTOR）

图 4-42　发射机菜单功能结构图

### 2. 发射机的菜单结构

Futaba-14SG将模型菜单分成三大类，即“系统菜单（SYSTEM MENU）”“基础功能菜单（LINKAGE MENU）”和“专用功能菜单（MODEL MENU）”。每类菜单下都有很多项使用功能，菜单的结构见图4-42。

### 3. 键盘的基本使用方法

Futaba-14SG的所有操作与设定都使用一个圆形的触摸传感键盘和两个辅助按键来完成，我们先了解一下这些按键的基本操作方法。

（1）进入菜单

如果想进入主菜单，可以双击触摸键的各个功能缩写。例如，想要进入“专用功能菜单（MODEL MENU）”，就双击“SYS”键，屏幕由初始画面变为系统菜单画面。

（2）退出

如果需要退出菜单，可以单击左侧操纵杆左下角的“HOME/EXIT”按键（见图4-43），画面就会回到初始画面或上一级画面。

图4-43 退出和返回键

（3）进入功能项（见图4-44）

例如，进入“专用功能菜单（MODEL MENU）”的“舵量大小（DUAL RATE）”功能选项。转动圆盘键，在菜单中搜索“舵量大小”功能，此时功能项显示为黑底白字。

然后，单击圆盘键的“RTN”键，画面进入功能项的子菜单。子菜单中有几项功能：舵量行程、舵机曲线、中立点位置、开关选择和曲线图形。

（4）选中并改变数据（见图4-45）

如果要想改变子菜单中某一项功能的数据和状态，要先把光标移动到要改变的

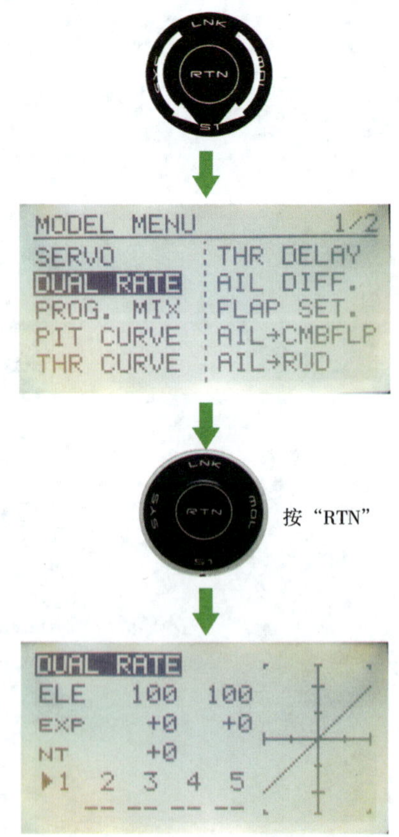


图4-44 功能进入的操作

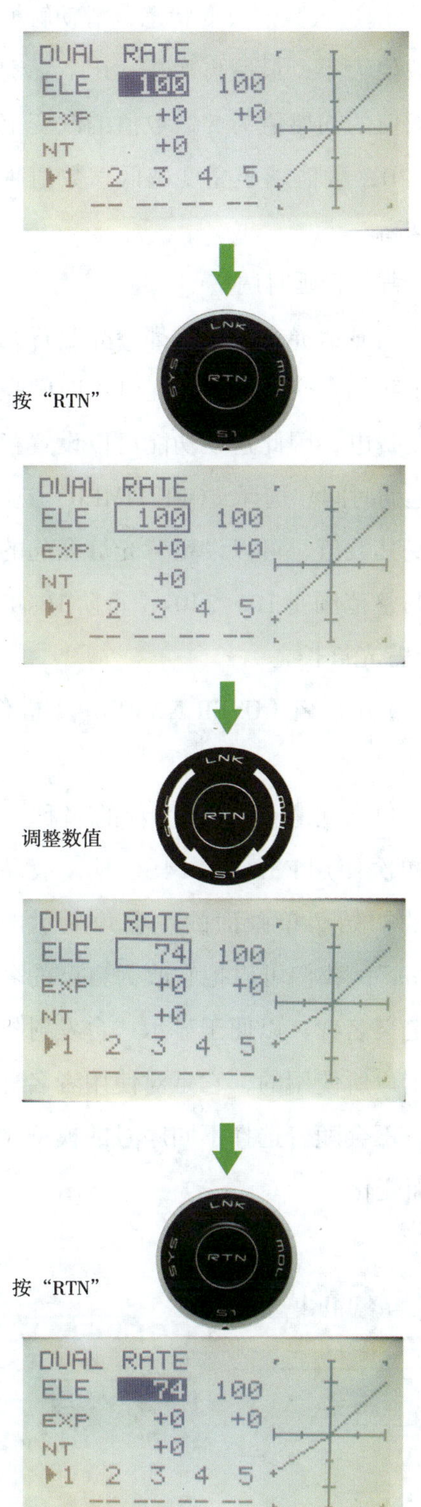


图 4-45　改变数据的操作

数值（或名称）上，例如，要改变D/R的数值，就单击“RTN”键，数值（或名称）变为黑字黑框，然后转动圆盘改变数值，如变为“-35%”。

数据设置结束后，再次单击“RTN”键，数据保存成功，可以移动光标继续进行其他数值设置。

（5）菜单翻页

如果打开的某一项功能内容过多，屏幕会分成几页独立显示。例如，主菜单中的“专用功能菜单（MODEL MENU）”的画面右上角显示“1/2”（见图4-46），说明菜单有两页，此时正处在第一页位置。

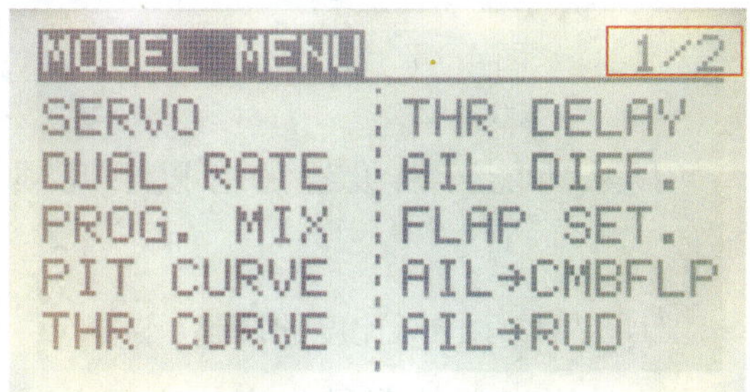


图 4-46　页数显示

如果要翻页，单击“S1”，画面会切换到第二页。不管有多少页，页面之间的切换都用单击“S1”的方法操作，页面之间的切换是单向循环进行的。

## （二）常用菜单功能的使用方法

Futaba-14SG遥控设备的菜单功能是很强大的，有些功能是我们频繁使用的，有些功能则不太常用，如果全面翻译遥控设备的使用说明，这对初学者并不科学，因此，我们只对常用的功能做出比较详尽的示范和解释，以便于读者快速学习，其余不常用的功能可以参阅产品说明书，并结合亲身试验，一般都可以弄懂功能的使用方法。

### 1. 系统功能菜单（SYSTEM MENU）

（1）显示（DISPLAY）设置（见图4–47）

DISPLAY
CONTRAST 10
BRIGHTNESS 10
OFF TIMER 60
UNIT SYS. METRIC

图 4-47 显示设置

显示功能可以设置的有以下几项数据。

①液晶显示屏对比度的调整

这是用来调整背景与字体之间差异的，可以使字体更加醒目或更加暗淡。

先选择“CONTRAST”选项，然后按“RTN”键改变数值状态。滑动键盘改变数值，初始值是5，数值越小字体与背景反差越小，数值越大字体与背景反差越大。数值可以调整的范围是0～15。设定好后按“RTN”键退出数值的改变功能。

②背景亮度的调整

当我们觉得液晶显示屏的背光太亮或太暗时，可以使用此功能调整。

选择“BRIGHTNESS”选项，然后按“RTN”键进入数值改变状态，滑动触摸键改变数值大小，最后再次按“RTN”键退出。数值的初始值为5，数值的改变范围为1～20，数值越小亮度越低，数值越大亮度越高。

③背景光延时调整

液晶显示屏在使用时都会亮起背光灯以便于我们观察，但是背光灯长时间亮起也比较费电，因此这项功能可以设置背光灯亮起的时间。选择“OFF TIMER”选项，并改变其数值，可以设定背光灯亮起的时间。调整范围是10～240s（每阶10s）或OFF（背光灯长亮）。

（2）用户名（USER NAME）设置（见图4–48）

用户名可以设置使用者的名称。当我们初次使用Futaba–14SG时，液晶显示屏的初始菜单画面的左上角显示的是“Futaba”，我们可以把它改为自己的名字或自定义名称，以便于显示这台发射机是哪位用户所使用的，它是对使用者名称的设置，不会随着选择不同序号的模型飞机程序而变化。

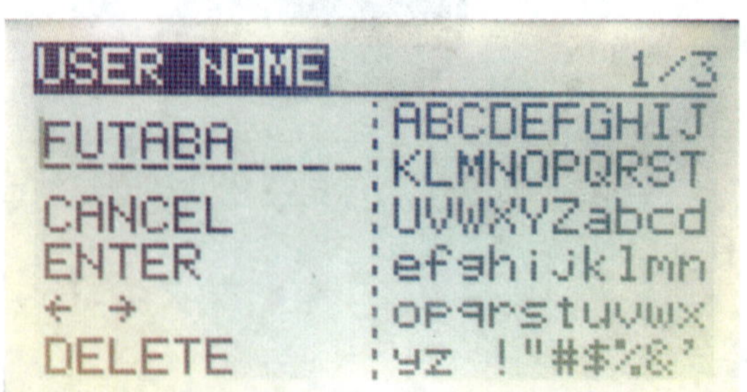


图 4-48 用户名设置

进入用户名功能菜单，画面显示的内容分别是：

“CANCEL”代表清除使用者名称。当不想保存刚刚设置的名称时，先选中“CANCEL”，然后按“RTN”键，就会恢复以前的名称。

“ENTER”代表名称保存。当我们更改好名称后，选中“ENTER”选项，然后按“RTN”键，新的名称即保存下来，每次打开发射机后，屏幕显示的使用者名称即为我们所新设定的。如果不保存名称，我们再次开机时，发射机屏幕仍旧显示出厂时的名称。

“←”和“→”符号可以用来移动使用者名称中的位置，以便于更改或删除某个字母。

“DELETE”是删除键，它可以删除光标后的字母。想删除某个字母时，先将光标移动到要清除的字母前，然后按“DELETE”，这个字母即被删除。

用户名最多可设置10个字节，空格也按一个字节计算。更改用户名时所用的字母、符号和数字可以在菜单屏幕的右侧选择。字符菜单一共有三页，可以用“S1”键换页。

（3）声音（SOUND）设置（见图4–49）

此项功能可以设置警告声以及其他提示声效果。将光标移动到需要设定的项目上，按“RTN”键进入调整状态。通过滑动键盘选择每项功能的“开”与“关”，最后再次按“RTN”键确定并退出调整程序。

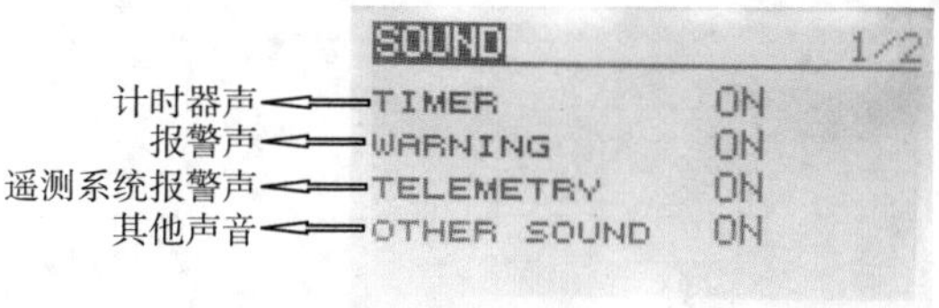

图4-49　声音设置

声音设置一共4项。分别是计时器声、报警声、遥测系统报警声和其他声音。

（4）操纵杆方向/模式设置（H/W SET）（见图4–50）

这项功能主要用于设置操纵杆方向、操纵杆模式和操纵杆校准等。

①操纵杆反向设定

在某些特殊情况下，我们希望舵面的动作方向和操纵杆方向相反。例如，在正常情况下，拉杆时升降舵应该上偏，但如果设置了升降舵摇杆反向，那么拉杆时升降舵就会下偏。使用此功能的效果同舵机反向功能（Servo Reverse）类似。由于此项功能和常态舵面操作相反，如不是特别需要，尽量不要使用，必须使用时也应该特别注意，以免发生危险。

使用时，先进入“H/W REVERSE”子菜单（见图4–51），分别选中要调整的通道，滑动键盘选择“NORM”（正常方向）和“REV”（相反方向），然后按“RTN”键保存设置。

②操纵杆模式设定（见图4–52）

这项功能比较重要。现在世界范围内用于遥控模型飞机的遥控器基本都采用双

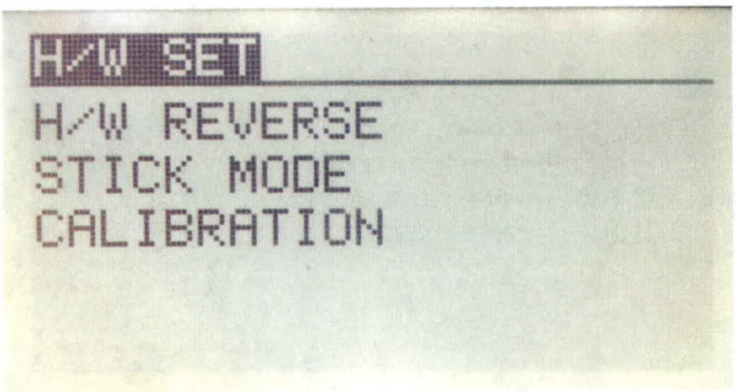

图 4-50　操纵杆方向 / 模式设置

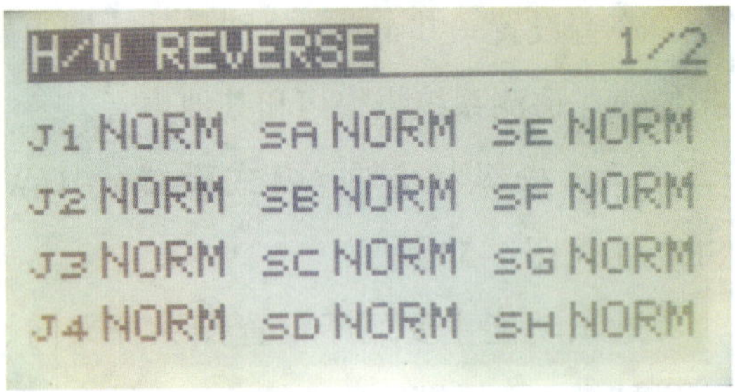

图 4-51　“H/W REVERSE”子菜单

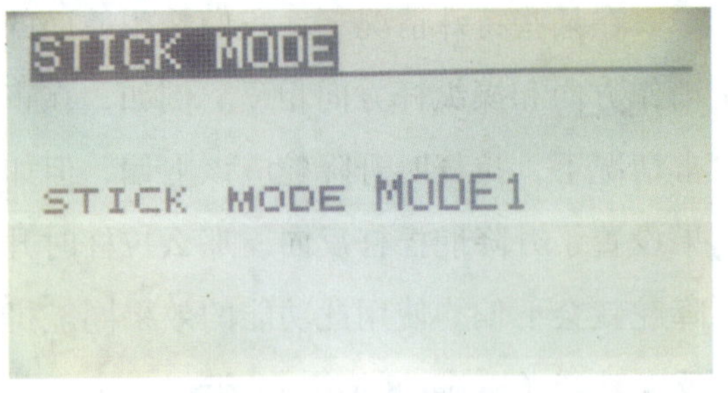


图 4-52　操纵杆模式设定

杆式发射机，即4个主要通道的操纵均依靠两根操纵杆完成，每根操纵杆要完成两个动作（通道）的控制。这两根操纵杆对通道的安排方式我们称之为“摇杆模式”。全世界主要采用两种摇杆模式，即“日式摇杆模式”（Model 1）和“美式摇杆模式”（Model 2），我们可以根据自己的习惯选择。摇杆模式主要取决于某个国家或地区开展遥控模型飞机运动的传统习惯，不存在哪种好哪种不好的问题。从实际情况来看，爱好者最好采用与大众群体相同的操纵习惯，这样有利于教练员辅导初学者飞行。

进入摇杆模式的子菜单后，将光标移动到“STICK MODE”上，按“RTN”键进入设置状态，滑动键盘在MODE 1~MODE 4之间进行选择，完成后按“RTN”键确认并退出调整。

③操纵杆中立点校准（见图4-53）

有时候长时间使用发射机，操纵杆的机械部分和电位器会出现微小的偏移，可能导致操纵杆的中立位置发生精度上的偏差，我们可以使用这项功能进行校准。

打开“CALIBRATION”的画面。先对右侧摇杆（J1–J2）进行校准。将光标移动到J1–J2的位置按下“RTN”键。将J1、J2操纵杆放到中立位置并长按“RTN”键。再将J1、J2操纵杆拉到右下方，直到有提示音响起。再将J1、J2操纵杆拉到左上方，直到有提示音响起，至此右侧操纵杆（J1–J2）校准完毕，可以使用同样的方法对左侧操纵杆（J3–J4）进行校准。

（5）系统信息（INFO）（见图4-54）

系统信息是对系统数据的反应，让使用者了解系统的具体情况和有关数据，这些数据都是根据本国使用要求在出厂前就设定好的。虽然数据可以更改，但建议爱好者在不了解情况的前提下不要贸然更改，否则可能会导致遥控设备无法正常工作。

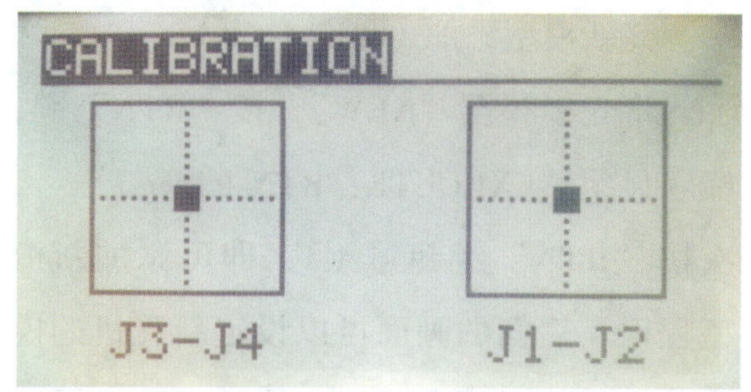


图 4-53　操纵杆中立点校准

图 4-54　系统信息

（6）SBUS舵机（SBUS SERVO）

SBUS舵机功能主要是使用一根特殊的接线（即SBUS接线）来完成多个通道及舵机的控制。SBUS舵机功能最大的特点是机舱内走线简单清晰，但设置起来比较麻烦，因此建议初学者在掌握了正常舵机连接的方式以后再进行尝试。

## 2. 基础功能菜单（LINKAGE MENU）

基础功能菜单是所有模型飞机（固定翼飞机、直升机和滑翔机）通用的功能设置（产品说明书译为“关联菜单”），如模型类型的选择、模型数据存储、重置、舵机的行程、中立位置和微调的设置等。

（1）舵机监控（SERVO）（见图4-55）

此项功能可以在不打开接收机的情况

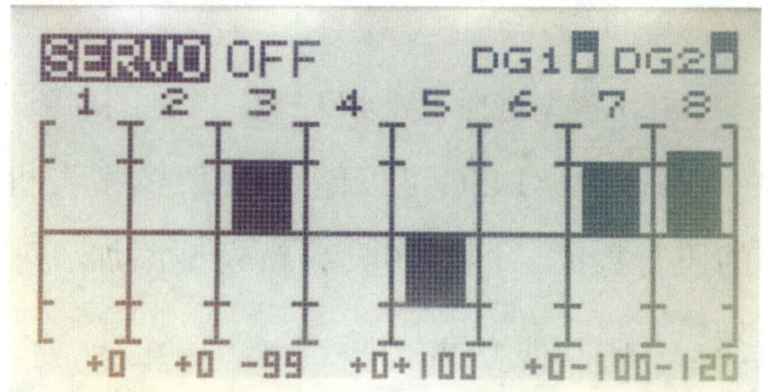


图 4-55　舵机监控

下观察舵机的工作情况，如舵机的行程、中立位置和混控情况等。使用舵机监控不要打开接收系统（模型飞机），因为舵机监控时的动作会直接导致舵面和油门动作，尤其是发动机或电动机的突然工作，会给检查与检测带来危险。

当我们进入舵机监控画面并扳动操纵杆时，就会发现，相应舵机的轨迹跟着一起运动，我们可以观察每个舵机的运动行程以及混控状态。其中，画面右上角的DG1和DG2代表两个开关通道。选中并改变OFF状态，可以进入MOVING和NEUTRAL模式。三种模式显示的状态如下。

①OFF模式

手动检测状态。需要用手扳动操纵杆才能观察舵机的运行状态，这是我们最常用的一种方法。

②MOVING模式

自动检测状态。只要进入自动检测状态，舵机就可以自动运行，显示舵机的运行状态。

③NEUTRAL模式

舵机锁定在中立位置。

（2）模型选择（MODELSEL.）（见图4-56）

Futaba-14SG可以储存30架模型飞机的飞行数据，同时还具有新模型添加、删除、复制和命名等功能。

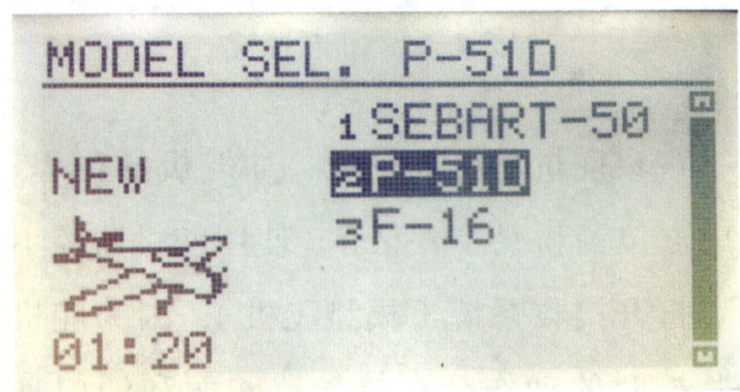


图4-56 模型选择

①模型的调出（见图4-57）

进入模型选择菜单后，会发现画面中出现若干架模型飞机的程序（如果是初次使用，只会显示唯一一架模型的数据，因为还没有添加其他模型的数据）。我们需要调出哪架模型飞机，就要选中这架模型飞机的名称，然后按“RTN”键进入下一步。选中“SELECT”，并按下“RTN”键，标题会显示“EXECUTE：RTN（1sec）”，此时按下“RTN”键超过1s，此模型程序正式调出，就可以使用了。

图4-57 模型的调出

②新模型添加（见图4-58）

将光标移至“NEW”，按“RTN”键，标题显示“EXECUTE：RTN（1sec）”。再次按“RTN”键超过1 s，即可添加新模型程序（后面的画面可以设定新飞机的模式，如果此时不需要改变原始参数，那么继续按“RTN”键完成下一步即可）。

③模型删除（见图4-59）

进入要删除模型飞机的程序内，选择“DELETE”，按下“RTN”键，标题会显示“ECECUTE：RTN（1sec）”，再次按下“RTN”键超过1 s，此模型飞机程序即被删除。

④模型命名（见图4-60）

为了区别每架模型飞机的程序，我们可以给每架模型飞机起不同名字。进入每架模型的程序，选择“RENAME”，并按下“RTN”键，出现的画面同用户名的设定一样，按照同样的方法完成模型名称的设定，按“ENTER”保存即可。

⑤模型复制（见图4-61）

如果我们要添加的新模型飞机的程序和以前使用过的程序数据相同或相近，就可以使用复制功能添加新飞机程序，这样使用起来比较快捷方便。当进入标准模型程序后，点击“COPY”，即开始进行模型复制。当光标选中“COPY”时按下“RTN”键，标题显示“EXECUTE：RTN（1sec）”，再次按压“RTN”键超过1 s，模型复制完成，此时返回第一级菜单，会发现多了一个一模一样的模型程序。

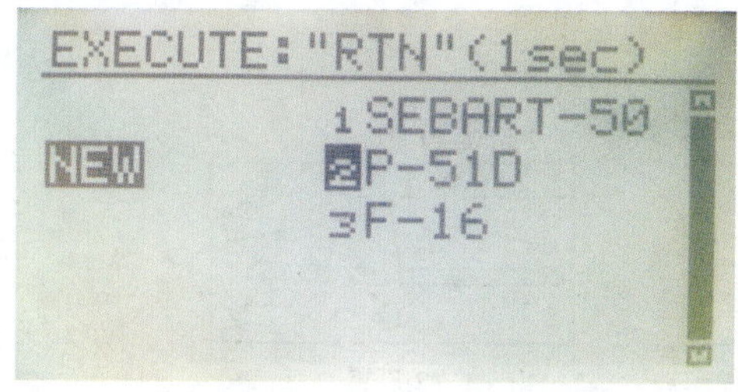


图4-58 新模型的添加

图4-59 模型删除

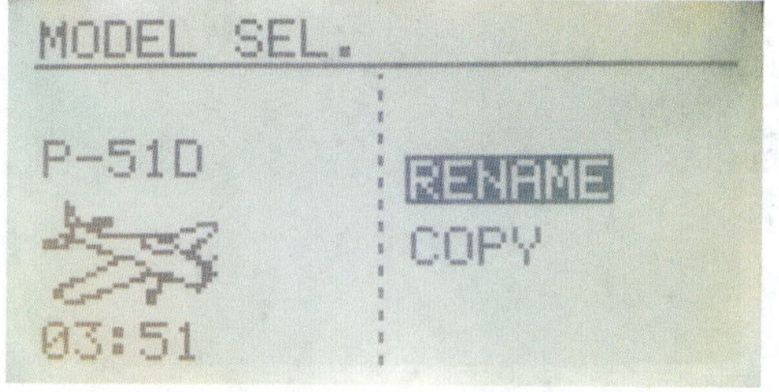


图4-60 模型命名

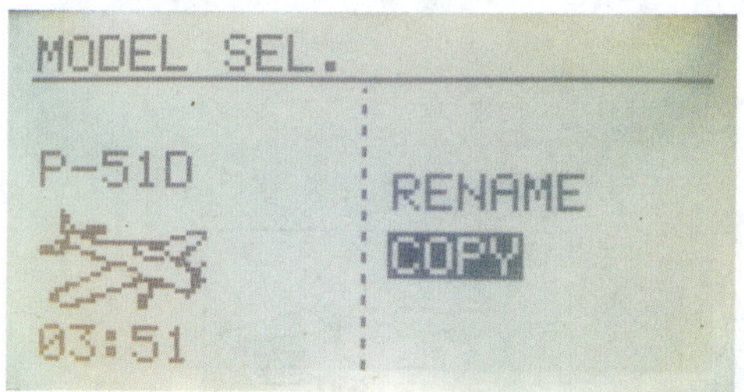


图4-61 模型复制

MODEL TYPE
TYPE AIRPLANE
WING NORMAL
2AIL+2FLP
TAIL NORMAL

图4-62 模型类型

（3）模型类型(MODEL TYPE)（见图4-62）

Futaba-14SG可以应用在固定翼飞机、直升机和滑翔机等三种类型的模型飞机上，每次在设置程序时要先选择好模型的类型，否则后面的程序设置无法顺利进行。

打开模型类型菜单画面，会出现几项需要选择的内容。模型样式是对固定翼飞机、直升机、滑翔机等三种模型类型的选择。我们如果使用遥控像真模型飞机就可以选择“固定翼飞机”。如果使用的是大型遥控像真模型飞机，在主翼舵面比较多的情况下，如遥控客机模型，也可以使用“滑翔机”类型。主翼类型主要是选择机翼后缘的副翼和襟翼的数量与形式。正常的主翼类型是指常规气动布局的机翼形式，除此之外还可以选择飞翼形式。如果选择飞翼形式的话，尾翼形式就不存在了。

如果需要了解不同的舵面形式，可以见图4-63。

将光标移动到需要更改的项目上，按“RTN”键进入数据更改状态。选择模型类型（TYPE），遥控像真模型飞机选择固定翼模式（AIRPLANE）。主翼模式（WING）先选择正常模式（NORMAL）。副翼与襟翼的形式要看模型飞机的具体需要，例如，本书中介绍的F-16模型飞机使用双襟翼形式，那么就选择“2AILERON”模式；如果使用P-51D模型飞机，不仅有双副翼还

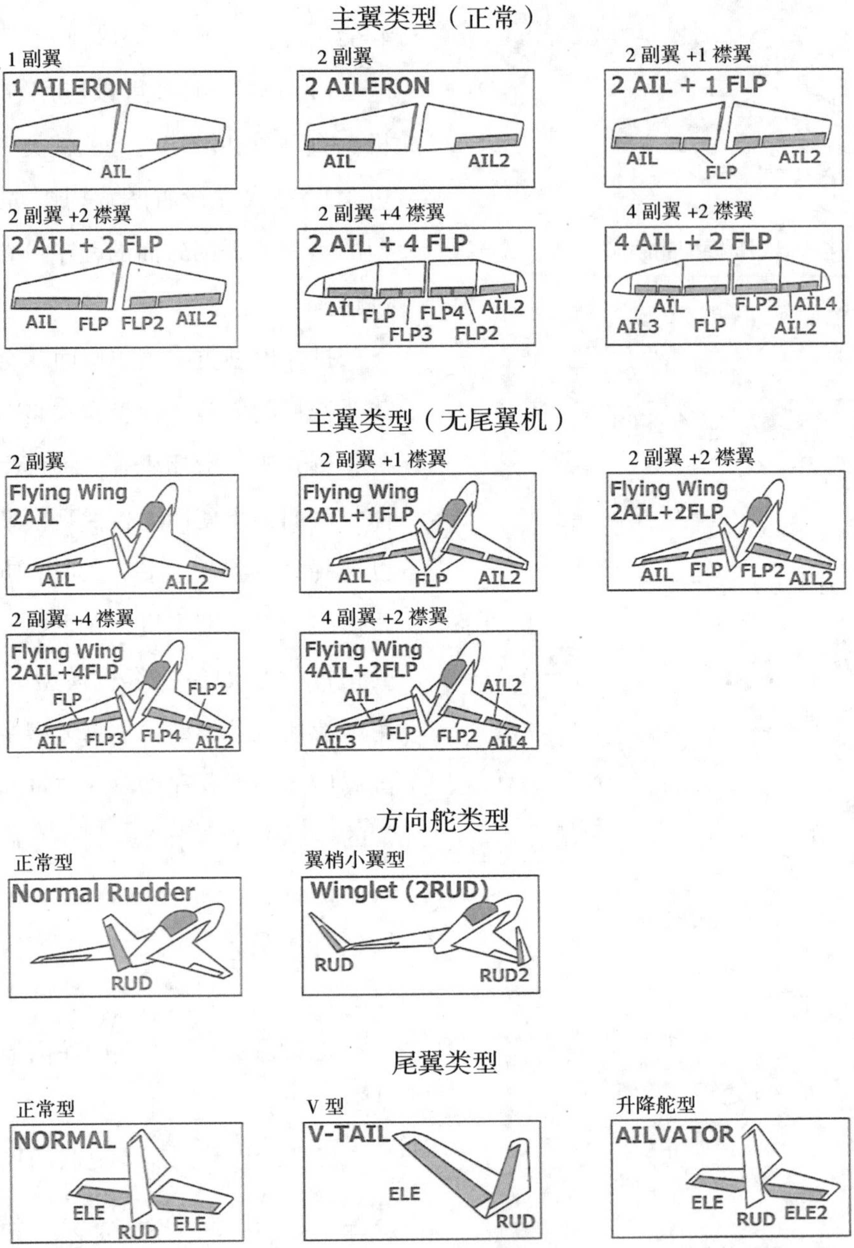

主翼类型（正常）

1 副翼
1 AILERON
AIL

2 副翼
2 AILERON
AIL
AIL2

2 副翼 +1 襟翼
2 AIL + 1 FLP
AIL
FLP
AIL2

2 副翼 +2 襟翼
2 AIL + 2 FLP
AIL FLP FLP2 AIL2

2 副翼 +4 襟翼
2 AIL + 4 FLP
AIL FLP FLP4 AIL2
FLP3 FLP2

4 副翼 +2 襟翼
4 AIL + 2 FLP
AIL FLP2 AIL4
AIL3 FLP AIL2

主翼类型（无尾翼机）

2 副翼
Flying Wing
2AIL
AIL AIL2

2 副翼 +1 襟翼
Flying Wing
2AIL+1FLP
AIL FLP AIL2

2 副翼 +2 襟翼
Flying Wing
2AIL+2FLP
AIL FLP FLP2 AIL2

2 副翼 +4 襟翼
Flying Wing
2AIL+4FLP
FLP FLP2
AIL FLP3 FLP4 AIL2

4 副翼 +2 襟翼
Flying Wing
4AIL+2FLP
AIL AIL2
AIL3 FLP FLP2 AIL4

方向舵类型

正常型
Normal Rudder
RUD

翼梢小翼型
Winglet (2RUD)
RUD
RUD2

尾翼类型

正常型
NORMAL
ELE
RUD ELE

V 型
V-TAIL
ELE
RUD

升降舵型
AILVATOR
ELE
RUD ELE2

图 4-63　舵面类型

有双襟翼，那么就可以选择“2AIL+2FLP”模式。尾翼形式（TAIL）如果是升降舵使用一只舵机控制就可以选用正常模式（NORMAL），如果升降舵使用两只舵机分别控制每个升降舵就可以选用副翼升降舵模式（AILVATOR）。

（4）发射系统设置（SYSTEM）（见图4-64）

发射系统设置主要是发射机通信方式的设置。其中发射机的发射模式（即跳频方式）可能因为匹配不同模式的接收机而

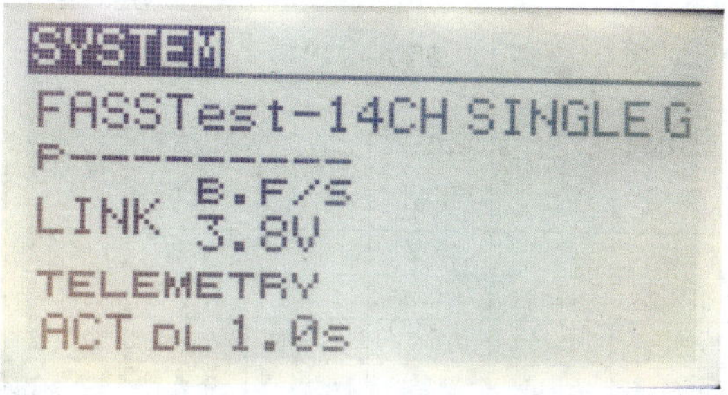

图4-64 系统设置

要进行改变，同时接收机的报警电压也有可能根据电源的不同而需要调整和设置，其余几项数据最好保持初始状态，不了解情况不要轻易改变，以免影响遥控系统的正常工作。

Futaba-14SG发射机可以兼容目前Futaba产品的所有通信方式，但有些不具备双向传输功能的接收机无法完成数据回传的功能。

以下是Futaba遥控器常用的通信方式（跳频模式）类型说明。

①FASSTest 14CH

具备双向传输能力，适用于遥测传感器装置，可使用14个通道（12个线性通道+2个开关通道）。

②FASSTest 12CH

具备双向传输能力，可以传输接收机电压数据，但不能使用于遥测传感器装置。可使用12个通道（10个线性通道+2个开关通道）。虽然可用通道较少，但反应速度要快于FASSTest 14CH。FASSTest 12CH模式下只能使用数字舵机，不能使用普通的模拟舵机，如果强行使用模拟舵机则有可能造成舵机工作不正常或损坏。

③FASST MULT

不具备双向传输功能，但可以使用14个模拟通道（12个线性通道+2个开关通道）。

④FASST 7CH

不具备双向传输功能，但可以使用FASST系统通道数目较少的接收机，最多可以使用7个通道。

⑤S-FHSS

不具备双向传输功能，但是可以使用FHSS系统的接收机，成本较低，最多可以使用8个通道。

（5）通道设置（FUNCTION）（见图4-65）

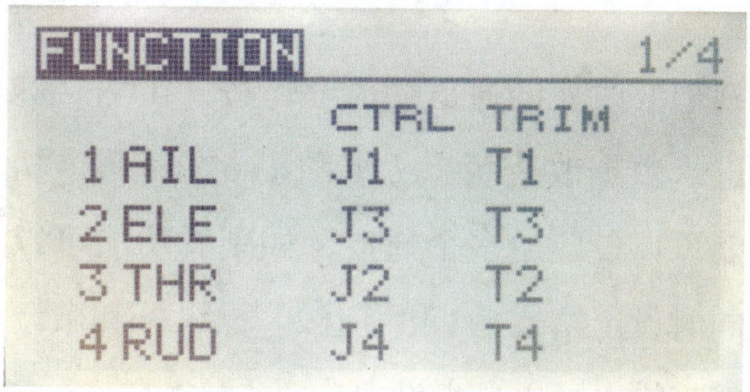

图4-65 通道设置

通道设置功能使爱好者可以灵活安排每个通道的功用，并实现Model 1~Model 4以外更多的摇杆模式。当我们初次使用Futaba-14SG遥控设备时，可能发现某些通道舵机没有反应，这有可能是通道设置不对，或舵机没有插入预定通道。遥控设备在出厂时的通道设置见图4-66。

如果我们不按出厂设置安排通道，也可以按自己的需求灵活设定。例如，如果要把通道一（J1）（出厂设置是副翼通道）改成方向舵功能，那么我们就将光标移动

| 接收通道 | 1副翼 | | 2副翼 | | 2副翼+1襟翼 | | 2副翼+2襟翼 | | 2副翼+4襟翼 | | 4副翼+2襟翼 | |
|---|---|---|---|---|---|---|---|---|---|---|---|---|
| | 固定翼飞机 | 滑翔机 | 固定翼飞机 | 滑翔机 | 固定翼飞机 | 滑翔机 | 固定翼飞机 | 滑翔机 | 固定翼飞机 | 滑翔机 | 固定翼飞机 | 滑翔机 |
| 1 | 副翼 | 副翼 | 副翼 | 副翼 | 副翼 | 副翼 | 副翼 | 副翼 | 副翼 | 副翼 | 副翼 | 副翼 |
| 2 | 升降舵 | 升降舵 | 升降舵 | 升降舵 | 升降舵 | 升降舵 | 升降舵 | 升降舵 | 升降舵 | 升降舵 | 升降舵 | 升降舵 |
| 3 | 油门 | 电机 | 油门 | 电机 | 油门 | 电机 | 油门 | 电机 | 方向舵 | 方向舵 | 方向舵 | 方向舵 |
| 4 | 方向舵 | 方向舵 | 方向舵 | 方向舵 | 方向舵 | 方向舵 | 方向舵 | 方向舵 | 副翼2 | 副翼2 | 副翼2 | 副翼2 |
| 5 | 起落架 | AUX7 | 起落架 | AUX7 | 起落架 | AUX6 | 起落架 | AUX5 | 襟翼 | 襟翼 | 副翼3 | 副翼3 |
| 6 | 螺距 | AUX6 | 副翼2 | 副翼2 | 襟翼 | 襟翼 | 副翼2 | 副翼2 | 襟翼2 | 襟翼2 | 副翼4 | 副翼4 |
| 7 | AUX5 | AUX5 | 螺距 | AUX6 | 副翼2 | 副翼2 | 襟翼 | 襟翼 | 襟翼3 | 襟翼3 | 襟翼 | 襟翼 |
| 8 | AUX4 | AUX4 | AUX5 | AUX5 | 螺距 | AUX5 | 襟翼2 | 襟翼2 | 襟翼4 | 襟翼4 | 襟翼2 | 襟翼2 |
| 9 | AUX1 | AUX1 | 翼型 | 翼型 | 翼型 | 翼型 | 翼型 | 翼型 | 翼型 | 翼型 | 翼型 | 翼型 |
| 10 | AUX1 | AUX1 | AUX1 | 蝶翼 | AUX1 | 蝶翼 | 螺距 | 蝶翼 | 起落架 | 蝶翼 | 起落架 | 蝶翼 |
| 11 | AUX1 | AUX1 | AUX1 | AUX1 | AUX1 | AUX1 | AUX1 | AUX1 | 油门 | 电机 | 油门 | 电机 |
| 12 | AUX1 | AUX1 | AUX1 | AUX1 | AUX1 | AUX1 | AUX1 | AUX1 | 螺距 | AUX1 | 螺距 | AUX1 |
| DG1 | SW | SW | SW | SW | SW | SW | SW | SW | SW | SW | SW | SW |
| DG2 | SW | SW | SW | SW | SW | SW | SW | SW | SW | SW | SW | SW |

图4-66　原始通道设置表

到想要改变的通道功能上，按“RTN”键进入数据改变状态（见图4-67）。一个功能可以设定给多个通道，如副翼功能可以同时设定给通道1和通道2。操纵杆和微调的安排也可以自由设定。

（6）中立微调（SUB-TRIM）（见图4-68）

舵机摇臂与连杆的夹角应该是90°，否则舵面左右或上下运动的角度会不对称。在安装新舵机时，应该先把舵机摇臂拆下来，打开遥控器电源。当各个通道操纵杆和微调都处于中立位置时，重新把摇臂装到舵机上，保持摇臂与连杆夹角呈90°。如果摇臂和舵机输出轴之间因为传动齿误差的问题而使摇臂不能呈90°夹角的话（稍微保持一定偏差），可以逐一尝试换用摇臂的哪一个安装角装在舵机输出轴上。如果还不能达到目的，再使用微调中立功能。

由于微调中立功能会占用舵机行程，因此这项功能应尽量少用或不用。如不得不使用时，也要先调试舵机摇臂使其保持尽量小的中立点偏差角。

（7）舵机反向（REVERSE）（见图4-69）

当发现模型飞机舵面的动作和操纵方向相反时，可以使用这项功能改变舵机转动的方向。“NORM”代表舵机正常的转动方向，“REV”代表转动相反的方向。

（8）失控保护（FAIL SAFE）（见图4-70）

失控保护是当模型飞机因为种种原因导致失控时的一种保护功能，在失控时模型飞机会自动进入提前设定好的迫降状态。这最大限度地保证了飞行的安全，但只有失控前处于平飞状态的模型飞机才可

| FUNCTION | | 4.9V |
|---|---|---|
| | CTRL | TRIM |
| 1 RUD | J4 | T4 |
| 2 ELE | J3 | T3 |
| 3 THR | J2 | T2 |
| 4 RUD | J4 | T4 |

图 4-67　通道改变状态

| SUB-TRIM | | | 1/2 |
|---|---|---|---|
| 1AIL | +0 | 5GEAR | +0 |
| 2ELE | +0 | 6AIL2 | +0 |
| 3THR | +0 | 7FLAP | +0 |
| 4RUD | +0 | 8FLP2 | +0 |

图 4-68　中立微调

| REVERSE | | | 1/2 |
|---|---|---|---|
| 1AIL | NORM | 6AIL2 | NORM |
| 2ELE | NORM | 7FLAP | NORM |
| 3THR | REV | 8FLP2 | NORM |
| 4RUD | NORM | 9CAMB | NORM |
| 5GEAR | REV | 10VPP | NORM |

图 4-69　舵机反向

| FAIL SAFE | | | 1/4 |
|---|---|---|---|
| | F/S | B.F/S | POS |
| 1AIL | HOLD | OFF | |
| 2ELE | HOLD | OFF | |
| 3THR | HOLD | OFF | |
| 4RUD | HOLD | OFF | |

图 4-70　失控保护

| END POINT | | | | 1/3 |
|---|---|---|---|---|
| 1 AIL | 135 | 100 | 100 | 135 |
| 2 ELE | 135 | 100 | 100 | 135 |
| 3 THR | 135 | 100 | 100 | 135 |
| 4 RUD | 135 | 100 | 100 | 135 |

图 4-71　舵机行程

能按照迫降状态降落，大多数模型飞机很难说是在什么飞行姿态下进入迫降状态，例如，在倒飞情况下，按照平飞设定的迫降状态迫降显然是没有意义的，但我们还是建议设定模型飞机进入迫降状态采取停车的处理方法，这是有必要的。

（9）舵机行程（END POINT）（见图4–71）

这项功能可以调节舵机的行程量，改变舵面的行程大小，但在调整舵面行程时却不建议使用这项功能。因为使用这项功能调整行程大小时，如果总行程比例使用过小，在理论上可能会降低舵机操纵的精度。因此，这项功能的主要作用是提供舵机的基础行程量，我们建议设置在100%。

行程限制功能还是具有实际意义的。例如，只要我们设定了舵机的限制行程，即使动作已经超过了舵面最大偏转角度的许可，也不会超出行程限制的范围，从而起到保护舵机、舵面和连杆机构的作用。

调节舵机的行程建议使用舵量大小（DUAL RATE（D/R））功能，后面会有具体介绍。

（10）舵机速度（SRVO SPEED）（见图4–72）

通过此项功能可以改变舵机的速度，但是只能降低舵机的速度，而不能调高舵机的速度，因为舵机的最高速度是由舵机自身的性能决定的。

这项功能在遥控像真模型飞机中最有价值一点是，当降低起落架收放的速度（使用电子起落架的时候）或降低襟翼收

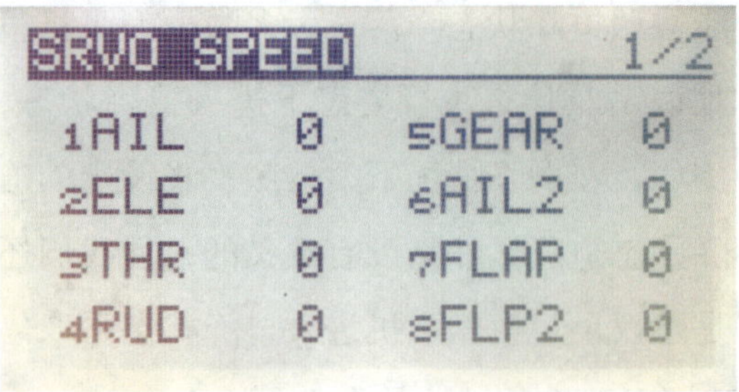

图 4-72 舵机速度

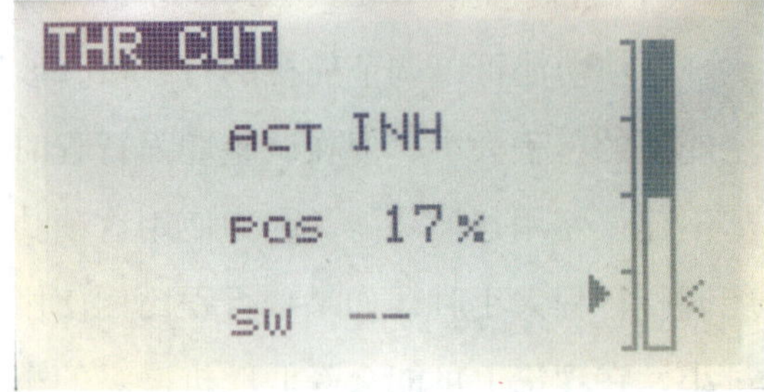


图 4-73 油门关闭

放的速度时，可以使模型飞机的表演更加真实。不过，“副翼、升降舵、方向舵”不建议使用此项功能，以免操纵不及时发生危险。如果要模拟真飞机动作稳重迟缓的状态，则应该依靠细腻的操纵技术。

（11）油门关闭（THR CUT）（见图4–73）

我们在操纵模型飞机尤其是电动遥控模型飞机时，如果突然误推油门，很可能造成电机的意外工作而发生危险。为了避免这种情况发生，我们要设定油门关闭功能。设定好油门关闭功能后，拨动开关使油门处于关闭状态，这样不管怎么推油门，电机也不会工作。在起飞之前，将油门关闭开关打开，这样油门就能正常工作，从而保证我们在地面调试模型飞机时的安全。

打开油门关闭画面时，必须改变“INH”的状态为“ON”或“OFF”，这样才启动了此项功能。然后选择开关，以决

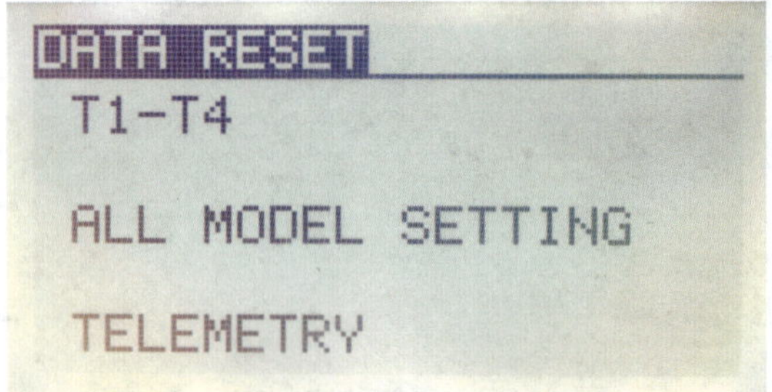


图 4-74 数据重置

定使用哪个开关控制油门的关闭与开启。

（12）数据重置（DATA RESET）（见图4–74）

当设置得过于复杂，菜单之间发生冲突，一时找不到问题所在或需要改变的数据特别多的时候，可以使用数据初始化的功能，使所有设置和数据恢复到出厂设置。但数据初始化只是具体的数据回到初始化状态，有些系统的设置，如模型序号、模型类型等是不能改变的。

数据重置的内容有三项：

①T1－T4是对所有微调位置的重置。

②ALL MODEL SETTING是对所有数据（包括微调位置）的重置，但模型的编号、名称和模式不能被重置。

③TELEMETRY是对所有遥测数据的重置。

选择好数据重置的类型，按“RTN”键，画面出现确认提示后，长按“RTN”键超过1s，数据将被重置。

### 3. 专用功能菜单（MODEL MENU）

（1）舵机监控（SERVO）

此项舵机监控功能和“基础功能菜

单”中的舵机监控功能是相同的。

（2）舵量大小（DUALRATE）（见图4–75）

当用于舵量行程调整时，应该使用D/R功能，不要使用舵机行程功能（END POINT）。

DUAL RATE舵量大小功能简称D/R功能，是最常用的功能之一，它不仅可以用来调节舵机行程的大小，还可以设定最多5组不同的舵量行程，以在不同的飞行条件下使用。

遥控模型飞机在飞行过程中由于飞行情况的不同，需要不同的动作舵量。例如，一般飞行中使用一套标准动作舵量，做特技动作要使用另一套动作舵量，起飞降落还需要再设置一套动作舵量。虽然并非必须设置几套不同的舵量，但如果只使用一套舵量来完成不同的飞行动作，无疑会增加操纵者的负担。

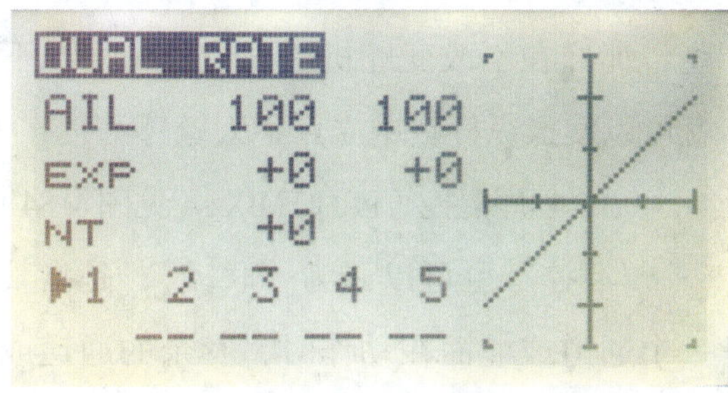


图4–75　舵量大小

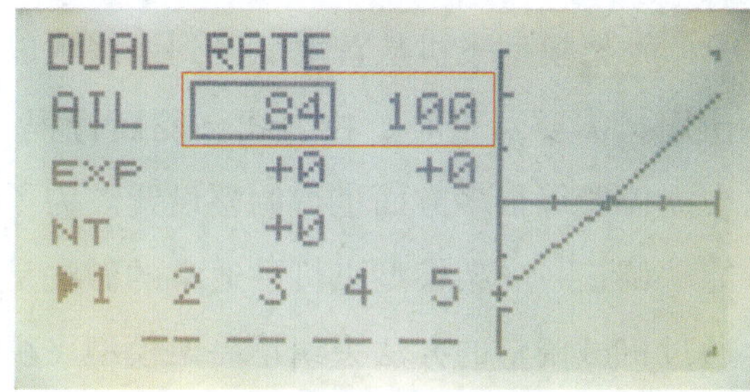


图4–76　调整行程数据

D/R功能可以利用开关、摇杆和微调等进行切换，但通常我们建议使用开关来切换不同的舵量。

下面以设置模型飞机副翼的舵量大小为例来进行D/R功能的实例示范。

①首先设置标准副翼舵量的大小。当已经选择好副翼选项后，拨动副翼摇杆到极限位置，在发射机上调整行程数据（见图4–76），并用舵面行程卡尺测量舵面的行程量，直到达到需要的行程量。舵量的行程是左右和上下分别进行设置的，因为这样能够调整得更加精准。

②将光标移动到大舵角的开关选择位置，即开关“2”的下方（见图4–77）。

③按“RTN”键，进入到舵量大小切换的开关选择画面，选择好开关，如开关“SB”（见图4–78），然后按“RTN”键确认。当开关符号闪烁时，说明开关选择已完成，光标会自动移动到“ON/OFF”位置（见图4–79）。

④按“RTN”键，选择开关打开和关闭的位置。Futaba–14SG的开关多为三档拨动式开关，人们通常的习惯是上面两挡为关，下面一挡为开，即开关在上面时使用正常舵量，当开关拨到最下面时，自动切换到大舵量。其中，黑色的三角表明拨动开关现在所处的位置（见图4–80）。

⑤按“返回”键，退回到第一页，会发现舵量“2”的下面已经显示选择了开关“SB”（见图4–81）。

⑥将选择好的开关拨动到大舵角，即

“开”的位置（见图4–82）。

⑦在大舵角的情况下调整舵量的行程（见图4–83）。

⑧至此，舵量大小功能全部设置完毕，在飞行中，可以随时拨动选择好的开关，并切换到所需的舵量。

EXP功能指的是舵机运动的曲线，EXP通常放在D/R菜单内，以方便使用。EXP功能即舵机在中立点附近的敏感度。如果调节的“+”值越大，舵机在中立点就越敏感；如果调节的“–”值越大，舵机在中立点就越迟钝。例如，在飞行中我们感觉最大舵量是合适的，但操纵杆在中立位置过于敏感，手指的轻微动作都会导致模型飞机在空中摆动，这时手指的动作就要特别轻微、精确才能控制好模型飞机，从而使操纵者精神高度紧张，这是很不好的情况。如果把EXP值调节得小一些，那样在不改变舵机最大行程的情况下就可以使操纵杆在中立点不太敏感。

（3）程序混控（PROG MIX）（见图4–84）

“混控”也可以译为“联动”，是指某一个通道或舵面在动作时，其余的通道或舵面按照设定程序跟随其一起动作，以达到修正模型飞机姿态的目的。

一架模型飞机从首次试飞到最终可以使用，需要对重心、拉力线、舵面行程、中立位置等很多方面进行调整设置。为了能“调正”一架模型飞机，通常的做法是通过机械调整的办法去纠正一架模型飞机的问题。例如，一架模型飞机的拉力线不

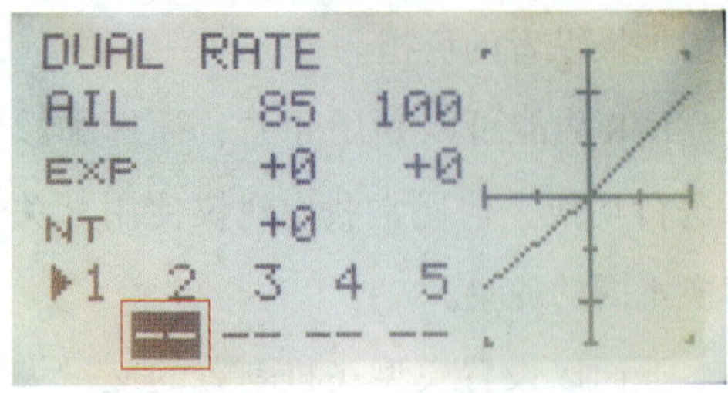


图4–77　选择开关序号

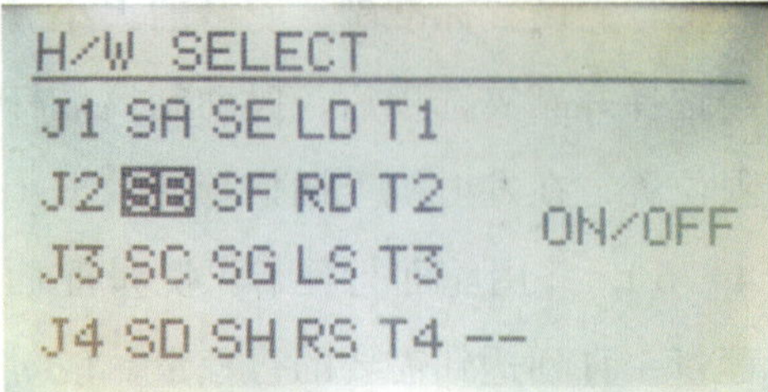


图4–78　选择开关位置

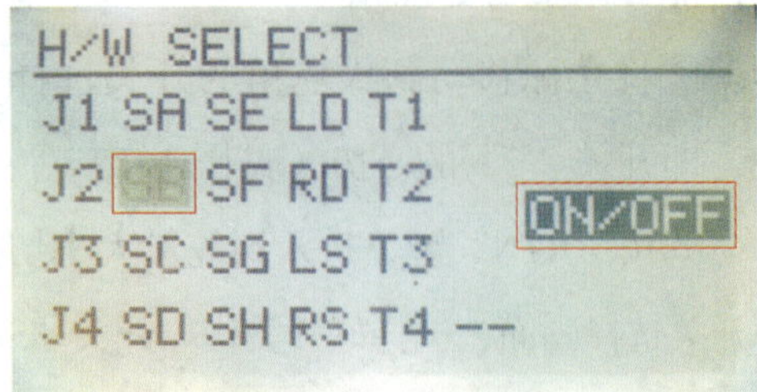


图4–79　光标自动移动到“ON/OFF”位置

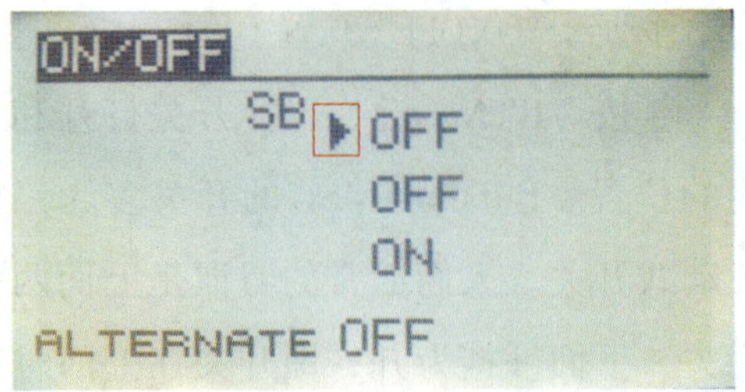


图4–80　开关所处位置

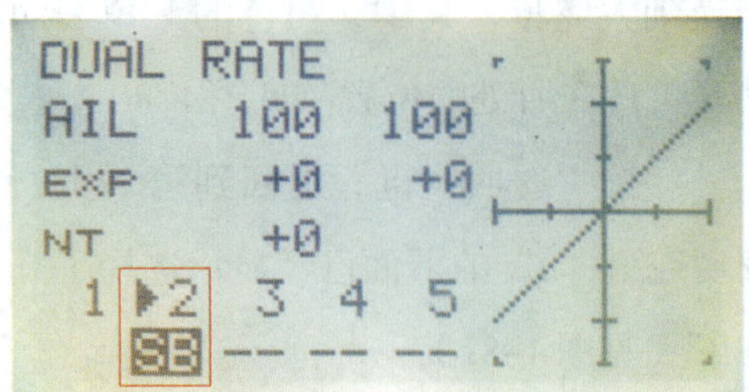


图4–81　开关选择完成

图 4-82　拨动开关到“开”的位置

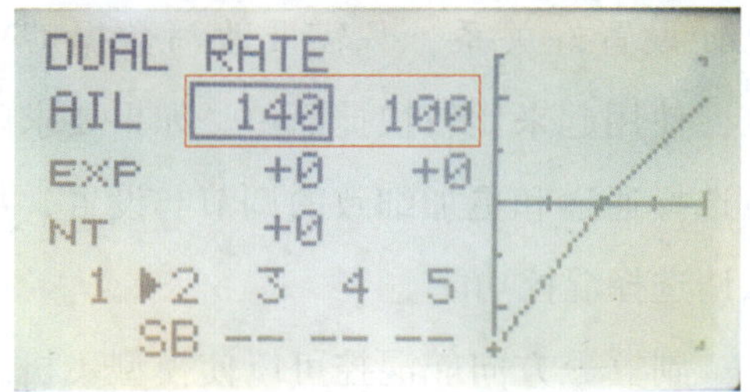


图 4-83　设置大舵量的行程

图 4-84　程序混控

正确，每次加油门时模型飞机会向左偏航，那么最理想的纠正方法就是反复调整发动机的拉力线角度，这需要拆卸螺旋桨、机头罩、发动机架等零部件，而且往往调整一次还不合适，需要反复调整。虽然这样做最严谨、最科学，但工作量也很大，尤其是面对某些结构不易调整的模型飞机时很难办，这时我们就可以启用混控功能。例如，设置“油门→方向舵”混控，当推油门时方向舵做出向右的修正，这样就省去了机械调整模型飞机的麻烦。

再比如，做某些特技动作时需要人为的修正。例如，模型飞机侧飞时，多余的升力会使模型飞机向拉杆方向偏航，需要人为的推杆才能避免模型飞机偏航，这增加了操纵难度。如果设置“方向舵→升降舵”混控功能，那么就可以利用升降舵自动进行修正，从而减轻操纵负担。

混控功能是现代化编程遥控设备在性能上的一大飞跃。混控功能虽然比机械调整模型飞机更加简便快捷，但不是说就可以忽视从模型飞机自身角度去调整的做法。使用混控功能的前提是模型飞机在安装调教上不能存在过大的偏差。

Futaba-14SG的混控系统提供了5套混控，每套混控都可以提供线性混控和曲线混控，爱好者可以根据自身需要选择。

在使用一项混控功能时，主要通过以下4步进行设定。

①先要将功能激活，即将“INH”改变为“ON”或“OFF”。

②选择混控的主动通道和被动通道。例如，要设定油门和方向舵联动，只要推油门方向舵就会相应进行动作，这时油门就是主动通道，方向舵就是被动通道，方向舵要根据油门的变化跟随动作。

③调整混控的动作量。例如，推一格油门，方向舵的动作量有多大。

④设定混控开关，即混控是常开状态还是使用开关控制。

混控功能确实为模型的细致调整提供

了非常大的帮助，但是混控功能要求比较精准，对于遥控像真模型飞机来说一般不做特别精准的飞行，因此不必非要使用，以免弄巧成拙。

（4）油门曲线（THR CURVE）（见图4-85）

在操纵模型飞机的油门时，如果我们感到油门的调速变化非线性或不柔和，就可以使用这项功能来改善油门的状态。例如，从低速到中速调速是线性的，而从中速到高速变化不大，这时我们就可以调节油门曲线的几个点使低速到高速的变化均匀。

（5）差动副翼（AIL DIFF）（见图4-86）

当模型飞机的副翼分别使用两个舵机时，需要使用这项功能，但在启用这项功能之前，必须在模型类型里选择两个（或以上）副翼模式。使用差动副翼可以分别调整每个副翼舵面的上下行程。使用两个

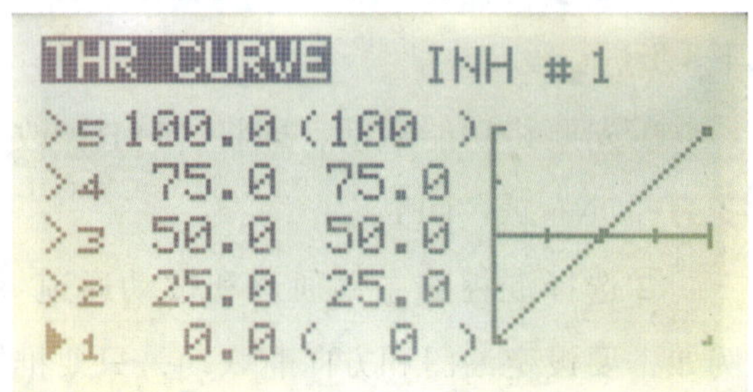


图4-85　油门曲线

图4-86　差动副翼

或两个以上副翼的时候，副翼1舵机插在左侧副翼，副翼2舵机插在右侧副翼。

（6）副翼→方向舵混控（AIL→RUD）（见图4-87）

为了使用方便，Futaba-14SG发射机提供了几种常用的混控模式。但只能调节混控量，不能改变混控的关系，即不能选择主动通道和被动通道。不过，此项功能已经设置好关系，只需要改写数据就可以，使用起来比较快捷简单。如果要求随意选择通道和更加细致的调节与设置，那么请选择混控功能。

副翼→方向舵混控可以使模型飞机急速转弯，这对于参加比赛的像真竞速模型飞机有一定作用。

（7）升降舵→翼型混控（ELE→CAMBER）（见图4-88）

使用此功能可以使模型飞机完成半径很小的筋斗。这项功能如果用于体育运动飞机则可以完成垂直下降中的“空翻”动作，如果用于像真矢量动力模型飞机，如苏-30、苏-35等则可以模拟“眼镜蛇机动”等动作。

（8）方向舵→副翼混控（RUD→AIL）（见图4-89）

这项功能通常是特定机型像真模型飞机使用的。模型飞机在做侧飞动作时，由于其自身性能存在一些问题，使模型飞机在侧飞时发生滚转，模型飞机有恢复平飞或趋向倒飞的趋势，这时就可以使用此项功能进行修正。不过，前提是模型飞机不

能在性能上存在特别明显的缺陷。当打方向舵维持侧飞不掉高度的同时，副翼对不良的滚转动作进行修正，使其不再发生滚转，能稳定地维持侧飞角度。

（9）方向舵→升降舵混控（RUD→ELE）（见图4-90）

像真特技模型飞机在做侧飞动作时，由于升力是多余的，因此会像拉杆方向偏航。使用此功能，在打方向舵维持高度的同时，升降舵会自动推杆进行修正。

（10）空气刹车（AIRBRAKE）（见图4-91）

当模型飞机降落时，如果跑道比较短，空域比较小，模型飞机需要减速并且迅速降低高度降落时，可以向上打开襟翼，此时襟翼不仅增加阻力，而且产生负升力，模型飞机会以很大角度快速陡降，这样的操作方式被称为“空气刹车”。

在打开空气刹车时，模型飞机的姿态也会发生变化，有的模型飞机会出现抬头情况，有的模型飞机会出现低头情况，要根据模型飞机姿态的变化采用升降舵进行相应的修正，使模型飞机能够以平飞的姿态迅速下降。

空气刹车通常是襟翼向上打开，产生负升力。对于飞行重量比较轻的模型飞机比较适宜，但遥控像真模型飞机由于重量较大、翼载较高，就不太适合了。如果把空气刹车功能当做降落襟翼使用，方法比较简单，设置方便，尤其是对于像F-16这样只有两片副翼的模型飞机。如果是当降落襟翼使用，那么最好像真飞机一样，使

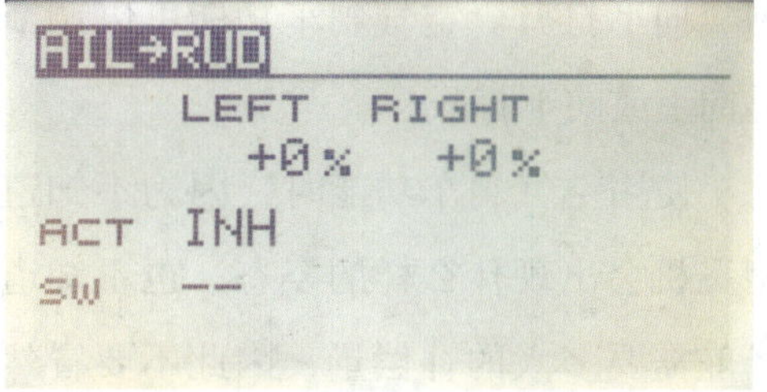


图4-87　副翼→方向舵混控

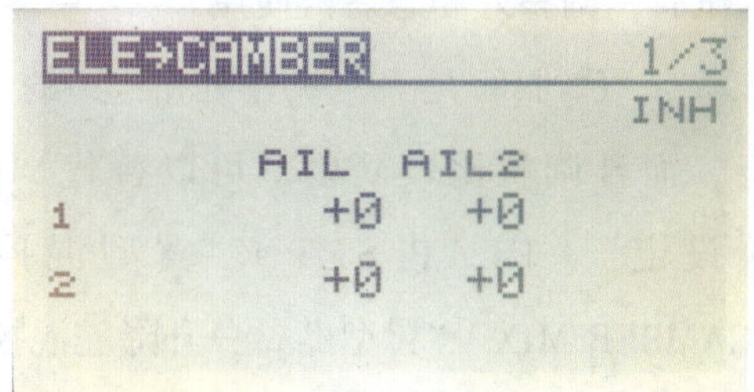


图4-88　升降舵→翼型混控

图4-89　方向舵→副翼混控

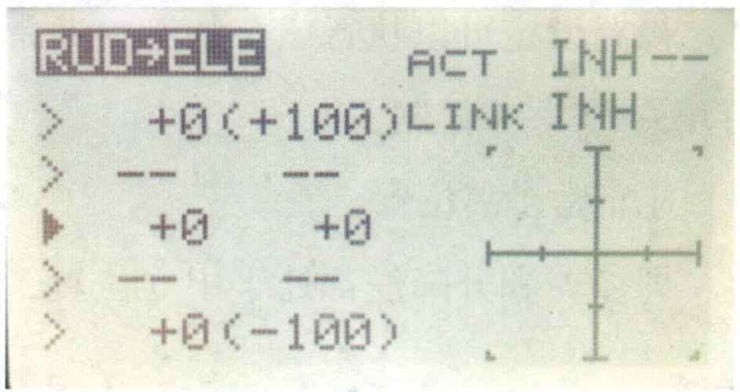


图4-90　方向舵→升降舵混控

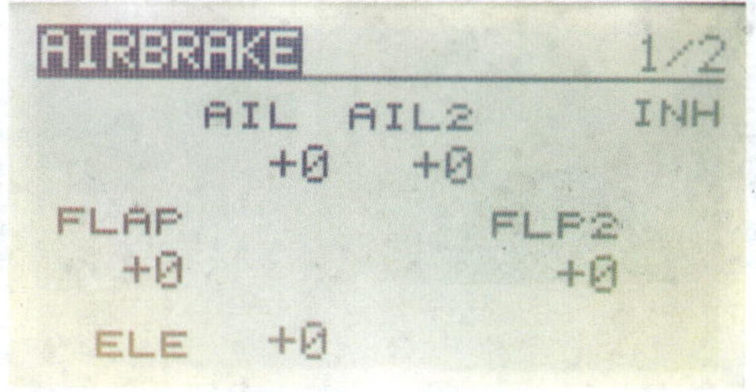


图4-91　空气刹车

副翼向下打开。空气刹车功能可以调节襟翼向上或向下打开。

使用空气刹车功能时，因为不知道模型飞机会出现什么样的姿态，也不知道升降舵需要多大的补偿量，因此不要冒然在低空低速的情况下使用，一定要在高空反复试验，调整好姿态后再使用。

空气刹车是一个用处很多的功能，而且调整比较简单，可以替代“襟翼设定”（FLAP SET）“翼型混控”（CAMBER MIX）“翼型襟翼→升降舵混控”（CMBFLP→ELE）等功能。

（11）襟翼设定（FLAP SET）

此功能在像真机上使用得最多，不仅适用于设定襟翼的工作状态，也适合机翼舵面数量较多时进行襟翼设定。例如，本书中示范用的模型——P-51D“野马”模型飞机，其就具有单独的副翼和单独的襟翼系统。

襟翼设定可以执行三个状态，通常使用开关“C”来控制。

①正常襟翼位置

即襟翼和升降舵都处于中立位置，开关“C”处于最上的位置，即第一挡开关位置（见图4-92），适用于空中正常飞行。

②起飞襟翼位置

襟翼下偏15°~20°，开关“C”处于中间位置（即第二挡），升降舵适当上偏以进行补偿（见图4-93）。这种状态的主要目的是增加机翼的升力，使模型飞机缩短滑跑距离，尽快离地起飞。

③降落襟翼位置

襟翼下偏30°~40°，开关“C”处于最下端的位置（即第三挡），升降舵进行较大的偏转补偿（见图4-94）。这种状态的主要目的是维持较大升力的同时增加阻力，使模型飞机能够以较小的速度缓缓降落，在降落时更易于控制，避免了遥控像真模型飞机因翼载大、飞行速度快而不好控制的问题。

由于放下降落襟翼后，模型飞机的空气动力性能发生明显改变，有些模型飞机在放下襟翼后会出现低头状态，有些模型飞机会出现抬头状态，有些则不明显，这与真飞机的情况很相似，因此升降舵的补偿方向不可一概而论，而应该通过试飞观

图4-92　正常襟翼位置

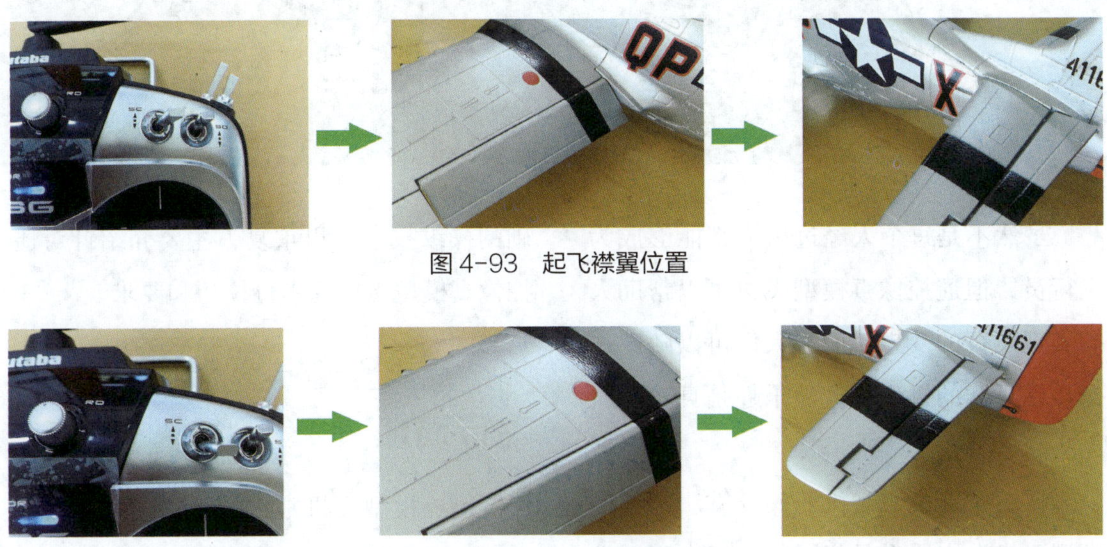

图 4-93　起飞襟翼位置

图 4-94　降落襟翼位置

察模型飞机的姿态，再决定升降舵的补偿方向。最终的设定状态应该是放下降落襟翼后，模型飞机迅速减速，但不应该出现俯仰的姿态变化，模型飞机的下沉轨迹也不应该出现陡降的情况。

选择襟翼设定功能画面（见图4-95）。“UP”是第一挡襟翼位置，“DOWN”是第三挡襟翼位置，“OFFSET”是第二挡襟翼位置，“FLP3”和“FLP4”分别对应的是两片分别控制的襟翼。我们根据襟翼位置的不同可以调整数据，使襟翼达到需要的角度。

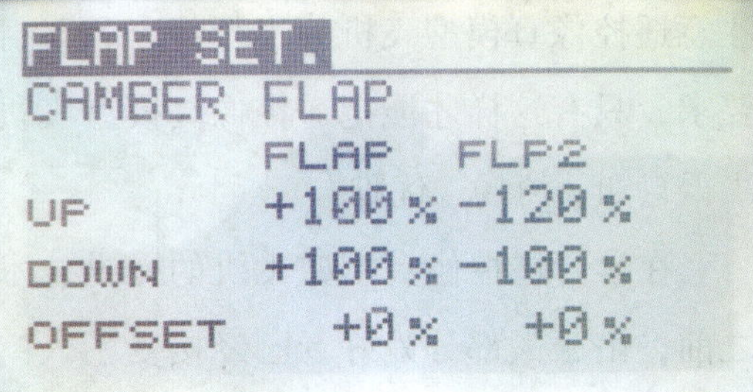


图 4-95　襟翼设定

升降舵对襟翼的修正可以使用“翼型襟翼→升降舵混控”功能（见图4-96）。

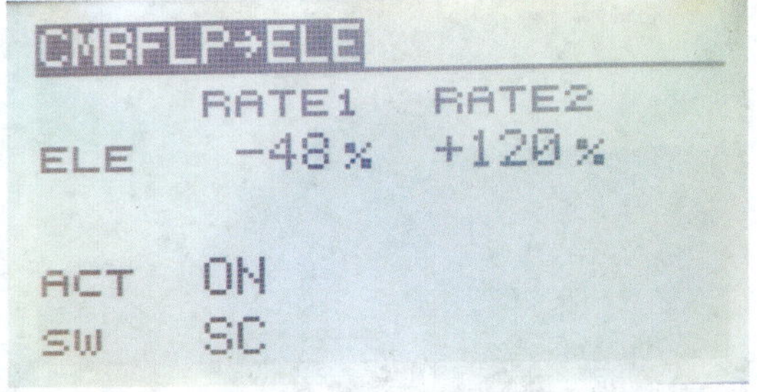


图 4-96　翼型襟翼→升降舵混控

# 第五章 遥控像真模型飞机的操纵与飞行

虽然不是每个人经过努力都能够成为飞行员，但遥控像真模型飞机可以帮助人们实现飞行的梦想，而且人们可以随意选择自己喜欢的机型，这种乐趣是真飞机所无法满足的。

遥控像真模型飞机的操纵方法与其他模型飞机在本质上是相同的，但由于遥控像真模型飞机自身的飞行特点和飞行性能，其与其他模型飞机又有所不同。必须注意遥控像真模型飞机的飞行特点和飞行要求，只有这样才能把遥控像真模型飞机飞得自如、流畅、优雅。

在学习遥控像真模型飞机的操纵技术之前，由于大部分爱好者已经接受了入门级的基本训练，因此，在本书中，对于基础的操纵技术不再重复，主要介绍针对遥控像真模型飞机的飞行技巧和要求。

## 一、遥控像真模型飞机的飞行场地

遥控模型飞机常用的飞行场地主要有水泥跑道、草地跑道和土质跑道三种，但考虑到大多数遥控像真模型飞机都带有起落架，而且很多起落架比较高，并采用后三点式，本身滑跑性能并不理想，还有不少涵道模型飞机的起落架比较娇气，进气道离地面的高度也比较低，很容易吸进异物，因此，首选的跑道最好还是水泥或沥青跑道（见图5-1），这样的跑道比较平整，利于遥控像真模型飞机滑跑，且后三

图5-1 理想的飞行场地

点式起落架的模型不容易“拿大顶”，涵道模型也不容易吸进异物。

跑道的长度和宽度主要与模型飞机的大小以及起降距离有关，跑道的规格大一些总比小一些要好，一定要给遥控像真模型飞机的起降留出足够的余量。一般来说，一条约100m长、30m宽的跑道能够满足大部分遥控像真模型飞机起降的需要。选择飞行场地跑道的方向，不仅要考虑常年风的存在，还要考虑阳光的影响。跑道如果修成东西向最好，因为这样一天中不管什么时段，都可以避免阳光对眼睛的照射，保证飞行安全。

在飞行场地四周较近的范围内，尤其是跑道两端不能有高大的建筑，否则会影响模型飞机的安全起降。飞行场地中除了跑道占用的面积以外，还要留出足够的“缓冲”面积，这样一旦模型飞机发生事故需要迫降时能够增加迫降成功的概率。退一步说，即使损失了模型飞机，也不至于对周围活动的人群和建筑产生更大的伤害。

## 二、遥控像真模型飞机的飞行动作

### （一）基础飞行动作

基础飞行动作虽然简单，但它是所有飞行动作的基础，各种机型的操纵也离不开这些基础动作，而且要想使这些基础动作飞得漂亮，这当中有很多技术细节是需要了解和学习的，因此不能因为动作流程简单就轻视，一定要认真练习，这样才能展现像真的飞行效果。

#### 1. 平飞直线（见图5-2）

平飞直线是基础动作中的基础，并且是任何飞行技术中必须首先掌握的第一个动作，每位爱好者都是从平飞直线入手

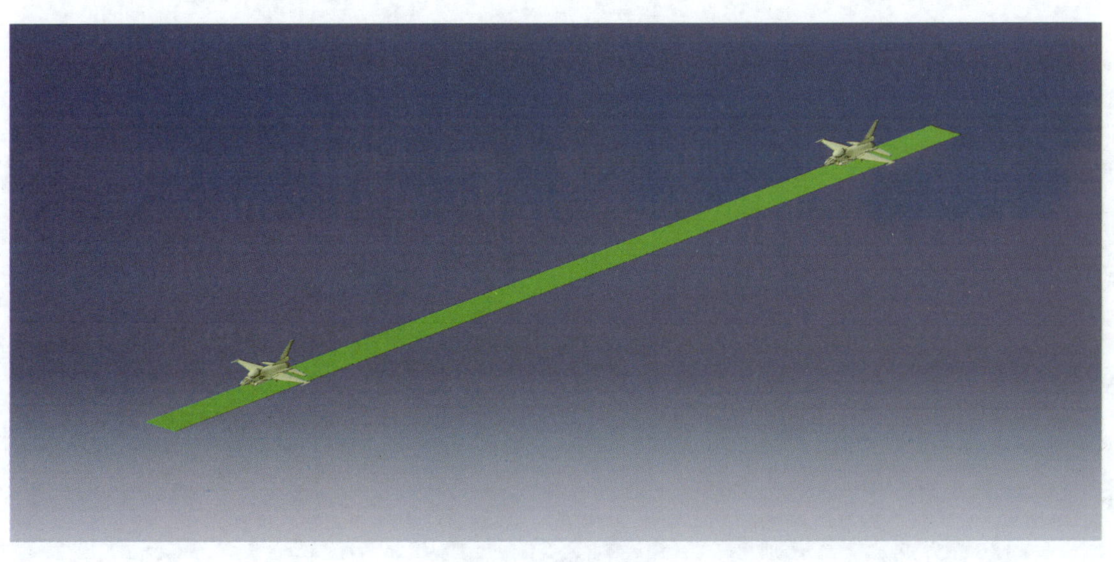

图5-2　平飞直线

的。平飞直线说起来简单，但做到标准并不容易。标准的平飞直线动作要保证直线段轨迹的正和直，经常出现的问题有如下几种。

（1）在平飞直线中出现波动

出现这种情况的原因是操纵技术的基本功不过关，操纵者往往不能及时发现模型飞机的姿态发生变化，当发现模型飞机姿态变化时，模型飞机可能已经出现较大的航向改变了，模型飞机既可能出现俯仰姿态的变化，也可能出现横侧或方向姿态的变化。虽然此时还可以将模型飞机修正到正确的航线中，但是反复修正会使整条航线看上去歪歪扭扭，缺乏美感，明显暴露出操纵者技术不熟练，没有养成“眼到”“手到”的基本能力，对操纵技术以及模型飞机的姿态、方位的感觉差。出现这种情况，没有捷径可走，必须要在基本操纵技术上多练，并且严格要求自己的操纵技术细节。

（2）在平飞直线中出现机翼的摆动

这种情况主要是指模型飞机的飞行轨迹是直的，但在直线中出现较频繁的机翼摆动情况。模型飞机在空中飞行难免会受到阵风或乱流的影响，进行及时修正也实属正常，但频繁出现这种情况除了与操纵技术基本功有关外，也暴露出操纵手法不够细腻、柔和的问题，即操纵手法不够成熟。修正一定要提前、及时，随时能够感知模型飞机姿态的变化，一定要把问题提前扼杀在摇篮里。虽然有修正，但只要操纵得及时、迅速、柔和，模型飞机的姿态几乎可以不受影响。

（3）平飞直线中遇到侧风的情况

在直线飞行中经常会遇到侧风的情况，如果仅仅关注模型飞机自身的姿态而对大环境的影响置之不理，就会出现航线的位移（见图5-3）。

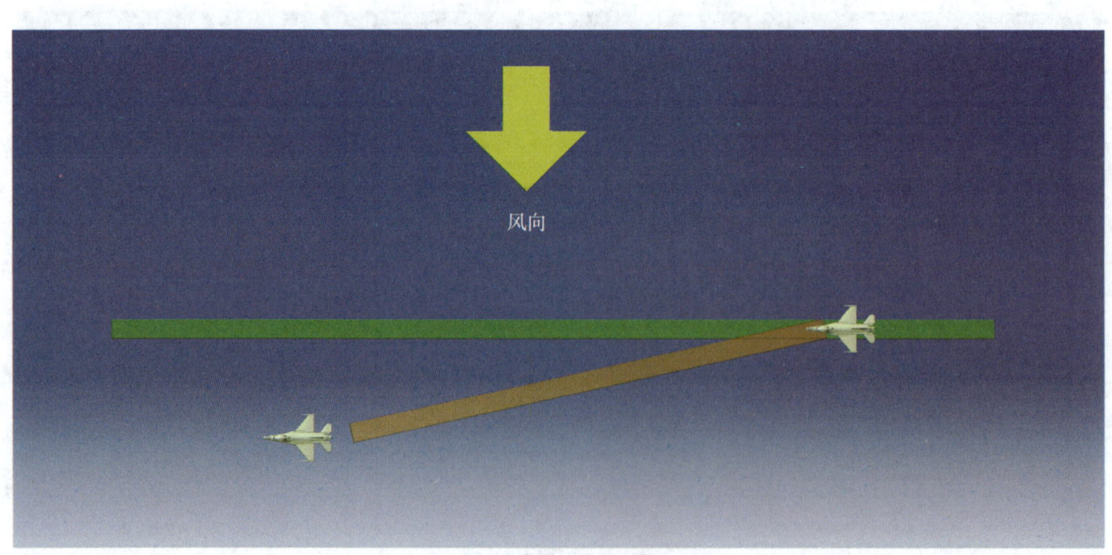


图5-3　侧风时航线的位移

侧风对真飞机和模型飞机都是一件比较头疼的事情，面对侧风的影响，我们常用以下两种方法进行处理。

①用副翼修正来抵御侧风的干扰（见图5-4）

用副翼的修正来抵御侧风的干扰是最容易掌握和最常见的方法。例如，当侧风从模型飞机右侧吹来时，向右压副翼进行修正，修舵量的大小和风力成正比。当修舵量和风力大小相等时，模型飞机就能够保持直线飞行。

用副翼的修正来抵御侧风的方法简单，但模型飞机机翼的倾斜姿态不太美观，尤其是在侧风较大的时候，因此这种方法更适合在侧风不大的环境中或新手采用。对于飞行速度比较低且机翼上反角较大的模型飞机，副翼修正的干扰会比较大，因此在侧风较大的情况下此类模型飞机应尽量少飞行。

②用偏流角抵御侧风的干扰（见图5-5）

例如，侧风从模型飞机的右侧吹来，我们可以向右侧压方向舵，使机头偏向侧风方向，形成一定的“偏流角”。偏流角的大小和侧风大小成正比。模型飞机的机头发生偏转，发动机拉力线也随之偏转，这样就抵消了侧风带来的偏航影响。

使用偏流角抵御侧风是比较理想的方法，但因为操纵者是站在地面仰视空中飞行的模型飞机，由于观察角度的问题，模型飞机方向姿态的变化没有横侧姿态变化明显，不容易观察，因此这是一种较好的“小动作”，但也因此使操纵难度加大。

## 2. 起飞

起飞的过程并不复杂，但是在起飞过程中要注意以下问题，否则起飞也会变得不顺利。

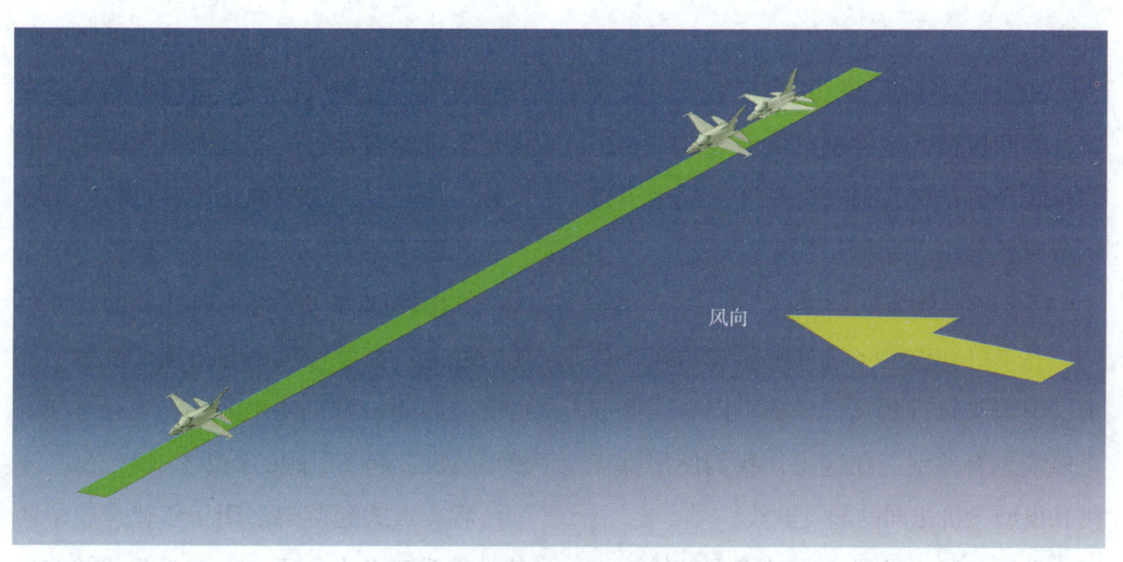


图5-4 用副翼修正抵御侧风干扰

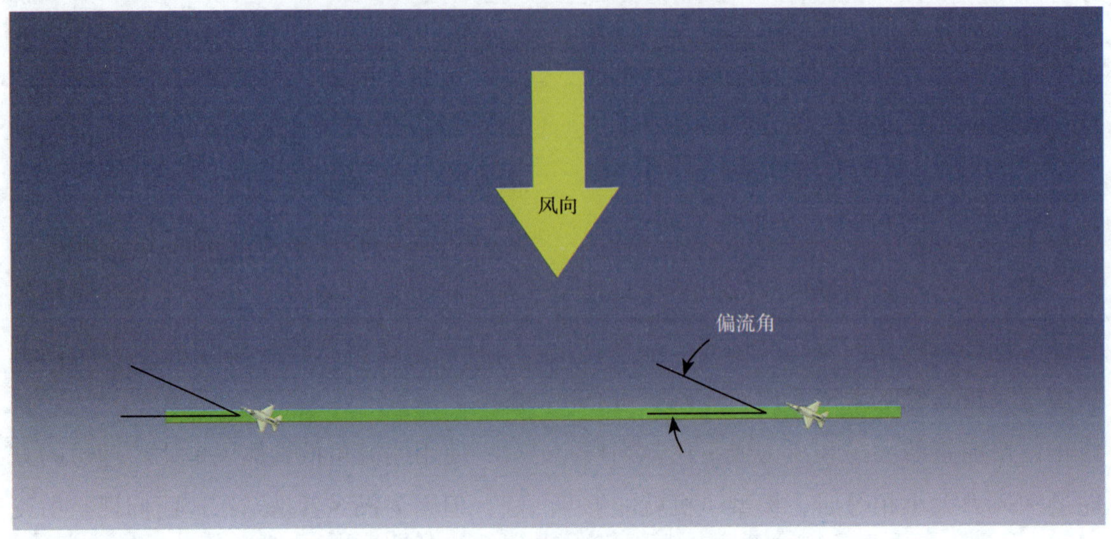


图 5-5　用偏流角抵御侧风干扰

（1）正常的起飞流程

①模型飞机迎风在跑道一端中央的滑行线上停好，做好起飞准备，需要使用襟翼缩短滑跑距离的模型飞机此时需将襟翼放到起飞角度。

②逐渐加大油门，模型飞机开始加速滑跑，在滑跑过程中用方向舵控制模型飞机的方向，使模型飞机沿着跑道中央直线滑跑。

③当感觉模型飞机具有足够升力的时候，柔和拉杆，使模型飞机沿着30°～40°仰角爬升，待爬升到安全高度，模型飞机转弯或平飞并开始进入航线。

（2）起飞航线

真飞机和模型飞机都有航线的飞行要求，但由于执行的飞行任务不同，因此起飞航线也有差别。在这里，我们使用真飞机和模型飞机相同的起飞航线。

常用的起飞航线主要是矩形航线。模型飞机从机场起飞后完成两个90°转弯后进入正常飞行航线（见图5-6）。

（3）不同起落架的滑行性能

大多数的飞机和模型飞机主要使用前三点式起落架（如F-16）和后三点式起落架（如P-51D）。

前三点式起落架大多用在近现代或高速飞机上。前三点式起落架结构稍显复杂，重量也稍微大一点，尤其是可以收放的起落架。很多飞机或模型飞机为了能在狭窄的机舱内安置尺寸较大的起落架，就设计了一套复杂的折叠、旋转机构。但前三点式起落架的滑跑稳定性比较好，模型飞机在滑跑时方向姿态控制比较容易，也比较稳定，模型飞机不会出现“乱跑”的情况。因此，对于使用前三点式起落架的模型飞机，起飞滑跑的操纵会比较轻松。

后三点式起落架多用于年代比较早的老式或低速飞机。后三点式起落架结构比

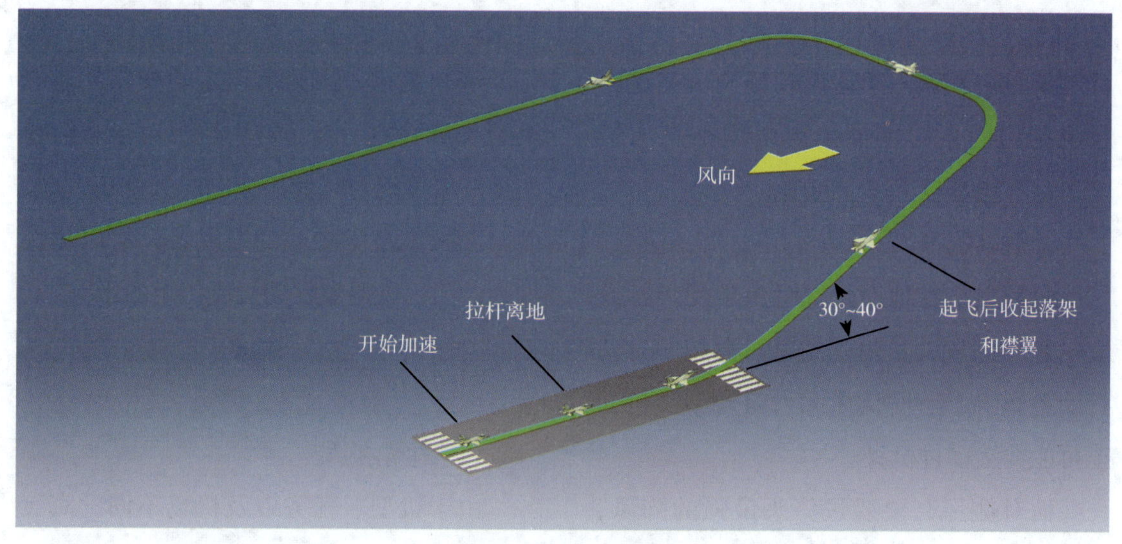


图 5-6　起飞航线

较简单，重量也比较轻，但后三点式起落架的问题比较多。首先是后三点式起落架的主起落架在前（即支点在前），如果遇到粗糙不平的地面，在滑跑过程中特别容易出现“拿大顶”的情况。其次，后三点式起落架的滑跑稳定性不好，模型飞机不容易控制，很难跑直，经常会出现“不听话的乱跑”，尤其是那些主起落架较高的模型飞机。

操纵后三点式起落架的模型飞机，要提前感知模型飞机偏航的变化，提前用方向舵修正滑跑轨迹，修舵的手法要柔和，切不可生硬。一旦滑跑过程中发现方向失效，要果断收油门停止滑跑，检查问题、解除隐患后再重新起飞。

后三点式起落架的模型飞机在滑行过程中，由于速度的增加，水平尾翼会产生恢复力矩，使机身水平抬起。在这个过程中，由于尾轮离开地面，因此只能用方向舵来控制模型飞机的方向变化，但此时由于滑跑速度并不高，垂直尾翼和方向舵可能没有产生足够的舵效，方向的操纵效果会很差。修舵量小了，模型飞机反应较小，修舵量大了，垂直尾翼会失速，甚至干脆失去反应。面对这种情况，除了操纵手法要及时、柔和外，必要时还要加大发动机油门，提高滑行速度，增加舵效。因此，后三点式起落架的模型飞机在滑跑过程中，控制方向不是一件容易的事

真飞机在直线滑跑过程中，后三点式起落架的飞机为了让尾轮早点抬离地面，使机身机翼和迎面气流保持0°迎角，减小阻力迅速加速，真飞机驾驶员往往会主动推杆使机身迅速抬平。但模型飞机由于稳定性比较差，如果此时推杆极易使模型飞机过度低头，造成“拿大顶”，而绊倒在跑道上，因此真飞机的方法并不值得模型飞机学习。

（4）滑跑不直的原因

我们在操纵一架遥控模型飞机在地面起飞滑跑时，可能会出现滑跑不直的情况，这可能是源于以下问题。

①侧风起飞

模型飞机在地面滑跑时由于受风标效应的影响比较大，因此侧风对滑跑的方向有明显影响，有时侧风太大时模型飞机甚至可能突然横过机身。

面对侧风，要躲过势头最强的阵风，提前做足心理准备，并准备修正方案。在侧风起飞时，要注意用方向舵修正偏航角度。

②尾轮未调正

如果在平静的气流中发现模型飞机也出现滑跑不直的情况，就要检查尾轮或转向轮是否调正，是否在粗暴降落时被撞歪，以及尾轮的间隙是否太大。我们可以在没有动力的情况下，用手推动机身使模型飞机借助惯性在平整的地面上反复滑跑，观察模型飞机的跑偏情况，并调整尾轮或转向轮的角度。

③操纵手法不正确

有的爱好者操纵技术比较粗糙，在模型飞机滑跑过程中控制不到位、不及时，这也会使模型飞机滑跑不直。如果出现这种情况，就必须在操纵技术上苦练，着重练就细腻的操纵手法。

④发动机反扭矩的影响

某些模型飞机的动力系统比较特殊，例如，使用二冲程发动机的模型飞机，由于发动机的反扭矩大小不是呈线性的，而是不规则变化，因此反扭矩的变化会造成模型飞机滑跑不直。这种情况对于有经验的爱好者可以及时使用方向舵去修正方向，而对于操纵技术较差的操纵者，可以尽快加大油门，以避免发动机反扭矩的影响。

### 3. 降落

（1）降落航线

由于机型、任务以及机场不同，真飞机的降落航线和方法也各不相同。为了模型飞机降落的合理性和像真飞行的需要，我们通常采用与真飞机相同的降落方法。

矩形航线通常是真飞机和模型飞机都采用的降落航线（见图5–7）。当模型飞机准备降落时，第一边应该先从机场或操纵者头顶上空（地面70°～80°仰角）经过，在航线尽头做90°水平转弯，继续向前做直线段飞行进入第二边。第二边的飞行距离较短，在进入远距离航线之前再做90°水平转弯进入第三边。在进入第三边后，当模型飞机飞到操纵者的正前方（即降落航线的中央）时，模型飞机开始减速，油门一般降至中低速，此时采用收放起落架的模型飞机放下起落架。当第三边飞到尽头后，再做90°转弯进入第四边，但这次转弯完毕后模型飞机开始逐渐下降高度，大约保持30°直线下滑状态，同时油门减速至低速。第四边飞完做最后一次90°转弯，进入第五边。进入第五边后就要对正跑道位中线。进入第五边后模型飞机继续下降高度，同时油门速度降至怠速，并根据需要放下襟翼。这就是遥控像真模型飞机常使用的降落航线及流程。

对于降落技术不太熟练，或者飞行性能较差、不太好操纵的模型飞机（尤其是那些稳定性差、容易失速的模型飞机），我们也可以采用技术难度比较小的盘旋转弯降落航线降落（见图5-8）。

（2）降落动作流程（见图5-9）

当模型飞机进入第五边后继续减速下滑，并下降高度。在进入跑道之前（离地约1m左右时），模型飞机开始进入平飞状态，拉杆要拉住，此时的模型飞机基本保持微微的抬头姿态平飞，但由于升力的降低，模型飞机会继续降低高度，但这段降低高度要保持得比较缓慢，高度差要小，

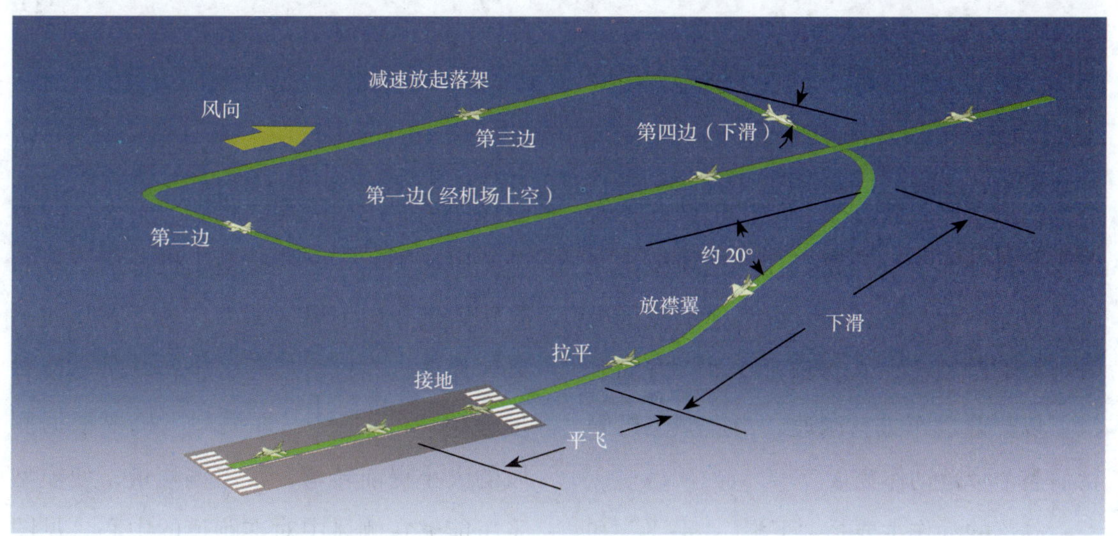


图5-7　矩形降落航线

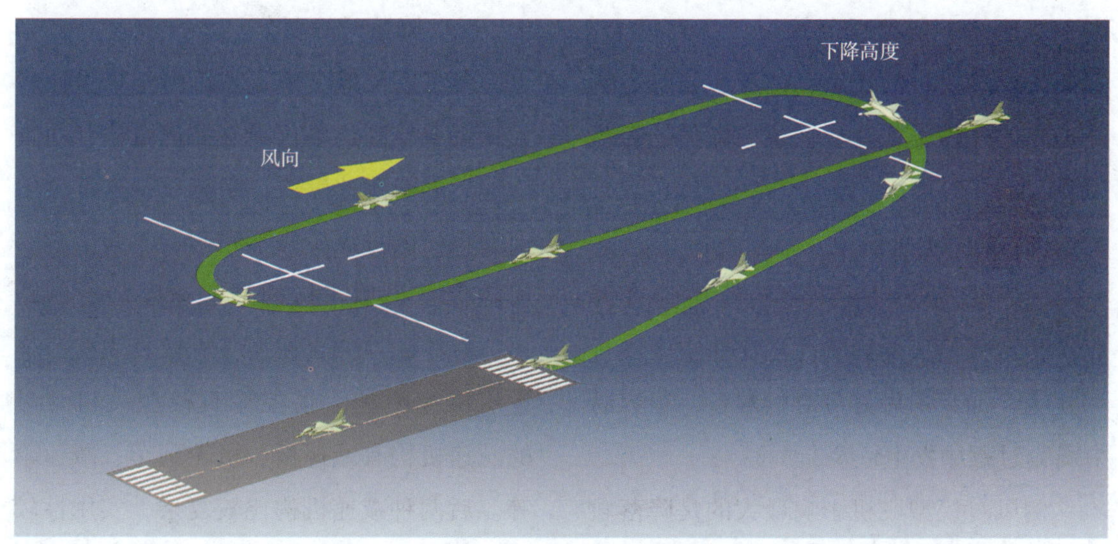


图5-8　盘旋转弯降落航线

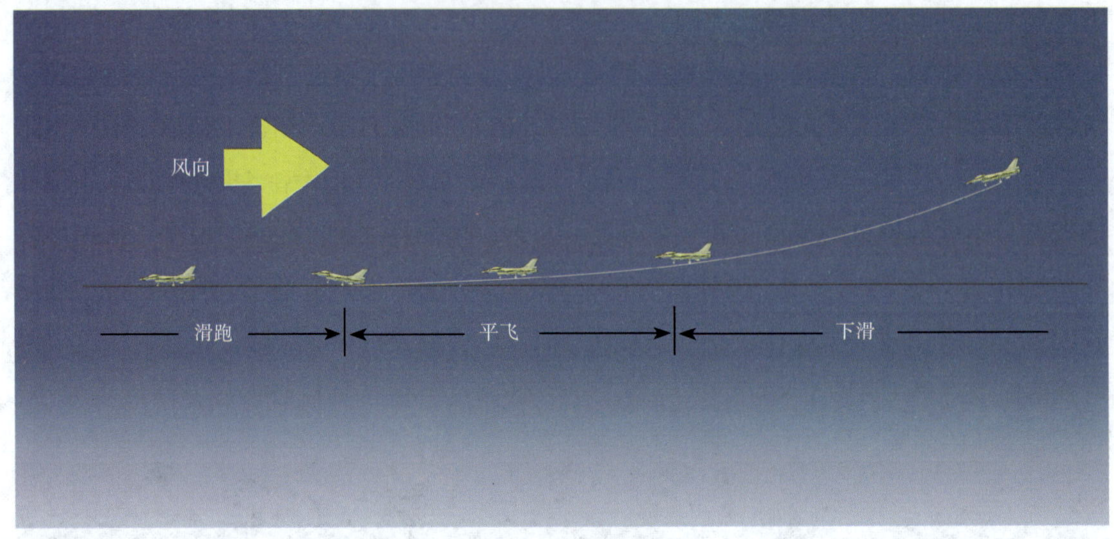


图 5-9　降落动作流程

否则如果下降过快，模型飞机积聚的势能太大，落地时容易反跳。在落地前模型飞机拉飘、主机轮先落地，之后模型飞机进入地面滑跑状态。在滑跑过程中，有的飞机可以打开刹车进行减速，当模型飞机停稳后整个降落动作完成。

降落的动作主要是“下滑”“平飞”和“落地”三个阶段，这三个动作说起来容易练起来难，需要反复练习，找到感觉，只有对模型飞机的速度、位置、姿态烂熟于心，才能做出安全、轻盈、优美的降落动作。

（3）侧风时的降落

由于模型飞机在降落过程中速度降低，因此受侧风的影响往往比在空中飞行时更大，如果不做好应对的准备，很容易在降落过程中发生危险。

侧风对模型飞机影响最大的是降落轨迹的位移。例如，我们按照正常的操纵本应该使模型飞机降落到跑道的中央，但由于侧风的影响，会使模型飞机偏离正常的降落轨迹，向下风区偏离。为了防止向下风区偏离，在进行最后一个转弯时要留有足够的“偏移量”，即模型飞机要根据侧风的大小提前转弯，留出偏移量，使模型飞机能够在侧风中对准跑道的中心（见图5-10）。

（4）降落时的刹车

很多遥控像真模型飞机由于重量比较大，翼载较高，不仅降落的速度快，而且落地后的滑跑速度快、距离长，这都会给模型飞机的操纵带来不利影响。为了减小遥控像真模型飞机的降落速度与滑跑距离，有些遥控像真模型飞机像真飞机一样设有减速机构。遥控像真模型飞机常见的减速机构有减速板、机轮刹车、减速伞等。后两种减速机构比较复杂，实用性较差，主要是为了像真度和观赏性的需要。

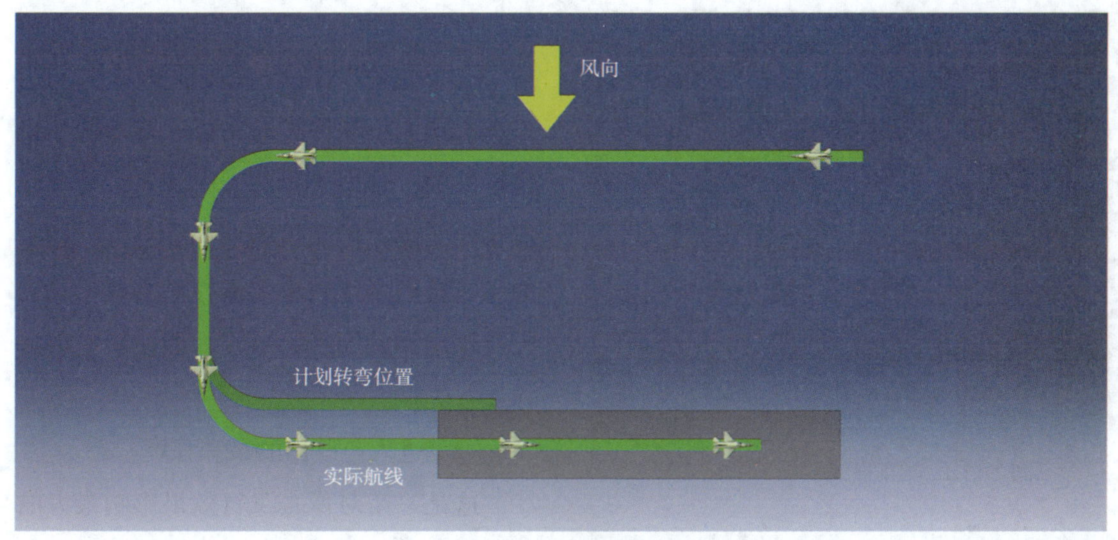


图 5-10 侧风时的降落

减速板是利用空气刹车的一种方法。减速板可以设计成单独使用（见图5-11），也可以设计成刹车襟翼（见图5-12）。

使用襟翼减速刹车时，为了平衡减速板产生的力矩，以及进一步增加减速的效果，升降舵也会向上偏转（见图5-13），机翼和升降舵产生的负升力会增加向下的压力，同时也会产生更多的空气阻力，以

图 5-11 机背打开的减速板

图 5-12 刹车襟翼

图 5-13 升降舵的修正

此来达到减速效果。

使用襟翼减速效果较好，同时控制机构也简单，因此使用较为普遍。使用襟翼减速对模型飞机的空气动力作用影响比较大，因此建议在模型飞机落地滑跑阶段再开启，不要在空中飞行时贸然使用。

### 4. 水平转弯

水平转弯看似是最基础的飞行动作，但遥控像真模型飞机想要像真飞机那样稳定优雅地转弯，体现像真度，还是有一定要求的。

（1）水平转弯的半径要适度

不同大小和种类的飞机，转弯的半径是不同的，转弯半径的大小和飞机的尺寸成正比，越大的飞机转弯半径越大，越小的飞机转弯半径越小。遥控像真模型飞机也应该遵循此原理，这样才能使转弯动作像真、优雅。

（2）进入与改出的柔和程度

这是一个对像真飞行效果影响最大的因素，如果不注意这点，就表现不出像真的飞行效果。

所有飞机从平飞进入到转弯动作，或从转弯动作改出恢复到平飞，都是有加速度的，即转弯动作启动的时间。启动的时间和飞机的大小、级别有关。飞机越大启动时间越长，飞机越小启动时间越短。作为遥控像真模型飞机，要特别注意模仿真飞机的这个特性，因为它会大大提高飞行的像真效果。

转弯动作的柔和程度直接考验着操纵技术的基础和细腻程度，没有下功夫苦练飞行技术的操纵者很难表现出真飞机的转弯效果。但有些操纵者没有注意这些细节，以至于手里拥有一架外观像真度极高的模型飞机却怎么也飞不出真飞机的味道，因此不要忽视基本功的训练。

### 5. 襟翼的使用

真飞机在降落时几乎都要使用襟翼，它能够改善飞机的起飞和着陆性能。

真飞机在起飞时，襟翼的下偏角度较小（15°~20°），主要是为了增加机翼升力，减少起飞滑跑距离，尽快离地。在降落时襟翼的下偏角度比起飞时更大（30°~40°），目的是在增加升力的同时带来更多的阻力，使飞机尽可能缩短降落距离。

遥控像真模型飞机使用襟翼，其飞行趣味性和表演性的意义要大于实际意义。因为在一般情况下，即使不使用襟翼，飞行场地的条件也能满足遥控像真模型飞机正常降落的要求。

对于某些翼载比较高、飞行速度比较快的遥控像真模型飞机，在降落阶段，由于动力减小，升力随之下降，模型飞机下沉率较大，给操纵带来难度。为了改善遥控像真模型飞机的着陆性能，通常在降落时才真正使用襟翼，不过襟翼的下偏角度比真飞机要小，大概只相当于真飞机在起飞时的襟翼下偏角度，因为它的作用在于增加升力，以防止模型飞机下沉过快。当然，这主要是针对翼载较高的模型飞机，对于本身飞行性能比较好的模型飞机大可不必这样教条，可以根据需要灵活使用。

### 6. 飞行航线与区域

为了飞行的需要，遥控像真模型飞机要制定飞行的航线和区域。模型飞机在水平面内飞行，通常航线至少有两条：一远一近。在垂直空间还有高度的变化，这就构成了最低航线和最高航线。这4条航线的边界构成了遥控像真模型飞机的飞行空域，其是一个立体的矩形（见图5-14）。视角的范围是：左右各60°，仰角60°。飞行距离根据飞机大小以及远、近航线的需要而定，一般控制在100~150m。

飞行空域的具体位置没有明确的规定，但我们要保证：①飞行的安全。模型飞机不应该飞到操纵者的头顶或身后，更

图5-14 飞行空域

不能飞到观众席上空。②飞行的区域和高度不仅有利于观赏，更要有利于操纵者的观察，尤其是在最远的航线上也要能看清模型飞机的姿态。

## （二）一般的特技飞行动作

战斗机在战斗过程中，发明了很多战术机动动作，这些机动动作后来演化成了特技动作，有些特技动作就被固化下来，并经常在飞行表演中展示，同时不少特技动作也成为培养战斗机飞行员的基本飞行技术。常见的特技动作有如下几种。

### 1. 盘旋（见图5-15）

盘旋是飞行表演中的基础动作，从动作的技术上看没有太大难度，但是如果表演得恰到好处，效果却很出彩。

盘旋最好从较近的航线进入，在操纵者的正前方进入盘旋，盘旋半径大小视情况而定，要做到不大不小，占整个航线的1/3比较合适。

要想把这个动作飞得精彩，应该注意飞行的速度要快，给观众以紧迫感；飞行的高度要比较低，给观众以压迫感，这样才能把一个普普通通的动作飞出彩。

### 2. 倒飞（见图5-16）

倒飞也是最基础的特技动作之一。

模型飞机平飞进入表演航线，做半滚（180°横滚）进入倒飞动作。

由于倒飞时机翼产生负升力，为了维持平飞高度，倒飞时需适当推杆维持“平飞”状态。推杆量的大小和感度（即推杆的敏感程度）可以根据个人操纵习惯调节。推杆量的大小不仅和舵量的行程有关，还和模型飞机的重心位置有关。升降舵舵量越大推杆量越小，升降

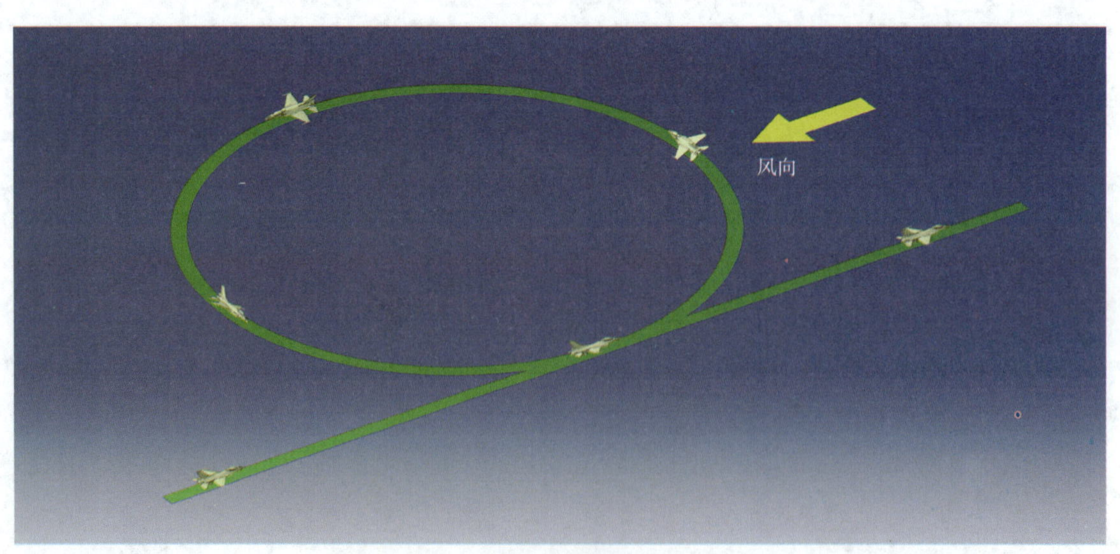


图5-15 盘旋

舵舵量越小推杆量越大；重心位置越靠前推杆量越大，重心位置越靠后推杆量越小。如果想调节推杆量的感度，可以通过发射机菜单中的EXP功能调节，EXP数值越大（趋向+值），推杆就越敏感，EXP数值越小（趋向-值），推杆就越迟钝。

### 3. 正筋斗（见图5-17）

正筋斗是垂直特技动作中最有代表性的动作之一。

模型飞机平飞进入，一定要摆正模型飞机，否则会给后面的动作造成麻烦。飞到操纵者正前方推足油门，同时拉杆，模型飞机开始做正筋斗。在做正筋斗的过程

图5-16 倒飞

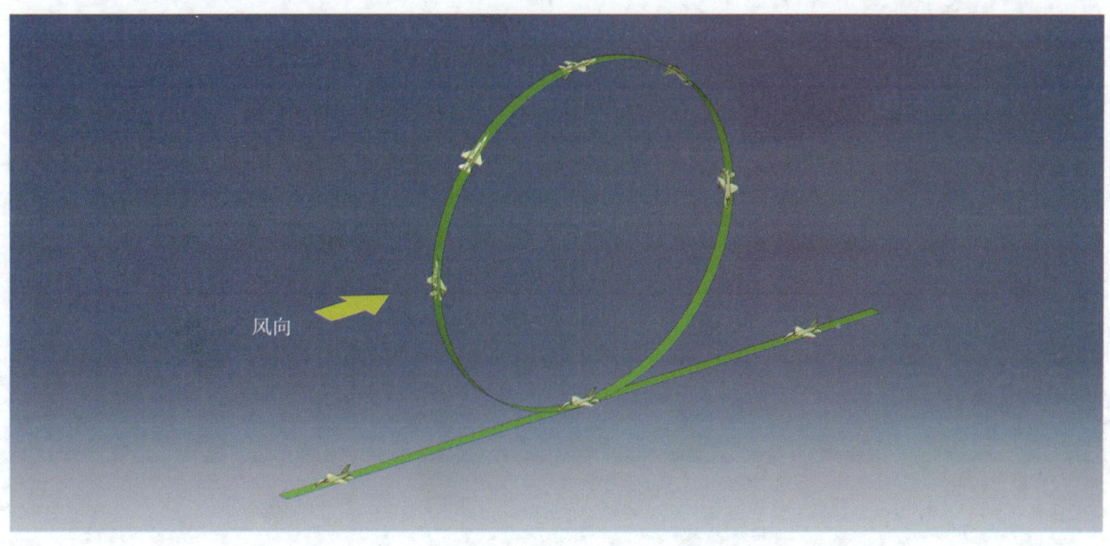


图5-17 正筋斗

中始终保持拉杆状态，拉杆量的大小决定筋斗半径的大小，拉杆量越大，筋斗半径越小，拉杆量越小，筋斗半径越大。筋斗的半径大小要和整个航线的大小成比例，一般占航线长度的1/4 ~ 1/3比较合适，太大或太小都不美观。

在正筋斗过程中虽然要一直保持拉杆状态，但在不同的位置拉杆量的大小要随时调整。例如，在接近筋斗顶点附近拉杆量要适当减小，否则筋斗的顶端容易“出尖儿”。当模型飞机飞过筋斗顶点后要降低油门（通常收至怠速），以免俯冲速度过快。当模型飞机飞过3/4筋斗后，拉杆量要适当加大，否则模型飞机容易出现下沉的轨迹。在飞正筋斗的过程中，模型飞机的横侧动作和方向动作要随时修正，否则正筋斗的动作容易发生偏斜。

### 4. 横滚（见图5-18）

横滚是滚转动作的基础。

模型飞机平飞进入，首先要摆平模型飞机，然后压副翼，模型飞机开始进入滚转，滚转的速率和副翼的压杆量有关，压杆量越大滚转速度越快，压杆量越小滚转速度越慢。从美观的角度出发，合适的横滚速度为1.5 ~ 2s滚转一周。在滚转过程中，副翼一直要保持压杆状态，直到滚转动作结束，副翼操纵杆回中，横滚动作结束。在横滚中，模型飞机要经过侧飞和倒飞状态，很容易出现掉高度的情况，滚转的速度越低这种情况就越明显，因此为了避免模型飞机在横滚过程中掉高度，经过侧飞动作时要用方向舵修正，经过倒飞动作时要用升降舵修正。如果滚转速度较快，在经过侧飞时也可以不使用方向舵修正，但倒飞的推杆动作还是必要的。

### 5. 慢滚（见图5-19）

慢滚是横滚动作的一个衍变，就是在

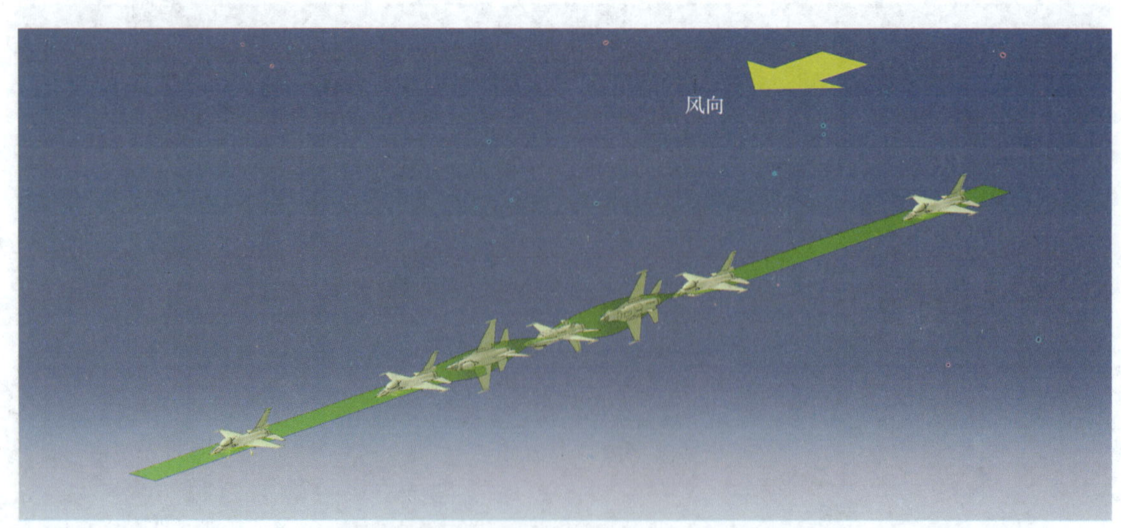


图5-18　横滚

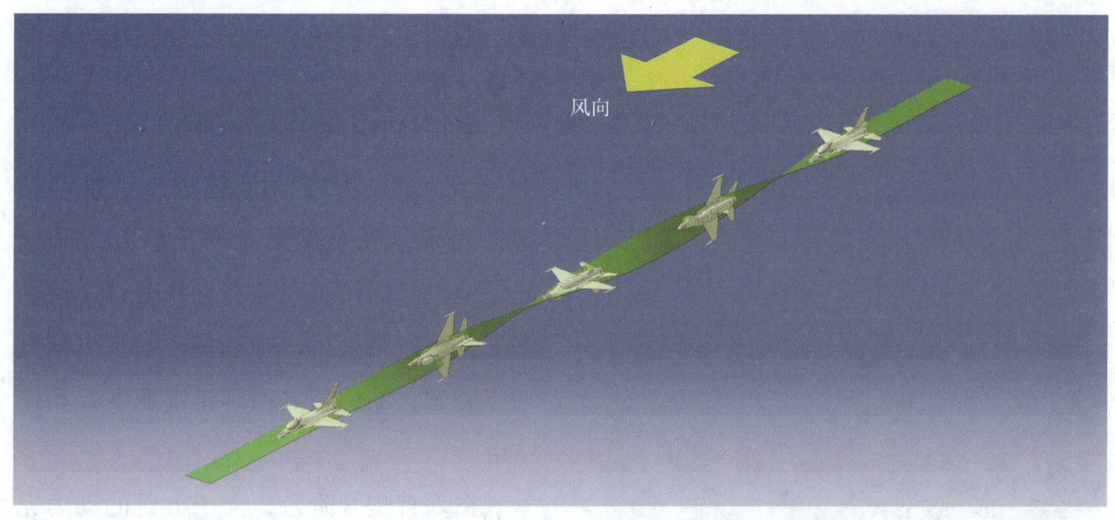


图 5-19 慢滚

横滚速度上变得更慢。但滚转速度越慢，对修正的要求就越高，方向舵和升降舵的修正就要更加及时、准确，否则滚转的速度越慢，滚转的轨迹就越不容易直、正。慢滚是滚转动作中较难练就的动作，需要长久、细心的练习。

### 6. 四位横滚

四位横滚是横滚的另一个衍变，即在滚转的每90°位置上做短暂停留。它的技术要领与横滚、慢滚是一样的，只不过技术难度更大一些，但是只要横滚动作打好基础，那么四位横滚也不是高不可攀的。

### 7. 桶滚（见图5-20）

桶滚是滚转技术的另一种变形。做桶滚动作时要适当压副翼、拉杆才能完成，一般情况下不使用方向舵。副翼和拉杆量

图 5-20 桶滚

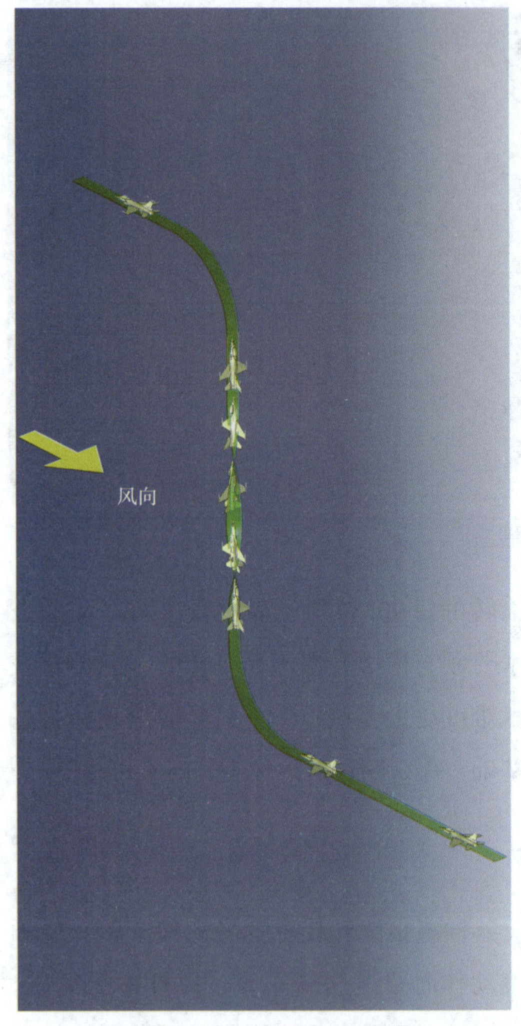

图 5-21 垂直上升横滚

的大小决定了桶滚直径的大小，副翼量和拉杆量越大，桶滚直径就越小，副翼量和拉杆量越小，桶滚直径就越大。桶滚与其他滚转技术动作的最大不同是滚转轨迹不是一条直线，而是一条螺旋线（螺旋线的轴心是直的，相当于横滚的轨迹）。

### 8. 垂直爬升

垂直爬升的技术难度比较低，主要考验的是模型飞机剩余功率的性能，剩余功率大的模型飞机完成这个动作就相对比较轻松。

垂直爬升一般要迎风进入。首先要摆平模型飞机，从平飞动作进入，推油门增大功率，飞至操纵者的正前方柔和拉起，使机身保持垂直姿态直线上升，待垂直上升动作结束后，推杆使模型飞机恢复平飞姿态，油门随之回到正常速度，动作结束。

在垂直爬升阶段，由于上升的动力完全来自动力系统，此时的机翼升力是多余的，因此大部分模型飞机会向拉杆方向偏航，尤其是在迎风进入的时候，所以在模型飞机转入垂直爬升后，要保持适当的推杆以防止模型飞机向拉杆方向偏航。

### 9. 垂直上升横滚（见图5-21）

这个动作是把垂直上升和横滚两个动作组合起来，虽然技术难度并不大，但这个动作很漂亮、潇洒，因此在飞行表演中经常出现。

在垂直爬升中只要压副翼进行滚转就可以，滚转的速率由副翼的动作量决定，但由于垂直爬升过程中大部分模型飞机的速度会有所降低，因此舵效也会降低，要想保持同样的滚转速率，副翼压杆量往往要略大于平飞时的压杆量。

在垂直上升的过程中加入横滚动作，会使上升的轨迹难以控制，必要时应使用方向舵和升降舵进行修正。

垂直上升横滚动作的质量还与模型飞

机的调教有关，没有进行精心调教的模型飞机在垂直上升横滚阶段可能出现不正常的飞行姿态。

### 10. 1/2古巴8字（见图5-22）

这个名称主要源于模型飞机，但该动作也被很多真飞机所使用。

模型飞机在即将进行掉头时，先由平飞进入，推油门提高功率，然后以45°拉起爬升，在爬升进行到一半时做180°横滚，模型飞机呈45°倒飞状态（此时需保持适当推杆）继续爬升，直至爬升结束，模型飞机由倒飞状态进入正筋斗，在模型飞机进入正筋斗的俯冲阶段收油门减速，直至再次进入平飞状态，拉杆回中、油门恢复正常速度，此动作结束。

这个动作先进行半滚然后再进入筋斗，优点是改出时留出的直线段较长，进入下一个动作有足够的调整时间，因此很多模型飞机和真飞机都喜欢使用这个动作进行掉头。

### 11. 横8字（见图5-23）

横8字是在航线中心进行的特技动作，基本要领是将两个1/2古巴8字组合在一起，虽然看上去比较复杂，但只要有前面的基础，这个动作就不会感觉太难。

### 12. 殷麦曼（见图5-24）

殷麦曼是一名德国的飞行员在空战时发明的战术动作，后来衍变成了非常有名的特技动作，这是由战术动作转变为特技动作的代表。

模型飞机在即将飞到航线尽头时，推油门增加功率，同时拉起做半个筋斗，在筋斗顶端做180°横滚改出恢复平飞，动作结束。

这个动作的技术难度不大，但问题出

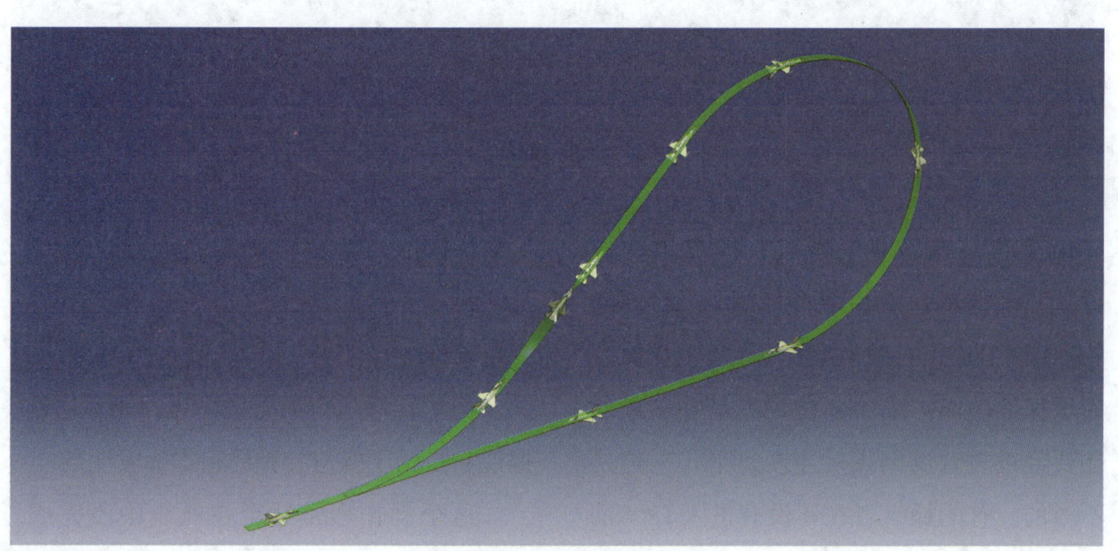

图5-22 1/2古巴8字

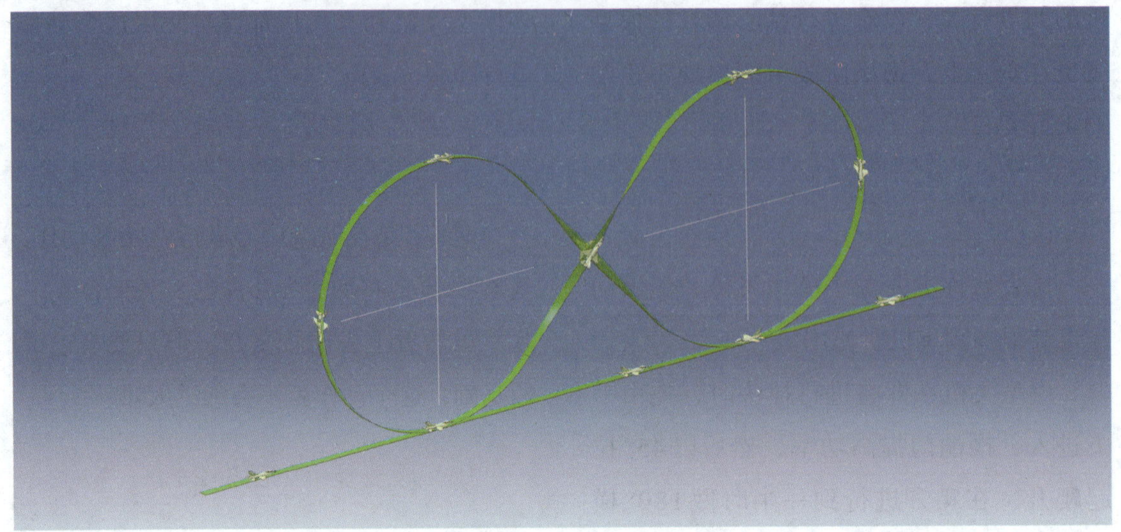

图 5-23　横 8 字

图 5-24　殷麦曼

现最多的是在筋斗的顶点，即改出的位置。正确的动作是模型飞机在刚飞过筋斗的顶点（180°）时做半滚改出。有的操纵者为了保证动作的成功率在180°筋斗结束后还要经过短暂的倒飞后才恢复平飞，这是不对的。有的操纵者在还没有进入180°筋斗之前就半滚改出，这样模型飞机在改出后会保持抬头姿态飞行，这也是错误的。

### 13. 德里转弯（见图5-25）

德里转弯是个漂亮、灵巧的战术动作，据说它是为了躲避导弹的追击而发明的。

这个动作通常适合在航线中段完成。模型飞机由平飞进入，迅速压副翼呈侧飞

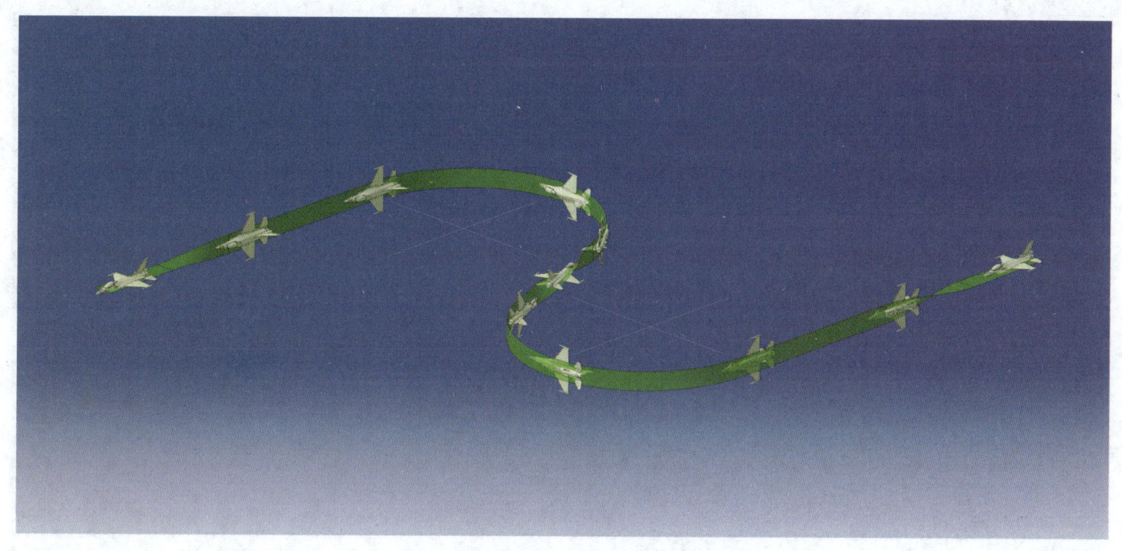

图 5-25 德里转弯

状态，然后在侧飞状态下做180°水平急盘旋，紧接反向侧飞水平急盘旋后改出，动作完成。由于这是个战术动作，甚至是在“保命”时完成的机动，因此只有激烈、迅速地完成才更有味道，而不能像平时飞行那样沉稳，这也是其与其他动作最不同的地方。

由于这个动作是两个反向的水平盘旋紧接在一起完成的，同时还要保持两个方向的侧飞状态，因此完成起来有一定难度，操纵技术需要特别熟练。

### 14. 超低空通场（见图5-26）

超低空通场是个惊险刺激的飞行动作，要求操纵手法细腻娴熟，稍不留神就会使模型飞机进入危险状态，如果操纵技术不过硬，那么就不要轻易尝试。

超低空通场首先要保证操纵者和观赏者的安全，飞机与人群要保持安全距离，绝对不能在观众席上空通场。在通场前，一定要让助手观察跑道及相关区域是否有人员活动，在超低空通场的区域绝对不能有人员在内，必要时一定要进行警告和驱离。

超低空通场的高度不要太低，比较合理的高度是距地面3m。之所以选择3m的高度，主要是考虑到安全原因，一般人的身高不超过2m，如果跑道上突然出现不速之客，3m的高度还能留有安全距离。另外，不要认为超低空通场的高度越低表演就越精彩，因为高度过低，动作既不优美，同时也不利于观众观看，欣赏效果并不好。

通场轨迹建议从航线两端较远的位置进入，通场前再次以小角度俯冲降低高度，直到进入跑道前达到最低高度。通场的路线尽量保持得长久一些，这样通场轨迹显得稳定、柔和，有较好的观赏效果，而且也比较安全。

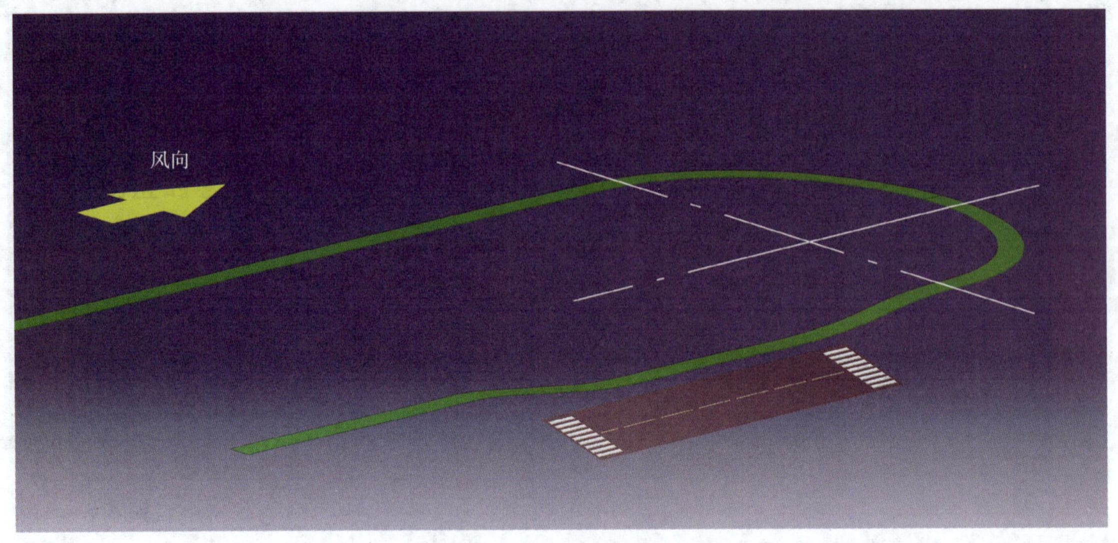


图 5-26 超低空通场

## （三）编队飞行

编队飞行是航空表演中非常精彩又惊险的一种飞行方式，很多航空表演小组都表演过编队飞行的绝技。

编队飞行需要两架以上的飞机组成编队，按照事先编排好的动作一起协同飞行，共同做好组合动作。在编队飞行中，各架飞

机时而聚拢时而分散，飞机与飞机之间的距离、方位、组合方式不断变化，要想做好编队飞行首先要求控制精准、到位，否则无法形成整齐的队列，甚至会发生危险。

由于真飞机的驾驶员是坐在驾驶舱里观察周围情况，对友机的距离、方位、速度都能观察得比较清楚，因此较利于编队的形成。但模型飞机的操纵者只能站在地面观察，而且是远距离观察模型飞机，距离变远后模型又变得比较小，加之视角的问题，在模型飞机编队时特别不容易感知其精确的间距、位置和角度。因此，模型飞机编队飞行的难度要比真飞机大得多。

本书根据真飞机编队飞行的一些经验，结合模型飞机的飞行特点，编排了一些适合模型飞机的编队飞行动作，供技术熟练的爱好者参考。

由于模型飞机编队飞行最大的难点是不好感知模型飞机之间间距的大小，距离太大了不好形成编队效果，距离太小又容易发生碰撞，因此模型飞机编队飞行的数量建议是，低难度的编队最多不超过5架模型飞机，高难度的编队建议不超过4架模型飞机，特技编队建议双机完成。

常见的编队队形如下。

### 1. 横列编队（见图5-27）

横列编队简称“横队”，即两架（或以上）飞机保持并列飞行，没有前后距离差和高度差。横队是一种简单的队形，便于真飞机之间的近距离联络，但是对于模型来说可能不太方便，因为远处的模型飞机

图5-27　横列编队

在一定程度上会有遮挡，不便于操纵者的观测，而且这种队形似乎显得有点呆板。

### 2. 纵列编队（见图5-28）

纵列编队简称“纵队”，即两架（或以上）的飞机前后排列成一队的队形。为了避免前方飞机的尾流对后方的飞机产生影响，一般纵队中的各架飞机要保持一定的高度差（见图5-29、图5-30）。纵队的队形比较有立体感。

### 3. 梯形编队（见图5-31）

梯形编队简称“梯队”，指数架飞机在同一高度一字展开，并向后倾斜，保持一定间距的队形。梯形编队的队形比较美观，但对于模型的操纵者来说要具有良好的距离感，否则很难形成准确的梯队。

### 4. 楔形编队（见图5-32）

楔形编队简称“楔队”，即三架（或以上）的飞机，左右倾斜对称排列，保持同一高度。楔队属于比较复杂的队形，对于模型编队，数量不宜太多，建议做三机楔形编队，即三角形编队。

### 5. 菱形编队（见图5-33、图5-34）

菱形编队至少由4架飞机组成，从俯视的角度看4架飞机组合成菱形图形，但考虑到前方飞机对后方飞机的尾流影响，4架飞机要保持高度差，每一层要保持合理的高度。

图5-28 纵列编队

图 5-29　纵列编队中各机要保持高度差

图 5-30　呈纵列编队的 F/A-18“大黄蜂”战斗机

图 5-31　梯形编队

图 5-32　楔形编队

图 5-33　菱形编队 1

图 5-34　菱形编队 2

模型飞机编队的距离要保持在合理的范围内。如果间距太小，虽然队形更加清晰，但不利于观察，操纵技术难度大，不利于安全飞行；如果间距太大，操纵与观察倒是变得相对容易，但是队形不明显，会显得稀松不像一个整体。

不管是真飞机的编队还是模型飞机的编队，指挥好一个集体必须要有一个“队长”，大家要按队长的要求和指令一起做好编队动作。对于真飞机来说，这架发出指令的飞机就是“长机”，而其他所有配合编队的飞机被称为“僚机”。

编队飞行对于模型飞机来说是一项不容易掌握的技术，需要操纵者自身具有扎实的操纵技术，而且操纵者之间要长期磨合，只有这样才能做好编队飞行。

### （四）编队特技

在编队飞行中，我们还可以结合特技动作进行组合飞行。

#### 1. 迎面开花（见图5–35、图5–36）

五机采用横队从远方正面飞来，飞到跑道上空之前朝向观众方向做辐射状炸开状态，中间的那架模型飞机做垂直拉起动作，相邻的两架飞机先要压45°坡度，然后紧跟90°拉起，注意爬升时有偏航角度，外侧的两架模型飞机做90°转弯接侧飞动作。

这个动作之所以采用横队，是因为一方面有助于操纵者的观察，可以在进入动作前开始修正编队，调整每架模型飞机的位置，另一方面采用横队可以使动作的起始点保持一致，使动作的图形完成质量更高。

#### 2. 迎面交叉（见图5–37）

双机采用横队从远处朝观众方向迎面飞来，飞临跑道上空时双机向编队内侧做90°水平急转弯，双机交叉飞行，分别向跑道两端做水平改出。

这个的动作的难点在于交叉飞行时机和位置。其中一架模型飞机的位置要比另一架模型飞机稍稍靠前。进入交叉动作，掌握间隔是关键，间隔拉得太大，虽然对安全飞行有利，但缺乏惊险刺激的场面，破坏了编队的观赏性；间隔太小又容易发生两机相撞的严重事故，因此这个动作要求操纵者之间必须配合默契，而这需要长时间的训练。

#### 3. 编队航线

这要求模型飞机的数量不能太少，否则看不出效果。编队航线最好采用梯队形式，这样更有利于操纵者观察，同时动作图形也不会显得呆板，比较有立体感。

#### 4. 编队盘旋（见图5–38）

编队从航线一端飞来，到跑道上方集体做360°水平盘旋后改出。

飞这个动作如果编队的模型飞机数量太少就难以表现出效果，因此编队模型飞

图 5-35　迎面开花 1

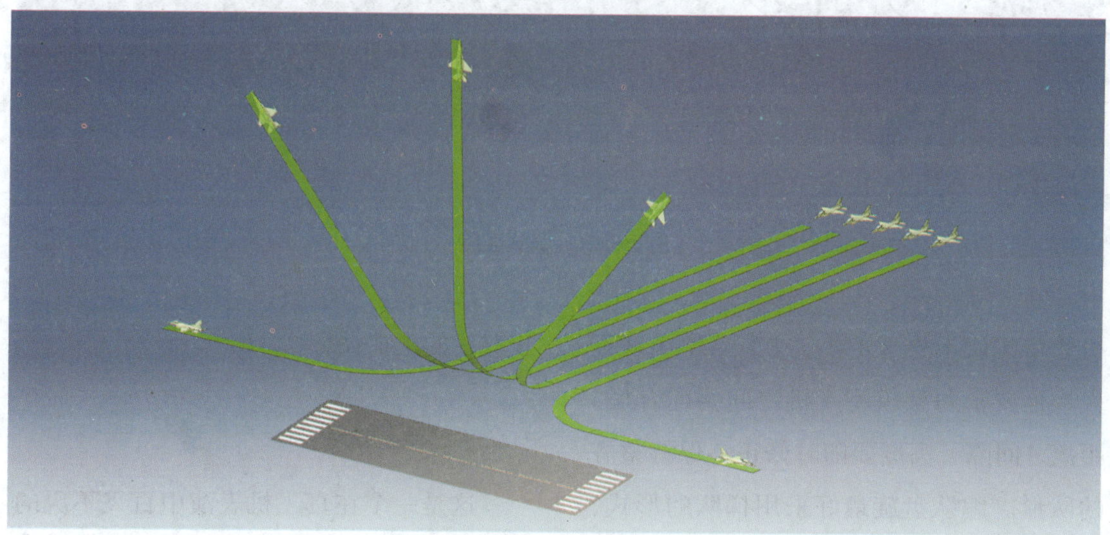

图 5-36　迎面开花 2

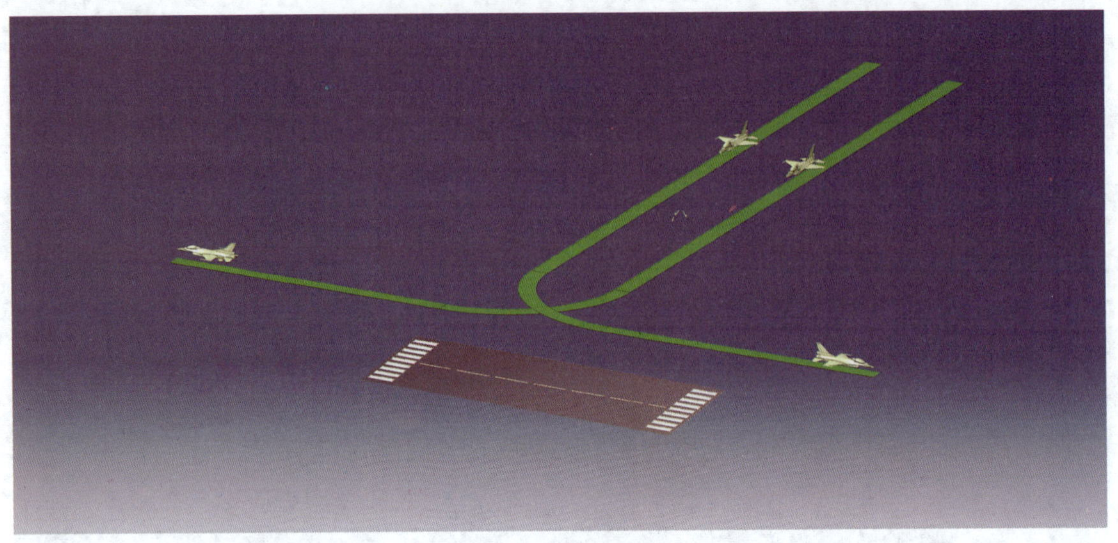

图 5-37　迎面交叉

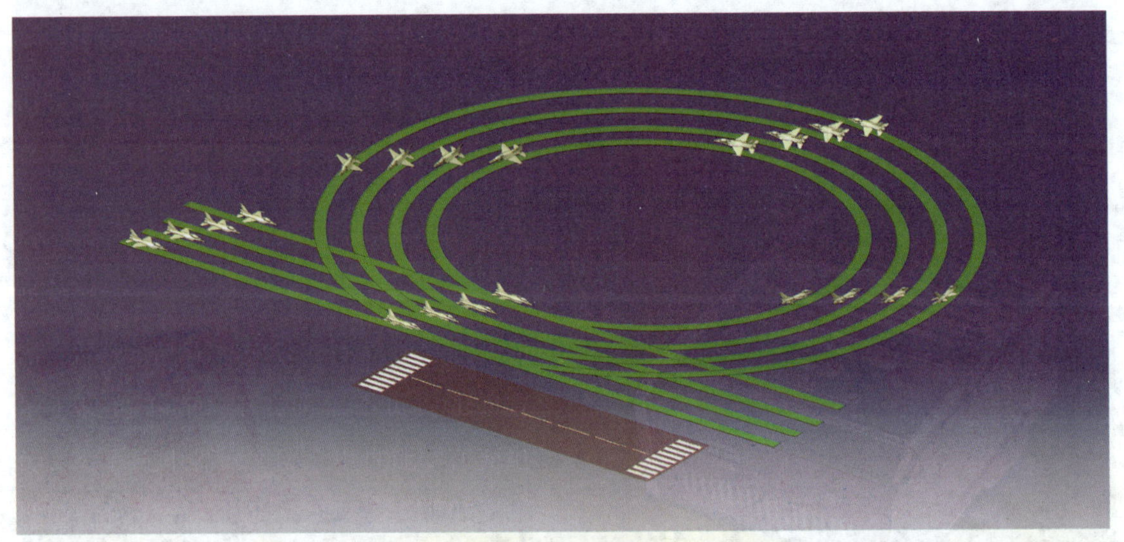

图 5-38　编队盘旋

机数量建议不少于4架。这个动作难度不大，但要求每架模型飞机之间要配合好，距离、间隔、高度要随时修正，保持整齐的队形。编队盘旋最好采用梯队的形式，而且前后距离要适当紧密一些。盘旋动作的启动时机要以最后一架模型飞机进入到航线的中间为准，这样盘旋的位置才能处于航线的正中央。

### 5. 向下开花（见图5-39、图5-40）

这是一个在真飞机表演中百飞不厌的动作。

4架模型飞机在观众的正前方高空集合，然后做集体俯冲，在俯冲到低空时，

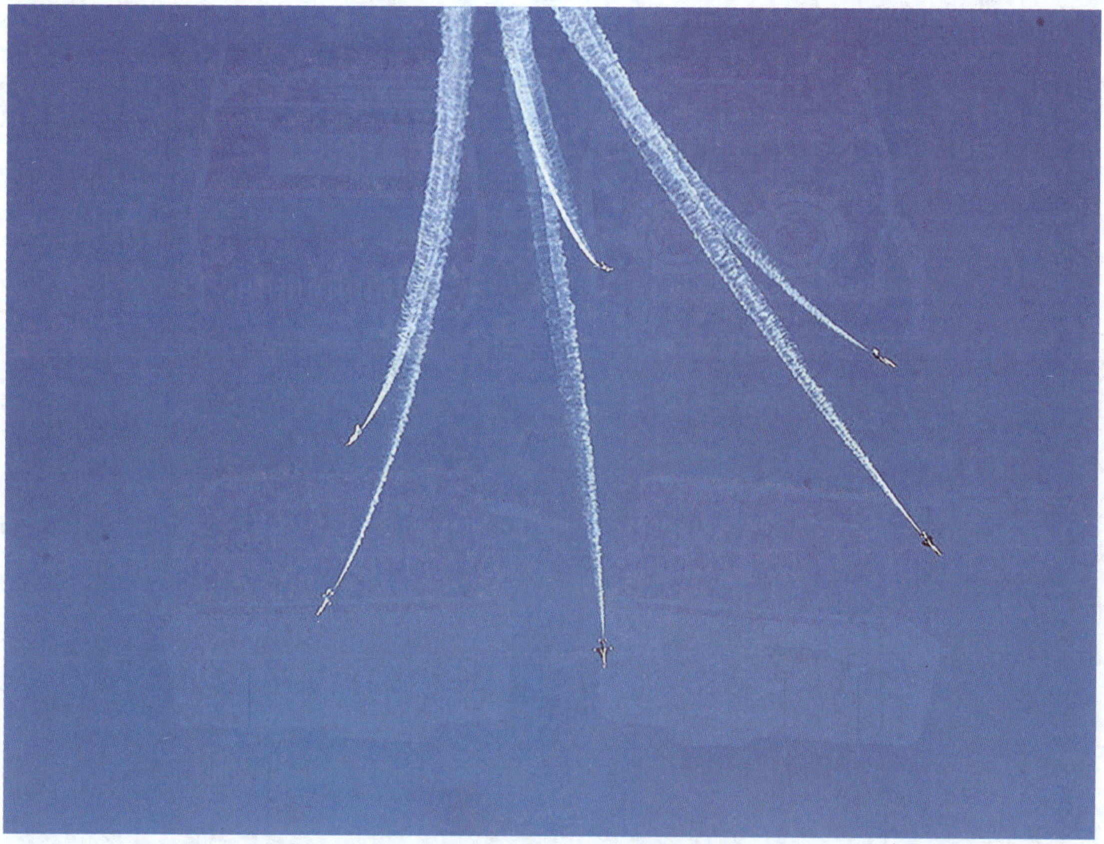

图 5-39　向下开花 1

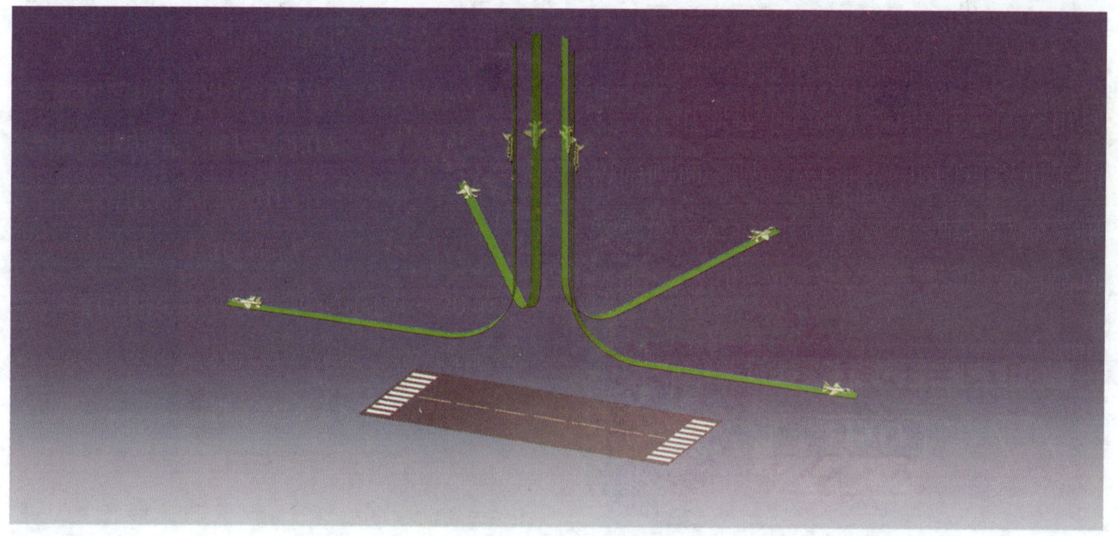

图 5-40　向下开花 2

柔和拉杆，分别朝4个方向水平改出，注意改出方向要避开观众席。

向下开花的动作最好配合拉烟进行，这样开花的轨迹会十分醒目，表演效果更好。

### 6. 影子飞行（见图5-41）

影子飞行是美国“雷鸟”飞行表演队的招牌动作（见图5-42），但由于这个动作很吸引人，不少表演队也都表演过此动作（见图5-43）。

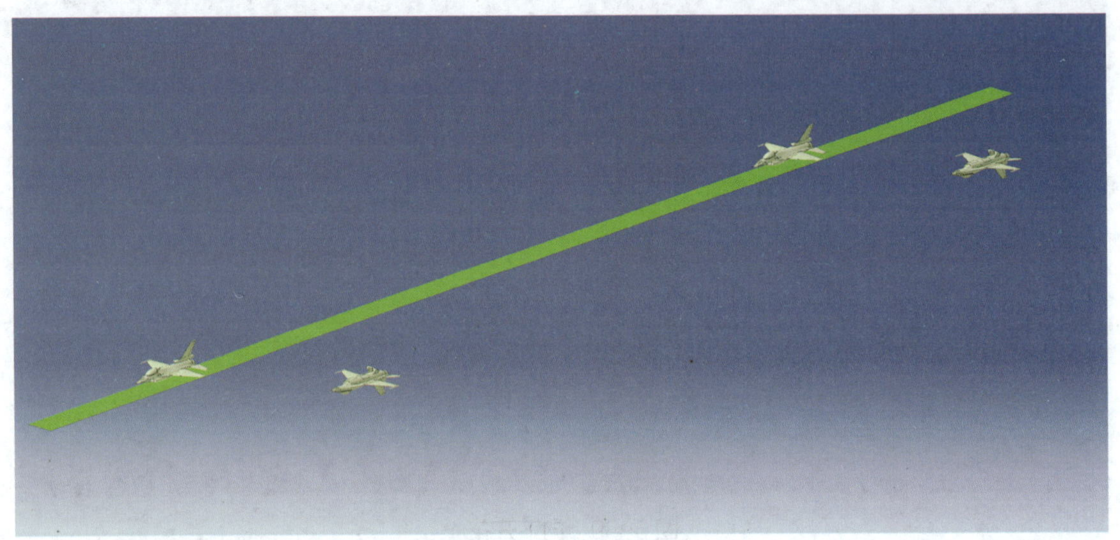

图5-41 影子飞行

图5-42 “雷鸟”飞行表演队的双机正在做影子飞行

双机采用近距离梯队飞临跑道上空，两机要保持适当高度差。前方的模型飞机保持正常平飞，后方的模型飞机保持倒飞做跟随性飞行，倒飞的模型飞机要处于平飞模型飞机的斜下方，这样看起来倒飞的模型飞机酷似平飞模型飞机的“影子”。

图 5-43　“蓝天使”飞行表演队的双机正在做影子飞行

这个动作难度最大的在于后方那架做倒飞动作的模型飞机，既要做好倒飞动作，还要与前方的飞机保持一致的速度、位置，因此要求操纵者的技术十分娴熟。当然，前面平飞的模型飞机由于负担比较小，因此有足够的精力去配合倒飞的模型飞机，不能让倒飞的模型飞机一味迁就自己，只有双机互相配合，才能把这个动作表演好。

### 7. 双机对头（见图5-44）

这个动作是很惊险的，它更多的是利用观众的视觉误差产生十分刺激的观赏效

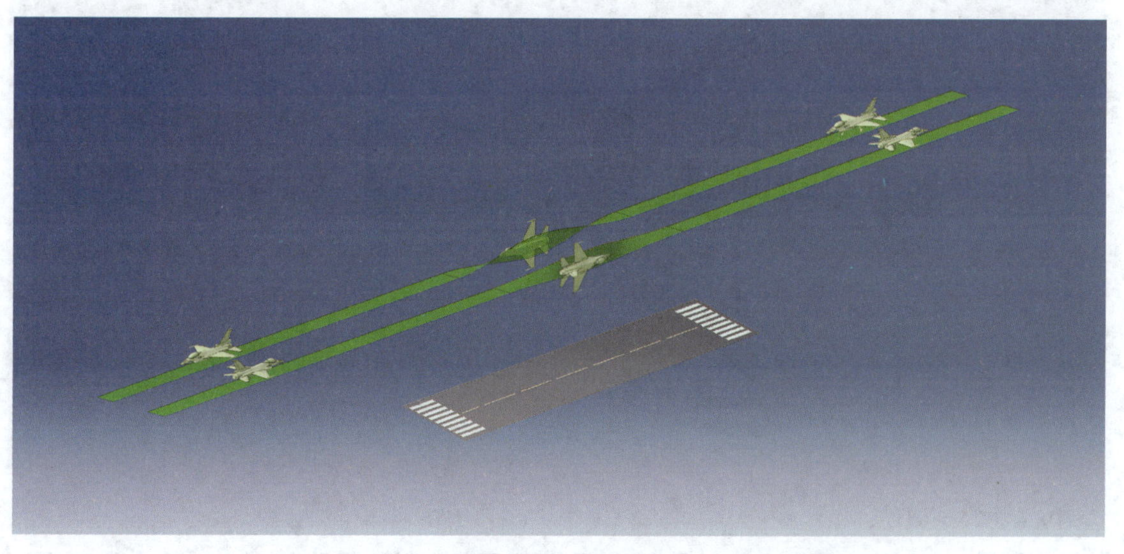
图 5-44　双机对头

果（见图5-45、图5-46）。

双机从跑道两端相向飞行，飞行速度比较快，要保持同样的高度，两机交汇后向外侧盘旋，动作结束。

这个动作的难度是两机之间要保持比较近的飞行轨迹，距离拉得太远虽然更安全，但刺激的效果也会大为逊色。双机的交汇方向一定是朝向外侧，否则危险性太大。朝观众席盘旋的模型飞机在交汇完毕后要做180°盘旋回到航线区域，避开观众。

图5-45 “蓝天使”飞行表演队正在做双机对头动作

图5-46 “雷鸟”飞行表演队正在做双机对头动作

### 8. 多机横滚（见图5-47）

多机横滚是一个难度比较低，但效果很震撼的动作。

这个动作适合数量较多的编队飞行。多机以梯队从航线一端飞来，当飞到观众正前方时一起做横滚动作，然后平飞改出继续飞行。

这个动作最好采用梯队，这样不仅有利于操纵者的观察，同时表演效果也较好，具有更强的立体感。横滚的起始点要以中间的模型飞机飞到观众正前方为准，这样集体横滚的位置才能处于航线中央。此外，各机横滚的方向要一致。

### 9. 一机平飞一机桶滚（见图5-48、图5-49）

这个动作是编队组合动作中难度最大的，尤其对完成桶滚的模型飞机技术要求很高。

一架模型飞机从跑道一端飞来，另一架模型飞机在外侧以直径较大的桶滚动作围绕平飞的模型飞机飞行。

飞好这个动作，首先要求平飞的飞机严格控制好速度、位置，不能有明显的起伏和波动，这样才能为进行桶滚飞行的模型飞机提供良好的飞行条件。桶滚的模型飞机要以直径大小合适的标准围绕平飞的模型飞机进行桶滚飞行。如果桶滚的直径太小，模型飞机之间容易发生碰撞，十分危险，而桶滚直径太大又会减弱表演效果。

### 10. 一机平飞一机侧飞（见图5-50）

这个动作和“影子”飞行很相似，不同的是倒飞的模型飞机改为“侧飞”。侧飞动作的难度更大，对模型飞机的机型要

图5-47　多机横滚

图5-48　一机平飞一机桶滚

图 5-49 真飞机在做“一机平飞一机桶滚”动作

图 5-50 一机平飞一机侧飞

求也更加严格。由于大部分喷气式战斗机的机身侧面积不大，要想维持侧飞很困难，有的机型甚至根本无法完成侧飞，因此在选择机型时可以选择体育运动飞机（见图5-51）。

## （五）动作的组合

由于编队飞行和特技飞行对于模型飞机的操纵来说都有难度，因此使用模型飞机做编队特技飞行不仅要求操纵者个人的技术基础要扎实，还要经过大量的训练，才能使操纵者之间建立默契。真飞机编队要由长机统一指挥编队的其他成员有计划、按节奏行动，必须严格贯彻指令。我们的模型飞机编队一样也要有指挥，统一服从指令，不能各自为战。由于编队特技飞行本身就是难上加难，一旦稍有疏忽就很容易发生飞行事故，因此，除了每名操纵手要练就过硬的飞行技术外，服从命令听指挥也很重要。

我们前面给大家提供的都是基础的、有代表性的、观赏效果又比较好的一些特技与编队飞行动作，熟练的爱好者可以编排适合自己团队的、更加有创意的新动作。

## （六）表演的安全

1988年8月28日，意大利空军“三色箭”飞行表演队在联邦德国的拉姆施泰因空军基地进行飞行表演时发生空中撞机事故，一架飞机与编队中的另两架飞机相撞，当场损失飞机3架，3名飞行员罹难。失事的飞机直接砸向了观众群，造成84名观众死亡，500余人受伤，这是迄今为止飞行表演中最严重的一次事故。从这次事故起，很多国家都规定飞行表演不能飞

图5-51　体育运动飞机

越观众席，这样的规定是十分必要的。对于模型飞机来说，不管你是否是高手，在做飞行表演时都绝对不能在观众席上空进行，要与观众保持足够的距离。不管表演什么动作，单机表演还是编队表演，动作的难度是简单还是复杂，都要特别注意表演的安全，没有足够的把握、娴熟的技术、丰富的飞行经验、过硬的心理素质，就不要逞强卖弄自己的技艺，否则很可能酿成重大的安全事故。

## 三、遥控像真模型飞机的设置与调整

一架新的遥控像真模型飞机在试飞前应该进行调整，然后才能进行正常飞行，但由于遥控像真模型飞机的飞行不仅仅是特技飞行，因此大可不必向遥控特技模型飞机的调整那样斤斤计较，但要保证在一般的飞行姿态下，模型飞机能够正常飞行，尤其飞机要“正”。要想让一架遥控像真模型飞机具有良好的飞行基础，下面几点因素是必须注意的。

### 1. 重心位置

重心位置对任何模型飞机而言都是最重要的，在所有的调整工作中，重心位置的确定是首先要进行的，因为重心的位置决定着一架模型飞机是否具有起码的稳定性。我们使用的遥控模型飞机都是靠人的操纵来控制飞行姿态，无法像现代高速战斗机那样通过电传系统来控制飞机，因此重心的位置至关重要，重心位置误差过大的模型飞机甚至无法飞行。

对于大多数固定翼遥控模型飞机，重心位置位于弦长的30%～35%之间，具体的移动幅度可根据飞行的需要而定。如果希望模型飞机的稳定性好一些，就将重心略向前调整；若希望模型飞机的灵活性好一些，可以将重心位置略向后调整。这些调整只要是在30%～35%的范围内进行，一般就不会出现问题。但如果重心位置超越上述范围，尤其是偏后，对于一架模型飞机来说就会变得极不稳定，很难正常飞行，我们要特别注意。

对于大多数遥控像真模型飞机，由于机头比较长，尾力臂比较短，因此会出现重心偏前的问题，有些模型飞机甚至需要“拉着杆”才能正常平飞。如果改变尾力臂长度，一来这是生产过程中的事，爱好者也决定不了，二来如果改变得太多就会破坏模型飞机的外观效果。解决方法是一方面可以调整动力电池的位置，另一方面只要能保证正常的飞行时间，动力电池的容量可以尽量小一些，这样也能减小对模型飞机重心位置的影响。例如，本书中使用的P-51D“野马”模型飞机，作为一款翼展1400mm的模型飞机，尺寸已经不小了，但经过厂家的试验，电池使用14.8V（4S）2200mAh左右的锂聚合物电池，就能够满足一般飞行的需要，剩余功率也不小，虽然飞行时间不能太长，但出于飞行的需要，适当做些让步也是合乎情理的。

上面我们讲的遥控像真模型飞机的重心位置主要是针对常规布局的模型飞机而言，对于一些非常规布局的模型飞机，由于布局形式各不相同，情况比较复杂，因此不在这里论述，有需求的爱好者可以根据产品说明书的建议对模型飞机的重心位置进行设定。

### 2. 使用发射机的菜单对模型飞机进行调整与设定

现在市场上使用最多的是泡沫材质的模型飞机，因为零部件都是在工厂一次注塑成形，一方面精度比较高，另一方面也不适合手工改造和调整，因此我们可以使用发射机的混控功能进行调整，既方便也实用。

例如，有些模型飞机的拉力线安装得不是特别准确，模型飞机一推油门，模型飞机就有轻微抬头的现象，那么我们可以启用“油门—升降舵”联动的功能，当推油门时升降舵适当推杆进行补偿以改善这一问题。

为了安全地调试模型飞机，这些调整工作最好在地面进行，不要在飞行中调试。另外，每次的调整量不要太大，应该遵循“少量多次”的方法进行，这样更有利于飞行的安全。

### 3. 微调的修正

一架模型飞机在初次试飞时，大家首先会用微调来修正不正常的飞行姿态。使用微调来初步修正模型飞机不良的飞行姿态也有要求，需要注意以下几点。

（1）微调的修正量不能过度使用。使用微调修正模型飞机的不良飞行姿态不能过度，这里的“过度”是指微调的修正量过大。如果微调修正量占单边行程的1/2以上，就属于比较大了，这说明模型飞机本身存在比较大的问题，通常是结构有变形或安装出现较大误差等，需要仔细检查改正问题，否则即使能勉强飞行，模型飞机的空气动力性能也不会好，操纵也会感觉很不舒服。此外，微调修正量太大还会影响舵机正常的动作量，因此凡是遇到微调修正量特别大的情况，一定要先检查模型飞机自身的问题。

（2）还有一种情况是舵机的控制精度影响微调位置。有些舵机本身的控制精度比较差，微调在修正而舵机并没有反应，但当微调修正量增加到一定程度后，舵机会突然转动一大格。还有的情况是，舵机的回中位置总是改变，微调老是调不正模型飞机。在出现这些情况的时候就要考虑更换性能更好的舵机了。

（3）微调的步进量（动作量）可以在发射机中调整。一般发射机出厂设置的步进量为“4”，如果爱好者希望微调更加精确一些，可以将步进量设定得更小。

## 四、遥控像真模型飞机的像真飞行技巧

遥控像真模型飞机的最大乐趣是能够像真飞机一样飞行，因此，在飞行效果上

能达到以假乱真是爱好者的终极目的。有的爱好者在操纵一架遥控像真模型飞机飞行时，所有的动作都和真飞机一样，惟妙惟肖，如果作为影片中的客串，真的是难分真假。而有的爱好者在操纵同样一架遥控像真模型飞机飞行时，却一下就会穿帮，为什么会有这么大的差距？这不仅需要一架好飞机，更需要具备老道、细腻的操纵技术。

一架遥控像真模型飞机要想达到真飞机的飞行效果，需要注意以下一些重要的细节。

### 1. 遥控像真模型飞机的飞行速度

不同种类飞机的飞行速度不同。例如，一架赛斯纳182遥控像真模型飞机的飞行速度肯定比一架P-51D“野马”遥控像真模型飞机的飞行速度低不少，如果两架模型飞机保持相仿的飞行速度，甚至前者更快而后者更慢，那么肯定会让观赏者觉得十分“怪异”，一眼就会看穿帮，这就是没有遵守真飞机飞行速度的规律。

其次，即使同一种遥控像真模型飞机，如果没有注意比例速度，也会让观赏者觉得很假。什么是比例速度？例如，我们手里有一架F-16战斗机的遥控模型，首先要了解真飞机的飞行时速，根据模型飞机的外形尺寸，可以推算出缩小尺寸后的模型飞机应该达到的相应速度。在操纵模型飞机飞行时，我们通过两点间的测距、测时可以计算出模型飞机的飞行时速是否和真飞机的飞行时速“成比例”，如果差距太大可以反复练习，直到养成“习惯”。

只有先了解遥控像真模型飞机的飞行速度，后面的工作才能事半功倍。

### 2. 遥控像真模型飞机的动作惯量

不管是真飞机还是遥控像真模型飞机，做出动作都需要一定的反应时间，即动作惯量。

由于真飞机的尺寸要比模型飞机大得多，因此真飞机的动作惯量也要比模型飞机大得多，这就导致了真飞机与模型飞机之间巨大的动作惯量差异。模型飞机完成一个飞行动作，例如，转弯中一个压坡度的动作，其反应可以做到快速灵活，基本上是“随给随有”，跟随性异常出色，这是因为模型飞机小巧，动作惯量小的原因。而真飞机就不能做到这样迅速，因为真飞机的动作惯量大，而且是越大的飞机动作惯量就越大。只有注意到这些，才能模拟好真飞机的飞行效果。

这些技巧特别反映在模型飞机姿态的一些细微变化上。例如，操纵一架赛斯纳遥控像真模型飞机，在飞行姿态的修正上，不能显得“异常灵敏”，拉一下杆或修正一下副翼都要注意“柔和”。尤其是在转弯的过程中，真飞机进入“坡度”和“改出坡度”的过程是比较柔和的，有些大型飞机，如客机或轰炸机甚至是“迟缓”的状态。再比如说，我们很多爱好者都坐过飞机出行，如果民航客机的动作像一般模型飞机那样灵敏，转个弯1s完成，那恐怕所有乘客都会被“掀翻”，它也达不到这样的性能。只有注意到这些特点和差异，才能清楚应在哪些飞行的控制技巧上模仿真飞机的特点，这样才能使遥控像真模型飞机的空中飞行效果更加逼真。

### 3. 遥控像真模型飞机飞行动作的选择

除了前面所述，在飞行动作的选择上也要特别注意。不同飞机都有各自的飞行动作，例如，像赛斯纳这类小型的民用飞机，机型和用途决定了它只能飞平飞航线，用它来飞特技动作肯定是不合适的。P-51D“野马”战斗机，虽然有很强的机动性，但用它来表演“眼镜蛇机动”或“悬停”，显然也过于夸张。

在曾经的线操纵特技模型飞机世锦赛中，有人用一架外观极为逼真的模型轰炸机完成了所有特技动作，但却没有获得高分，其中就有类似的原因。

只有注意这些特点和规律，才能使遥控像真模型飞机的飞行更加像真飞机。

# 第六章 遥控像真模型飞机的原型机资料

虽然我们操作的是遥控像真模型飞机，但如果能多了解一些真飞机的知识，那么无疑能够增加更多的飞行乐趣，而且对我们选择、使用和欣赏模型飞机也都有帮助。在本书的最后，给大家分享一些著名的遥控像真模型飞机的原型机资料，以供参考。

图6-1 赛斯纳172飞机1

图6-2 赛斯纳172飞机2

## 一、赛斯纳172（见图6-1~图6-7）

赛斯纳飞机公司是世界上生产小型通用飞机知名度最高的一家,其总部位于美国堪萨斯州威奇塔市，至今已向全球交付了超过19万架飞机。

赛斯纳172是美国赛斯纳飞机公司于20世纪50年代推出的一款经典私人飞机，在赛斯纳飞机家族中占有不可动摇的地位，可以说,大家知道赛斯纳飞机主要是因为172机型。首架飞机于1956年交付，至今仍在生产中，总产量已经超过42500架,号称世界上产量最大的机型。

赛斯纳172以稳定、安全和经济著称，因此不管是私人购买还是用于通航，数量都是极其庞大的，可以说赛斯纳172就是小型民用飞机的代名词。

赛斯纳172在稳定性和操纵容错性上可谓下足了功夫。赛斯纳172采用悬臂式上单翼布局，机翼带有3° 左右的上反角，使用NACA2412翼型，属于中规中矩的设计。赛斯纳172可以算作是稳定得不能再稳定的飞机了，如果有一股侧风突然刮过来，飞行员甚至不需要进行任何操纵，飞机靠自身的稳定性就能自动回到平衡位置。飞机甚至还可以自动改出尾旋，也就是说飞行员什么操作都不需要做，飞机就可以从尾旋中自动退出来。

赛斯纳172是对模型界贡献最大的一种真飞机机型，其有着漂亮轻巧的外形，气动结构也很有代表性。赛斯纳172采用上单翼布局，有着非常好的稳定性，起落架采用固定前三点式，既美观又实用。赛斯纳172的设计思想影响了大批的遥控模型飞机。今天，各种遥控模型教练机在气动布局设计上都有着赛斯纳172的身影，在入门级的遥控像真模型飞机中，赛斯纳172也是被仿制最多的机型。

图6-3　赛斯纳172飞机3

赛斯纳172基本数据：

载客量：4人

机长：8.28m

翼展：11m

高度：2.72m

翼面积：16.2m$^2$

翼型：NACA2412

空重：736kg

最大起飞重量：1113kg

发动机：1台莱康明IO-360-L2A横式4缸发动机

最大飞行速度：228km/h

航程：1272km

实用升限：4116m

爬升率：3.7m/s

图6-4　赛斯纳172飞机4

图6-5　赛斯纳172飞机5

图 6-6　赛斯纳 172 水上飞机

图 6-7　赛斯纳 172 飞机的驾驶舱布局

## 二、派珀 J-3“幼兽”（见图 6-8~ 图 6-13）

派珀J-3“幼兽”也是飞行史上的一部经典之作，它的影响力和赛斯纳172不分伯仲。派珀也是世界上生产轻型通用飞机的一家著名厂商，J-3是派珀公司生产的第一款也是最著名的一款机型。1930年，吉尔伯特·泰勒想要设计一款价格便宜、结构简单、便于操作和维护的轻型飞机。这架飞机采用上单翼布局，使用钢管焊接的机身，外表采用布质蒙皮结构，串列布置2名乘员。

J-3可以用于飞行教学、旅游、侦察和通信等多种任务。在第二次世界大战中，改变了涂装的J-3大量用于通信。这种飞机从诞生那天起直到现在仍在生产和使用。

J-3也是被模型界模仿最多的机型之一，但J-3与赛斯纳172在外观造型上有很大不同。J-3的气动外形更加简单，有着

图 6-8　悬挂在美国航空航天博物馆屋顶的一架 J-3

图 6-9　军用涂装的 J-3

古典飞机的风格。而且，J-3那种黄色带有黑色闪电的涂装似乎已经成为这种飞机的特征，使人一眼就能认出。

J-3属于高单翼布局，平凸翼型，有较大的机翼面积，这就决定了其稳定性好、飞行速度慢的特性，而这种特性使其在遥控像真模型飞机中作为入门的初级教练机是再合适不过的了。由于J-3使用后三点式起落架，因此重量轻、结构简单、相对强度很高，但它的起飞滑跑性能并不太占优势，越小的模型飞机可能越不稳定，需要爱好者逐渐适应并掌握模型的起飞滑跑性能。后三点式起落架的飞机在滑跑过程中最忌讳跑道凹凸不平，因为那样经常会被凸起的障碍物绊得“拿大顶”。有些真飞机为了防止发生这种危险，还给飞机换装了更大的“鞋”（见图6-14、图6-15）。

派珀J-3基本数据：

翼展：10.74m

机长：6.83m

图6-11　带浮筒的J-3

图6-12　在货车上降落的J-3

图6-10　带有雪橇的J-3

图6-13　和真飞机一起合影的J-3模型飞机及其爱好者

图6-14　具有越野能力的J-3飞机1

图6-15　具有越野能力的J-3飞机2

图6-16　迪卡斯龙1

最大起飞重量：499kg

最大飞行速度：140km/h

发动机：大陆A-65风冷水平对置4缸活塞式发动机

## 三、迪卡斯龙（见图6-16~图6-21）

第一眼看到迪卡斯龙，大家很容易将其和赛斯纳系列的飞机混淆，尽管有着相近的外观，但两者的设计特点和飞行性能完全不同。迪卡斯龙的原型机是“西塔布里亚”（Citabria），后者是一款著名的教练机，设计师随后在它的基础上增加了机体强度，并在其他性能方面也做了相应改进，从而演化成一款具有一定运动性能的教练机，这就是后来的迪卡斯龙。

迪卡斯龙是由美国冠军飞机公司设计生产的，它不仅具备特技训练的功能，还经常被飞行爱好者用来参加初级特技飞行比赛。在美国的特技大赛中，经常能看到迪卡斯龙的身影，同时其也经常活跃在世界其他国家的的机场上。

迪卡斯龙有着和赛斯纳系列飞机相似的外观，但使用了双凸翼型，并且加强了机翼，使飞机具有更大的过载。飞机为了降低结构重量以保证剩余功率，使用了后三点式起落架和金属管机身以及布质蒙皮。

飞机的涂装也值得一提。迪卡斯龙代表性的图案是大红底色，机翼上有6颗辐射状的白星，图案既简单又醒目，在空中格外显眼。

迪卡斯龙基本数据：

机长：7m

翼展：9.8m

机高：2.3m

机翼面积：15.7m$^2$

机型：NACA1412

最大起飞重量：885kg

动力装置：一台莱康明AEIO-360-H1B CSU发动机

最大飞行速度：249km/h

航程：906km

升限：4815m

爬升率：6.5m/s

图6-17 迪卡斯龙2

图6-18 迪卡斯龙3

图6-19 迪卡斯龙4

图6-20　迪卡斯龙5

图6-21　执行牵引工作中的迪卡斯龙（右）

图6-22　P-51D“野马”战斗机1

## 四、P-51D“野马”（见图6-22~图6-29）

P-51D“野马”战斗机可以说是螺旋桨式战斗机中的一款巅峰之作，是被遥控像真模型飞机仿制最多的二战系列螺旋桨式机型。

P-51战斗机绰号“野马”，诞生于第二次世界大战之中，由美国北美航空公司研制，其功能、尺寸与当时英国的“喷火”、德国的Me-109、日本的“零”式战斗机属于同一级别。

P-51最初是应英国的要求为之设计的机型。第二次世界大战中后期，当英、美军队开始对德国进行大规模空袭后，需要有一款优秀的战斗机为轰炸机护航。当时，由于英国军备物资匮乏，无法大量生产“喷火”式战斗机，因此从美国引进了大量的贝尔P-39“眼镜蛇”和寇蒂斯P-40“鹰”战斗机。但是，寇蒂斯公司当时的生产任务十分繁忙，无法再增加生产量。1940年4月，英国采购委员会召见北美航空公司，要求北美航空公司为英国皇家空军生产寇蒂斯P-40D。北美航空公司表示生产P-40所花费的时间足以设计出一款比P-40更好的战斗机，英国采购委员会觉得可以接受北美航空公司的建议，于是一架新飞机诞生了。北美航空公司将该项目称为NA-73，这就是后来的P-51“野马”战斗机。

英国空军试飞后认为该机拥有极为优

良的中低空性能，很快就订购了一批用于低空攻击和侦察。但总体而言，这时的P-51战斗机性能并不完美，尤其是发动机的性能缺陷造成“野马”战斗机的高空性能不良。

1942年，英国人建议为P-51战斗机换装罗尔斯-罗伊斯公司最新研制的发动机。换装后的试飞结果显示，该机性能有了明显提升。美国工厂根据英国提供的技术资料开始大规模生产英国发动机，并将原有“野马”战斗机做了若干设计改进以适应新发动机。英国发动机使得P-51在保持较好的低空性能的情况下，高空飞行性能也赶上了德国战斗机，而且换发后的P-51耗油率大幅降低，再配上副油箱，从而成为第一种能从英国直飞德国腹地的战斗机。

P-51“野马”战斗机最大的技术革新是应用了刚刚获得的研制成果——“层流翼型”，新翼型的使用使“野马”战斗机的飞行阻力更小、速度更快、空战动作更加敏捷。

我们今天谈论的“野马”更准确地说应该指的是P-51D型。原本P-51D的机身是比较纤细的，座舱是没有框架的水滴形，但由于滑油散热器被设计在机身腹部，而带有突出的滑油散热器的机身看上去酷似北美野马的身躯，因此得名“野马”。

P-51后被改为共轴双桨的竞速比赛飞机——“红男爵”，该机曾经打破了螺旋桨飞机的最高飞行时速纪录——接近800km。

图6-23　P-51D“野马”战斗机双机编队

图6-24　P-51D“野马”战斗机2

图6-25　P-51D“野马”战斗机3

图6-26　P-51D“野马”战斗机4

图6-27　P-51D“野马”战斗机5

图6-28　双机并飞的P-51D“野马”战斗机

图6-29　P-51D“野马”战斗机6

“野马”战斗机不仅有着漂亮的外形，而且作战性能也很优秀，名气很大，因此成为模型飞机竞相模仿的对象。以“野马”为原型机生产的遥控模型飞机从大到小，从半像真到精工细作，各种类型应有尽有。

P-51D“野马”基本数据：

机长：9.83m

翼展：11.28m

机高：4.08m

最大起飞重量：5490kg

动力系统：1台帕卡德V12液冷活塞式发动机

最大飞行速度：708km/h

实用升限：12800m

航程：2755km

作战半径：1020km

爬升率：16.3m/s

## 五、P-40（“鹰”/“战斧”）（见图6-30~图6-33）

1934年11月，寇蒂斯公司开始着手设计一种采用悬臂式下单翼、向后收放的起落架和全金属蒙皮结构的战斗机，称为“鹰”式（Hawk）。在通过美国陆航队的测试之后，便以P-36的编号投产，成为当时速度最快的美国战斗机，它的外销型——霍克75曾大量销往中国、法国、英国和芬兰，在第二次世界大战初期相当活跃。P-36在换装更先进的液冷发动机之后便成为P-40。

早期P-40的机头装有两挺勃朗宁M2重机枪(12.7mm)，左右机翼各装两挺勃朗宁M1919机枪(7.62mm)。后期的P-40多改为左右机翼各三挺、共计6挺勃朗宁M2 12.7mm重机枪。两翼下各挂载一枚500lb①（334kg）炸弹+机身下方挂载副油箱，或者机身下挂载一枚1000lb（453kg）炸弹+两侧机翼下各挂载一具三联装巴祖卡火箭弹发射器，因此P-40的火力极强。

说起P-40战斗机，它的名气远不如

图6-30　P-40战斗机1

图6-31　P-40战斗机2

图6-32　P-40战斗机机头特写

图6-33　P-40战斗机3

① 1lb=0.454kg。

P-51，但它在中国战场的使用却使其大放异彩。就P-40的作战性能来说，其不如当时其他型号的先进战斗机，但P-40最大的优点是装甲厚、火力强，缺点是速度比同时代的优秀战斗机慢，飞行重量大。因此，P-40其实并不太受飞行员的喜爱，尤其是当更优秀的P-51出现后，P-40便退居二线，很少受到重用。

但是，在以陈纳德将军为首的“飞虎队”成员来华抗战期间，由于缺少武器装备，偶然得到了一批出口到其他国家的P-40战斗机，不得已退而求其次，“飞虎队”只好使用这种飞机。陈纳德准确判断了己方和敌人的情况，巧妙地采用了“打了就跑”的战术，重创了侵华的日本空军，使得日本空军在中华大地上再也不敢嚣张。在不利条件下使用P-40战斗机屡创佳绩，也成就了航空史上的一段佳话。

P-40基本数据：

机长：9.66m

翼展：11.38m

机高：3.76m

最大起飞重量：4000kg

发动机功率：1150hp[①]

最大飞行速度：580km/h

航程：1100km

实用升限：8840m

## 六、Fw190（见图6-34~图6-36）

Fw190是第二次世界大战期间德国使用的一种全金属构造的悬臂式下单翼战斗机，曾经是德国空军的主力机型，并一度成为当时欧洲上空速度最快的活塞式战斗机。Fw190战斗机的出现令英国皇家空军极为震惊，不得不开发出最新型的“喷

图6-34　Fw190战斗机1

图6-35　Fw190战斗机的座舱

① 1hp≈745.7W。

火”9型战斗机与之对抗。

Fw190早期使用的是14缸星形气冷活塞发动机，因此机头显得有些粗壮，后方机身背脊向下倾斜，后视视野良好。采用电动收放后三点式起落架，主轮柱向前向内倾斜，这些构成了Fw190的一些外观特征。

Fw190在前机身上方安装两挺7.92mm或13mm机枪，在机翼内安装4门20mm航炮，同时在翼下或机身下还可挂载各种炸弹或300L副油箱，其火力之强，在当时战斗机中极为罕见。Fw190的总产量为20001架，先后派生出A至S等许多改型。

后期的Fw190战斗机使用了直列液冷活塞发动机，这就是著名的Fw190D。由于机头大大延长，因此被人称为“长鼻子”。Fw190D曾飞出过704km的瞬间时速，成为唯一能与美国P-51战斗机相匹敌的德国战斗机，与英军的“喷火”后期型性能相当，甚至在高空性能上还略胜一筹，从而成为德国活塞式战斗机的巅峰。

在战争中，许多击落过100架甚至200架以上敌机的超级王牌飞行员使用的就是Fw190。Fw190是第二次世界大战中性能优异的名牌战斗机之一。

Fw190D基本数据：

翼展：10.5m

机长：10.19m

机高：3.36m

图6-36 Fw190战斗机2

机翼面积：18.3㎡

升限：12500m

最大飞行速度：760km/h

最大航程：837km

## 七、Bf109（见图6-37~图6-39）

Bf109战斗机也是第二次世界大战中德军的主力战斗机，是战争中建造数量最多的战斗机，也是世界上击落敌机数量最多的飞机，可以说是第二次世界大战中综合性能最优秀的战斗机之一，与P-51旗鼓相当。

Bf109是由巴伐利亚飞机制造厂的著名飞机设计师梅塞施米特设计的。1938年7月，巴伐利亚飞机制造厂更名为梅塞施米特飞机厂，Bf109亦改名Me-109，但一般仍称Bf109。Bf109成为此后10年间纳粹德国空军最主要的战斗机。

Bf109在外观上采用了很多直线，在

图6-37 Bf109战斗机1

图6-38 Bf109战斗机2

图6-39 和“喷火”式战斗机一起飞行的Bf109战斗机

构造上合理选用了高强度薄铝板和精密压铸件，这反映出当时德国工业技术的先进水平。该机的翼载达170kg/m²，展弦比为6.065，垂尾呈半圆形，平尾为矩形，部分改型还设有下部斜撑杆。射击武器则安装在机头上部和机翼前缘（后期型航炮放置在桨毂罩中），一般配备两炮两枪（后期型为1炮两枪，可带吊舱）。Bf109采用正面阻力较小的水冷直列汽缸的戴姆勒-奔驰DB601（或戴姆勒-奔驰DB605）型发动机，配三叶螺旋桨。

Bf109性能数据：

机长：9.07m

翼展：9.92m

机高：2.5m

发动机：一台戴姆勒-奔驰DB-601/DB605发动机

最大起飞重量：4405kg

最大飞行速度：710km/h

航程：900km

## 八、F-16（见图6-40~图6-49）

F-16战斗机可以说是喷气机时代的经典之作，不仅飞行性能优异，而且拥有漂亮的外形，这也是遥控像真模型飞机竞相模仿的重要原因。在涵道和喷气像真模型飞机中，F-16的机型是最多的，但即使这样，航模爱好者也从没有“看腻”的感觉。

F-16“战隼”是美国通用动力公司在

图 6-40　F-16 战斗机 1

图 6-41　双机编队飞行的 F-16 战斗机 1

图 6-42　双机编队飞行的 F-16 战斗机 2

图 6-43　F-16 战斗机 2

图 6-44　抛射红外干扰弹的 F-16 战斗机 1

图 6-45　双机编队飞行的 F-16 战斗机 3

图 6-46　带有彩妆的 F-16 战斗机

图 6-47　F-16 战斗机 3

图 6-48　抛射红外干扰弹的 F-16 战斗机 2

图 6-49　F-16 战斗机正在做低速大迎角飞行

20世纪70年代为美国空军研制的单发轻型空中优势战斗机，与F-15战斗机一起作为美国空军的主力战斗机进行“高低搭配”。

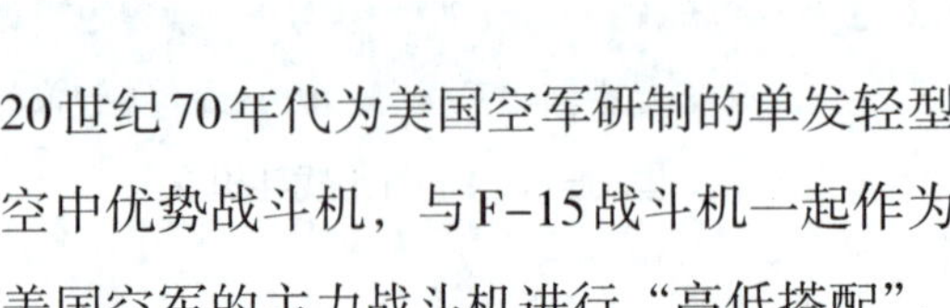

F-16是世界上最成功的轻型战斗机之一，从1976年开始批量生产至今，产量超过4600架，数量之大甚至超过绝大多数国家空军航空器数量的总和，并成功外销近30个国家和地区。在设计上，F-16吸取了越南战争的空战经验，大幅优化了视距内格斗性能，是美国第一种能够进行过载9机动的战斗机，也是美国率先采用电传操纵系统和人体工程学座舱的战斗机。

F-16战斗机选用了边条翼、空战襟翼、翼身融合体、放宽静稳定度、电传操纵和高过载座舱等新技术来提高飞机的空战性能。F-16在总体布局上采用了“放宽静稳定度”技术，即放松了对静稳定性的限制，飞机的静稳定性变得极小或不稳定，因而飞机在低速飞行时静稳定度是负值；在高速飞行时，飞机的静稳定度才为正值。飞机靠增稳系统自动控制舵面，保持稳定飞行。

F-16采用悬臂式中单翼，平面几何形状为切角三角形。前缘后掠40°，展弦比约为3.0，相对厚度约为4%，基本翼型是NACA64A-204。F-16的边条翼能提供可控涡流，使飞机在大迎角时也可保持边界层（旧称附面层）不分离，提高了升力和稳定性。前缘襟翼可随迎角和马赫数的变化而自动偏转，以改变翼型弯度，从而在持续大过载转弯中提高升阻比，使飞机在大迎角时仍能保持有效升力。副翼采用了结构相对简单的襟副翼系统，两侧的舵面既可作为襟翼来增加升力，又可以作为副翼进行横向操纵（这一点影响了现代遥控模型飞机的副翼控制系统）。翼身融合的主要优点是波阻减小，提高了升阻比，减小了跨声速时的颤振，使飞机具有良好的机动性。

F-16的座舱盖为气泡形，因此飞行员的视野非常好，座舱内装有零零弹射座椅。

尾翼采用全动式平尾，下反角25°，工作效率高，反应敏捷。平尾翼根后部采用开裂式减速板，最大开度60°。垂直尾翼较高，安定面较大，有全展长的方向舵，大迎角时稳定性好，可防尾旋。F-16飞机的尾翼采用复合材料制造，相比采用铝合金材料要轻30%。

F-16采用腹部进气道，并装有边界层隔板，这是为了在进行机动飞行时，减小气流干扰，并避免吸入航炮的烟雾。

由于F-16战斗机的推重比大、翼载小，因而机动性能相当好。F-16的盘旋角速度较大，盘旋稳定性能也较好。F-16的升限并不很高，约18000m，但其爬升性能很不错。在海平面上，其最大爬升率为305m/s左右；高度为9000m时，其爬升率仍达120m/s。F-16飞机的气动性能较好，发动机油耗较低，因而飞机的航程较大。其不带副油箱的航程为1825km，外挂3个副油箱时的最大转场航程为3800km。

实战表明，F-16战斗机的空战性能极佳。

在1982年的第5次中东战争中，以军将F-16作为主力，F-15为空中掩护梯队，成功打击了叙利亚设在贝卡谷地的萨姆-6导弹阵地。在6min之内，19座叙利亚的导弹阵地全部被彻底摧毁。

在苏联入侵阿富汗时期，巴基斯坦飞行员曾驾驶F-16击落了苏联4架米格-23战斗机、5架苏-22战斗机、2架苏-25攻击机，以及1架由安-24、2架由安-26运输机改装的侦察机。

在海湾战争中，F-16是部署数量最多的一型飞机，共251架，出动13480架次，在美军飞机中出动率最高，平均每架飞机出动537次。F-16执行了战略进攻、争夺制空权、压制防空兵器和空中遮断等任务，是“沙漠风暴”等一系列行动中的头号主力。

F-16在40多年前就开始生产，到如今还在使用，并仍然是很多国家的主力机型，拥有众多衍生型号，这些都证明了F-16战斗机设计的成功。

“雷鸟”飞行表演队（见图6-50~图6-56）是世界最知名的飞行表演队之一。1982年，“雷鸟”飞行表演队换装了世界上最先进的F-16战斗机，并一直使用至

图 6-50 “雷鸟”飞行表演队 1

图 6-51 “雷鸟”飞行表演队队徽

图 6-52 “雷鸟”飞行表演队 2

图 6-53 “雷鸟”飞行表演队展示双机特技 1

图 6-54 “雷鸟”飞行表演队展示双机特技 2

图 6-55 “雷鸟”飞行表演队展示双机特技 3

今。“雷鸟”飞行表演队在1987年曾经访问北京，并进行了精彩的表演。可以说，F-16的名气不仅源于其自身杰出的性能，更和“雷鸟”飞行表演队的宣传密不可分。

雷鸟体长约40cm，善于奔走，飞行迅速，但不能远飞，类似山鹑，是寒带地区特有的鸟类。夏季羽毛呈灰褐色（见图6-57），冬季羽毛呈白色（见图6-58），以融入环境。在北美印第安神话中，雷鸟（见图6-57、图6-58）是全能神灵的化身，其在拍击翅膀时会发出雷鸣声，眼睛飞快眨动就能产生闪电，强劲的爪子上带有尖锐的利箭。

“雷鸟”飞行表演队使用的主色调为红、白、蓝三色。“雷鸟”飞行表演队隶属于美国空军，虽然它的组建时间不是最早的，但表演场次最多、飞行难度最高、表演科目最全，曾创下过很多飞行表演的世界纪录，可以说“雷鸟”是美国空军的一张“名片”。

图6-56 “雷鸟”飞行表演队进行菱形编队飞行

图6-57 夏季的雷鸟

图6-58 冬季的雷鸟

## 九、F/A-18（见图6-59~图6-63）

F/A-18战斗机绰号“大黄蜂”，是美国麦道公司为美国海军研制的舰载多用途战斗机，也是美国军方第一种兼具战斗机与攻击机身份的型号。F/A-18在与F-16战斗机争夺美国空军空优战斗机的竞标中落败，但后来却成为了美国海军的主力机型。

F/A-18“大黄蜂”具备优秀的对空、

图6-59 F/A-18“大黄蜂”战斗机1

图6-60 F/A-18“大黄蜂”战斗机2

图6-61 F/A-18“大黄蜂”战斗机的彩妆版

对地和对海攻击能力，用途广泛。F/A-18的主要特点是可靠性和维修性好，生存能力强，大仰角飞行性能好以及武器投射精度高。F/A-18的机体是按6000飞行小时的使用寿命设计的，机载电子设备的平均无故障间隔时间为30飞行小时，雷达的平均无故障间隔时间为100h，电子设备和消耗器材中有98%具备自检能力。

在世界上的特技飞行表演队中，有一支以蓝色为主色调的飞行表演队，那就是美国海军的“蓝天使”（Blue Angle）飞行表演队（见图6-64~图6-70），它和美国空军的“雷鸟”一道，成为世界闻名的美国特技飞行表演队。F/A-18“大黄蜂”是“蓝天使”飞行表演队现在使用的机型。

“蓝天使”飞行表演队隶属于美国海军航空兵飞行表演队。它正式成立于1946年4月，是世界上组建最早的特技飞行表演队，比“雷鸟”还要早建队7年。

说起“蓝天使”这个名字，还有一段故事。该飞行表演队在建队之初名为“长矛骑兵”（Lancers），表演队的飞行员大都来自美国海军的各航空兵部队，他们经验丰富、技术娴熟，部分飞行员还参加过第二次世界大战中对德、对日的空战。因此，经过短时间的训练之后，这些飞行员即掌握了飞行表演所需的技术，表演队也开始在美国海军及国内的重要节日和活动中进行飞行表演。当时，这是美国唯一的一支飞行表演队，每次表演之后，在队长罗伊中校的带领下，飞行员们常到训练基

图6-62 F/A-18“大黄蜂”战斗机3

图6-63 F/A-18“大黄蜂”战斗机4

图6-64 “蓝天使”飞行表演队队员

图6-65 “蓝天使”飞行表演队

图6-66 “蓝天使”飞行表演队队徽

图6-67 密集编队1

图 6-68　密集编队 2

图 6-69　单机飞行

图 6-70　单机起飞

地附近的一家名叫“蓝天使”的小酒吧聚会。久而久之，他们提出用经常光顾的这个小酒吧的名字命名飞行表演队，以作纪念。这一提议得到了上级的批准，因此到1946年底，该飞行表演队被正式命名为“蓝天使”飞行表演队。

## 十、苏 –27（见图 6–71~图 6–73）

为了抗衡美国的F–15战斗机，苏联立志要设计一款超越F–15的机型，这就是大名鼎鼎的苏 –27。苏 –27战斗机（北约代号：侧卫（Flanker））是苏联苏霍伊设计局研制的单座双发全天候空中优势重型战斗机，属于第三代战斗机，其主要任务是国土防空、护航和海上巡逻等。

苏 –27的飞行速度快、机动性好、火力强，拥有优秀的气动外形。

苏 –27基本数据：

机长：21.935m

翼展：14.7m

机高：5.932m

正常起飞重量：22500kg

高空最大速度：*Ma* 2.35（2500km/h）

实用升限：18000m

最大航程：3790km

作战半径：1500km

动力设备：两台AL–31F涡扇发动机，单台最大推力123.85kN

苏 –27最为出名的事件有以下几个。

图6-71 苏-27战斗机1

图6-72 苏-27战斗机2

## 1. 1987年“空中手术刀”事件

1987年9月13日，波罗的海巴伦支海上空，挪威空军第333飞行中队的的P-3B反潜巡逻机，正在苏联沿岸执行侦察任务，突然遭到苏-27的驱离。在两次驱逐未果的情况下，苏-27从P-3B的右翼下方高速掠过，用它的垂尾翼梢像手术刀那样将P-3B右翼外侧的发动机割开一个大口子，导致P-3B机舱失压，飞行高度在1min内掉了3000多米，在坠海前的最后一刻才侥幸改平，勉强返航。这就是冷战时期著名的“空中手术刀”事件。此事件使苏-27首次被外界所知。

图6-73 苏-27战斗机的驾驶舱

## 2. 举世闻名的“眼镜蛇机动”（见图6-74）

在1989年6月的巴黎国际航展上，苏联派出两架苏-27参展。飞行员普加乔夫驾驶飞机完成了一组高难度的复杂特技，给在场观众留下了深刻印象。其中，后来被命名为“普加乔夫眼镜蛇机动”的动作最为神奇：水平飞行的飞机突然急剧抬头，但不上升高度，而是继续前飞，迎角增大——90°、100°、110°、120°……飞行速度瞬间降至150km/h，然后飞机改平，恢复原状。世界各大媒体都对此给予了非常高的评价，各国航空界也都表示赞叹与震惊。苏-27在空战性能方面明显超过了F-15战斗机。

说来有趣，苏-27的超大迎角飞行能力居然是在两起事故中被偶然发现的。一次，试飞员科特洛夫驾驶的苏-27战斗机的仪表出现故障，速度表读数不准。在调整速度的过程中，迎角超过了60°，马上要进入尾旋，正在他准备弃机跳伞时，飞机奇迹般地自动改出了。另一次，出现了同样的情况，当飞行员跳伞后，飞机自动改出，并继续飞行，直到燃油耗完。试飞员兼宇航员沃尔克认真研究了这两起事故，同时进行了严格的计算，率先摸索出一套“动力进入超大迎角”的方法，并开发出极具战术价值的过失速机动。

图6-74　“眼镜蛇机动”动作

图6-75　“勇士”飞行表演队 1

### 3. 破纪录飞行

1986—1988年，苏-27创下了爬升和飞行高度两项世界纪录。

### 4. 突闯美国航母战斗群

2000年10月17日，美国“小鹰”号航空母舰正在日本海举行军事演习，整个航母战斗群进入一级战备状态，所有的防空和预警雷达全部开启。这时，两架俄罗斯的苏-27战斗机居然避开了美国航母雷达的层层设防，突然从“小鹰”号上空超低空飞过，使美国海军大为震惊。

### 5. 与米格-29在非洲对决

在1999—2000年的埃厄边境冲突中，埃塞俄比亚的苏-27战斗机多次打败厄立特里亚的米格-29战斗机，成为闻名非洲的现代“空战之王”。

苏-27不仅具有出色的飞行性能，还拥有十分漂亮的气动外形，它高大、威猛，造型流畅，充分体现了现代工业美学，体现了“内容和形式的完美统一”。

图 6-76　“勇士”飞行表演队进行编队飞行

图 6-77　“勇士”飞行表演队 2

图 6-78　“勇士”飞行表演队 3

图 6-79　“勇士”飞行表演队的苏 -27 战斗机正在抛射红外干扰弹

俄罗斯“勇士”飞行表演队（见图6-75~图6-79）是世界上最优秀的飞行表演队之一，成立于1991年。与众不同的是，“勇士”飞行表演队是世界上唯一一支使用重型战斗机进行表演的飞行表演队，其采用的机型是苏-27UB战斗教练机。值得一提的是，它们的很多高难度特技动作都是在飞行速度800~900km/h、高度60~150m的低空完成的。

俄罗斯还有一支使用苏-27战斗机的表演队也经常和“勇士”飞行表演队一起外出访问表演，那就是“俄罗斯试飞院”表演队。“俄

图 6-80　“俄罗斯试飞院”表演队

罗斯试飞院”表演队最大的特点就是飞机的涂装。他们的飞机只采用“白、蓝”和“红、蓝”两色（见图6-80），图案设计得简洁巧妙，具有极佳的空中观赏效果。

## 十一、“幻影”2000（见图6-81~图6-88）

“幻影”2000（Mirage 2000）战斗机是法国达索公司在20世纪70年代为法国空军设计的单发、轻型、三角翼多用途战斗机。

“幻影”2000由法国自主设计，是一款采用三角翼布局的飞机，这在当时独树一帜。

三角翼的特点是翼根处的绝对厚度大，因此可用容积大，便于装载燃油、起落架及各种设备。从整体上看，三角翼的翼型又很薄，因此能减小阻力，提高气动效率和增加升力。但传统的三角翼布局也存在一些固有的缺点，主要是起飞和着陆性能不佳，滑跑距离长。为了解决这个问题，“幻影”2000采用了放宽静稳

图6-81　“幻影”2000战斗机1

图6-82　“幻影”2000战斗机2

图6-83　“幻影”2000战斗机3

图6-84　“幻影”2000战斗机4

图 6-85　“幻影”2000 战斗机 5

图 6-86　“幻影”2000 战斗机 6

图 6-87　“幻影”2000 战斗机 7

图 6-88　“幻影”2000 战斗机 8

定度的方案，即气动中心在飞机的重心之前，使飞机在一定条件下处于不稳定状态，同时采用电传操纵来解决稳定性的问题。

从表面上看，无尾翼的“幻影”2000模型飞机稳定性差，难以操纵，但由于模型爱好者的巧妙调整，使其重心前移，反而使尾力臂变长，获得了较好的俯仰稳定性，使得这种模型飞机易于操作。“幻影”2000模型飞机就俯仰稳定性来说，要优于其他常规布局的涵道模型飞机。

## 十二、F-15（见图 6-89~图 6-93）

20世纪60年代的飞机设计师们认为，飞行速度和飞行高度是战斗机取胜的法宝，在未来的空战中，远程导弹的使用将使近距格斗成为历史。但在越南战场上，具备这些特点的美国F-4“鬼怪”战斗机却屡屡被“落后”的米格-21甚至米格-17击落。于是，美国开始反思这种设计思想，然后成功设计出F-15重型战斗机。

图 6-89　F-15“鹰”战斗机 1

图 6-90　F-15“鹰”战斗机 2

图 6-91　F-15“鹰”战斗机双机编队

图 6-92　F-15“鹰”战斗机 3

图 6-93　F-15“鹰”战斗机 4

F-15的机身为全金属半硬壳式结构，机身由前、中、后三段组成。主要结构材料为铝合金，有部分零件使用了复合材料。机身背部有单块减速板，最大打开角度为35°。

F-15的机翼采用切尖三角翼，有利于推迟翼梢气流分离，明显减小了机翼诱导阻力。机翼前缘后掠45°，相对厚度为3%~6%，机翼面积为56.48m$^2$，下反角1°，安装角0°。单独使用襟翼和副翼，共4个操纵面，没有采用当时已经普遍应用的前缘机动襟翼。

垂尾采用大展弦比、中等后掠角设计，前缘后掠37°，外倾2°，高度较大，大迎角下可以明显改善飞机的航向稳定性，从而保证F-15可以有效进行大迎角机动。平尾为大后掠全动式低平尾设计，前缘后掠50°，具有前缘锯齿和翼梢斜切设计。

为了提供良好的视界，座舱采用整体式风挡，座椅位置也设置得较高，使得飞行员具有上半球360°环视视界，正前方下视角度达15°。

F-15战斗机有6个翼下挂点、4个机身外侧挂点、一个机身中线挂点，总外挂重量可达16000lb（7300kg），能搭载多种空对空和空对地武器。

## 十三、F-35（见图6-94~图6-102）

对于航模爱好者来说，F-35是不是

图6-94 F-35战斗机1

图 6-95 F-35 战斗机编队飞行

图 6-96 F-35 战斗机在舰上垂直降落

图 6-97 F-35 战斗机正在垂直起飞

图 6-98　F-35 战斗机双机编队

图 6-99　F-35 战斗机 2

图 6-100　F-35 战斗机 3

图 6-101　F-35 战斗机的弹舱打开

一款先进的隐身战斗机并不重要，而它能够垂直起降这一特性就足够让航模爱好者津津乐道了。已经有国内厂家开发出能够垂直起降的F-35遥控像真模型飞机，希望有一天它能够变得更加容易操纵、更加普及。

图 6-102　F-35 战斗机的驾驶舱

## 十四、“鹰”式（见图6-103、图6-104）

“鹰”式教练机是英国霍克-西德利公司为英国空军设计的一种中高级喷气式教练机，可执行近距空中支援任务，同时也是英国“红箭”飞行表演队采用的机型（见图6-105、图6-106）。该机出口到多个

图 6-103 “鹰”式教练机 1

图 6-104 “鹰”式教练机 2

图 6-105 “红箭”飞行表演队 1

图 6-106 “红箭”飞行表演队 2

国家，是美国海军舰载机部队中唯一的专用舰载教练机（编号 T-45）（见图 6-107、图 6-108）。经过改进的“鹰”式教练机增加了武器，可用于空中防卫、侦察和对地攻击等任务。

“鹰”式教练机有着灵巧漂亮的外形，这是很多飞行员和航模爱好者对其着迷的重要原因。

图 6-107　T-45 教练机

图 6-108　T-45 教练机双机编队